行业学院模式下
地方高校产教融合专业群建设研究

许士密　著

中国海洋大学出版社

·青岛·

图书在版编目（CIP）数据

行业学院模式下地方高校产教融合专业群建设研究 /
许士密著 . — 青岛 : 中国海洋大学出版社 , 2019.4
ISBN 978-7-5670-2024-5

Ⅰ . ①行… Ⅱ . ①许… Ⅲ . ①地方高校—产学合作—
关系—专业设置—学科建设—研究—中国 Ⅳ .
① G649.2

中国版本图书馆 CIP 数据核字 (2018) 第 243744 号

行业学院模式下地方高校产教融合专业群建设研究

出 版 人	杨立敏		
出版发行	中国海洋大学出版社有限公司		
社　　址	青岛市香港东路 23 号	邮政编码	266071
网　　址	http://pub.ouc.edu.cn		
责任编辑	姜佳君	电　话	0532-85901984
电子邮箱	j.jiajun@outlook.com		
图片统筹	河北优盛文化传播有限公司		
装帧设计	河北优盛文化传播有限公司		
印　　制	定州启航印刷有限公司		
版　　次	2019 年 8 月第 1 版		
印　　次	2019 年 8 月第 1 次印刷		
成品尺寸	170mm×240mm	印　张	15.75
字　　数	266 千	印　数	1~1000
书　　号	ISBN 978-7-5670-2024-5	定　价	69.00 元
订购电话	0532-82032573（传真）	18133833353	

发现印刷质量问题，请致电 18133833353 进行调换。

前　言

在经济社会快速发展、经济结构调整和产业升级、大学发展出现同质化现象、学生就业难等情况下，我国急需高层次应用型人才。部分地方本科院校向应用型高校转变，而产教融合专业集群建设在地方高校应用型人才培养中起着至关重要的作用。当前情况下，行业特色院校要强化其办学特色，弥补人才培养特色的缺失，造就特色人才队伍，必须保持特色，以特色人才的培养作为立校之本，改变同质化现象，分析和挖掘自身比较优势，寻找新的特色人才培育创新点。在人才培育模式、学科专业布局、优势学科和新兴学科间关系调整、产学研合作机制和培育特色师资队伍上寻找新的特色方案。

国内的产教融合实践探索研究已经走在了理论的前列，不少学者对实践方面的内容进行了综述和研究，也出现了一批有影响力的论著。对已有研究的基本共识可以概括为两个方面：一是已有研究的出发点都是区域经济，认为无论是校企合作还是产教融合都应首先从学校所在地现有的产业出发，在现有产业中找到产教融合的切入点。例如，在内陆省份的资源型城市，校企合作应当建立起符合当地社会经济实际发展的合作平台。二是已有研究指出产教融合绝不能以牺牲学生的利益为前提，否则将是涸泽而渔。产教融合必须切实地维护学生相应的权利和利益，通过对学校的专业和就业岗位的相对应落实来保证学生利益，在此基础上开展产教融合。国内对产教融合实践的探索研究主要集中在对产教融合的经验总结与做法介绍、国内外的产教融合工作的比较与借鉴、产教融合校企合作模式与体制机制研究、存在问题与解决问题的理性思考等方面，许多研究还围绕中职中专、高职高专开展，对于地方本科高校产教融合的研究不多，不仅理论性探讨不足，而且缺乏实践性的内容。

本书系统分析了地方高校产教融合专业群建设的具体案例，进一步明晰应用型本科高校产教融合的内涵、要求、本质和路径，丰富应用型本科高校转型和建设的理论，不仅具有理论意义，而且具有重要的现实意义。地方本科高校转型发展取得了较好效果，但是也面临共同的问题：一是如何提高学生的职业素养和职业能力，二是应用型人才培养如何与行业、产业对接。产教融合专业群建设成为解决问题的关键。

本书研究的主要内容可以概括为三个方面：一是从地方高校应用型人才培养和产教融合的基本概念着手，分析应用型人才培养和产教融合的内涵、特点、要求、发展轨迹，以及国内外产教融合开展情况，从而构筑起地方高校产教融合的基本理论。二是通过个案，深度剖析地方高校产教融合专业群建设情况，从产教融合的理念、产教融合的模式以及产教融合途径三个层面分析专业群存在的问题及原因。三是总结国内外产教融合专业群建设的经验教训，为地方高校产教融合专业群建设提出对策建议。

本书研究的理论意义在于通过分析产教融合的理论起源和发展，结合国内外关于产教融合专业群建设的成功经验和相关研究，探讨我国地方高校产教融合专业群建设的意义、途径、方法、原则等问题。本书以地方高校的几个具有代表性的学院为案例，系统地分析其在产教融合专业群建设过程中的成果和成功经验，对地方高校产教融合专业群建设过程中出现的问题进行分析，针对性地提出解决的策略、建议，为地方高校转型发展以及高等教育的可持续发展提供参考借鉴。

2019 年 1 月

目 录

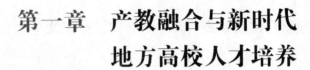

第一章　产教融合与新时代
　　　　地方高校人才培养

....

学校的培养目标是教育实践活动过程中具有先决性质的核心概念，是学校教育教学活动的最终归宿。高校要根据办学目标定位、社会人才需求、服务面向定位、生源特征以及学校办学条件，确立合理的人才培养目标。新时代地方高校人才培养的目标决定了地方高校产教融合专业群的建设定位，因此对其目标的明确是必不可少的。另外，本章还将对产教融合的内涵及模式进行概念性阐释，对产教融合与地方高校应用型人才培养的关系进行梳理和分析。

....

第一节　新时代地方高校人才培养的目标定位

大学的目的或者价值在于培养真正对社会有用的人才，取得真正推动社会发展、进步的智力成果。这是大学真正实现自身价值的一个重要指标。社会的需求具有多样性，对人才的规格要求也呈现多样性。国民经济建设和社会发展，既需要专门从事理论研究和科学技术研究的人才，也需要将科学与理论转化为技术和现实生产力的人才，以及一大批在生产建设一线拥有一技之长的技能型人才。这就要求大学在对自己的人才培养规格进行定位时，结合社会需求和自身特点、实力做出判断。

一、地方高校办学定位

处于整个高等教育系统之中的每一所高校，都在根据整个社会系统的政治、经济、文化发展态势的要求，以及高校自身的办学水平、办学资源及内部各要素的实际，科学地选择适合社会需要和自身发展规律的办学类型、层次、学科水平和特色定位。正如《中国教育改革和发展纲要》所指出的，"要区别不同的地区、科类和学校，确定发展目标和重点，使各种类型的学校合理分工，在各自的层次上办出特色"。

根据联合国教科文组织 1997 年修订的《国际教育分类法》，高等教育包括第 5 级和第 6 级教育，第 5 级为大专、本科、研究生教育，第 6 级是博士研究生教育。在第 5 级教育中，分类法并没有对所包含的大专、本科、研究生 3 个层次的教育按层次进一步分类，而是将其分为 5A 和 5B 两个类型。5B 学习年限较短，一般为 2～3 年。5B 为实用型、职业技术教育，相当于我国目前高职高专教育的类型，但并不限于专科的层次。5A 学习年限较长，一般为 4 年以上。5A 又进一步细化，分为 5A1 和 5A2 两种类型。5A1 是按学科分设专业，为进一步研究做准备的教育；5A2 是按大的技术领域（或行业、产业）分设专业，适应高科技要求的专门教育。显然，5A1 和 5A2 是本科教育的两种类型——学术型本科和应用型本科。

根据对现代大学职能以及国际高等教育发展趋势和人才培养目标、能力要求的基本判断，借鉴国际高等教育分类标准，我国行业特色院校应当相当于 5A2 类型，应当面向行业设置专业，主要培养各行各业的应用型高级专门人才。一般而言，全国性重点大学的任务和目标，是要培养基础原创研究、拔尖创新人才，这是国家抢占科学前沿和维护国家核心利益的需要。这类人才处于高等教育体系大厦的顶尖，是少数。而行业特色院校的任务和目标是要培养行业人才及地方人才，开展行业和地方技术服务和支持。它的使命着眼于行业，要以行业特点构建特色专业，以行业文化特色构建校园文化。行业特色院校进行科学定位，一是要了解社会经济发展和行业产业发展对大学的要求，了解国内其他大学的发展状况，尊重学校的传统与历史，对自身进行科学客观的评价。二是要客观分析大学的现实条件，从学校实际出发，做到有所取舍，有针对性地选择发展的优点，发挥自身相对优势，追求鲜明的办学特色。

二、行业特色院校特色人才培养目标定位的理论依据

对于行业特色院校来说，要发挥好对社会进步的引领作用，必须树立全面发展和多样化的人才观。一方面应与世界高等教育致力促进人的全面发展的理念趋同；另一方面应主动适应我国社会经济发展，满足行业企业对人才多样化的需求，为国家技术创新、经济振兴培养大量复合型、创新型、应用型人才。所以，这类大学的人才培养目标必须兼顾经济社会发展和人的自由发展双重需要，实现符合国际化高等教育理念与满足我国社会经济发展需求两种教育目标的统一。

为什么今天人们如此高度重视、如此强烈期盼高校能培养特色人才？原因在于面临日益激烈的现代市场竞争，大学必须不断提升自己的核心竞争力，以其别具一格的办学个性和人才培养特色向社会展示自己，赢得生存与发展的空间，获得进一步可持续发展的能力。对此，笔者将依据核心竞争力理论，从经济学与管理学的视角做出分析和论证。在当前我国大学的发展中，尤其是在人才培养的过程中，核心竞争力具有十分重要的意义。大学若没有核心竞争力，

就不可能有持久的竞争优势；没有竞争优势，就不可能主动适应经济建设和社会发展的需要，也不可能实现跨越式发展，培养出个性鲜明的特色人才。从某种意义而言，人才培养特色是增强大学核心竞争力的重要途径。

核心竞争力理论起源于对企业竞争能力的研究，它是当代经济学和管理学理论交叉融合的最新理论成果，并且已经在商业运作与企业管理中得到检验，被证明是一种确保企业持续竞争优势的卓有成效的理论。"核心竞争力"一词随着 1990 年美国著名战略学家普拉哈拉德（C. K. Prahalad）和哈默（Gary Hamel）在《哈佛商业评论》上发表的一篇题为《企业核心竞争力》（*The Core Competence of the Coporation*）的经典论文而逐渐被学术界所使用。该论文提出，核心竞争力是指以企业的技术能力为核心，通过对战略决策、生产制造、市场营销和组织管理等的整合，使企业拥有难以被竞争对手所模仿的，比竞争对手更强且持久的某种优势与能力的合力。文中的主要观点"企业核心竞争力是持续竞争优势之源"得到广泛接受与传播。

从 20 世纪 80 年代中期开始，随着我国社会主义市场经济和高等教育改革的不断深化，大学获得一定的自主发展权，每一所大学在发展过程中都面临着激烈的市场竞争。大学发展所需的资源，如财物、人才、高素质的生源都是稀缺的。当今的大学毫无疑问也是一个利益独立的竞争主体，为了更好地生存与发展，就必须与其他大学争夺这些必要的办学资源。正如有关学者指出的："今天大学之间的竞争可以说是为了大学未来自身的生存而进行的全面竞争。既有物力财力资源的竞争，又有人力资源的竞争；既有有形资产的竞争，又有无形资产的竞争；既有资源的竞争，又有能力的竞争；既有教学科研方面的竞争，又有社会服务方面的竞争。"因此，要想在日益激烈的竞争中立于不败之地，大学也必须像企业一样，着力发展自己的核心竞争力。"具有核心竞争力的大学必然具有其他大学所没有的独特能力，没有核心竞争力的大学就不具有在教学、科研和社会服务方面超越竞争对手的能力。"

借鉴上述有关企业核心竞争力的定义，我们可以将大学核心竞争力这样界定：在一定环境中以资源为基础，通过不断整合、提升有关资源和能力，体现在三大职能活动中的能够支撑大学生存和可持续发展，保持持久竞争优势的整体能力。这里"一定环境"主要是指大学生存、发展与竞争的环境，一方面是指整个大学系统所处的大背景，另一方面则是指大学所处的具体环境。我们知道，大学核心竞争力作为一种比较优势，是在比较中确定的，又是在比较中得以发展的，比较的对象与范围不同，比较的结果自然会有差异。从核心竞争力理论及办学特色的特点来看，笔者以为：一方面，创建办学特色是形成与提升大学核心竞争力的一条重要途径，大学通过在发展过程中不断强化办学特色，逐步形成其独特的竞争力，完成对大学核心竞争力的培育和运用；另一方面，从某种程度而言，大学办学特色是其核心竞争力的结果，正是核心竞争力得到培育、提升和运用，一所大学的办学特色才能逐步凸显出来、稳固下来，并不断得以增强和发展。

一方面，特色为大学核心竞争力奠定了基础，大学只有在发展中突出特色，才能逐步形成大学独特的核心竞争力；另一方面，特色又是核心竞争力的必然结果，只有保持并培育大学已有的特色，才能形成和提升核心竞争力。大学与企业一样，就像一棵大树，主要学科是树干和主要的大树枝，其他业务部门是较小的分枝，而核心竞争力则可以视为提供营养的根系，大学的产出如人才培养的数量与质量、学术研究成果、社会服务贡献等均属果实。很显然，从这个意义上讲，大学办学特色作为一所大学在长期的人才培养、科学研究、社会服务的过程中形成的为社会所公认的、优胜于他校的、独特的、稳定的个性风貌，必然建立在一定的大学核心竞争力的基础之上。

"不同专业、不同层次、不同培养途径的不同配置，就构成不同质量规格的人才的培养模式。具有不同特色的学校，其质量、水平具有不可比性。"❶所以，高等学校在办学定位时，要把人才培养目标作为首要依据，作为思考办学中一切问题的起点。不同类型的高校在构建各自的人才培养模式时是以社会需求为导向、以能力培养为目标的。高校根据经济和社会发展对不同层次、不同规格、不同类型的高级专门人才的客观要求，在正确的教育思想指导下，对学校和专业的人才培养目标进行恰当的定位。从目前高等学校人才培养的总体情况来看，迫切需要不同层次的高等学校结合自身的特点和优势，实行培养规格与培养方式的多样化。而行业特色院校在人才培养方面的主要特点是要培养服务于特定行业、有比较强的行业专才特质的专门人才，培养适应社会经济发展要求和行业前沿，具有突出竞争能力、科学精神和实践能力的行业精英。

三、行业特色院校培养特色本科人才的现实性

办学的特色性是学校发展的生命力所在，也是一所高校区别于其他高校、立身于社会的独特之处，是产生学校名望的基础。没有特色性就难以形成多样

---

❶ 陈理飞.基于产业集群的产学研合作创新博弈分析 [J].统计与决策，2008，24：44-46.

性。中华人民共和国成立初期，我国各行各业百废待兴，经济发展落后，这一时期的行业特色院校为各行业的发展提供了重要的关键技术和技术人才支撑，为促进经济发展做出了重要贡献。如今，行业特色院校发展出现一些新问题。行业关键技术、核心技术的攻克与提高，行业特色院校特色发展以及特色人才、创新人才培养都迫切需要重新审视行业特色院校，要求行业特色院校为行业培养特色人才。具有行业背景特色的高校在人才培养、学科专业设置、课程体系等方面都打上了行业烙印，可以利用和发挥自己熟悉行业、了解行业的优势，以战略的目光研究行业科技发展趋势，大力提高科技实力，以开拓创新的精神为行业技术进步服务，同时提高自己的办学实力和水平，在自己的行业特色上大做文章，以鲜明的行业优势形成办学特色，而培养特色人才是形成特色的关键。

（一）国民经济的发展需要培养行业特色人才

由于国民经济的快速发展和增长方式的转变，为了解决好能源、资源、环境及技术等瓶颈问题，急需一批为国民经济主要领域提供高层次人才和技术服务的高校。行业特色院校可以按照这一要求，发挥在某些方面的领先优势，为经济社会发展提供高素质的人才和科技成果。国民经济是一个国家的经济基础，国民经济的协调发展是实现我国国民经济可持续发展的重要保证，也是加快实现全面建设小康社会和逐步实现我国国民经济现代化的重要条件。进入 21 世纪，随着经济全球化和高等教育国际化、知识经济和科学技术的迅猛发展、产业结构的调整与转型以及高等教育大众化，中国高等教育面临着前所未有的挑战和压力。产业领军人才、高层次技术专家和高技能人才的严重匮乏已经成为我国建设创新型国家和实现经济发展方式转变的瓶颈问题。如今的知识经济时代，既需要高新尖的专家型人才，也需要大批的应用型人才，所以需要培养行业特色人才，培养社会需要的专业人才，从而带动行业发展，进而推动国民经济的发展。行业发展对行业特色院校的要求是服务社会。行业特色院校具有了解行业、熟悉行业的先天优势，行业特色院校应发挥这些优势，培养行业特色人才，满足行业发展需求，为国民经济做出应有的贡献。

（二）特色人才的培养是行业特色院校的立校之本

一所高校能否培养高素质的特色人才是高等学校是否具有核心竞争力的重要因素。可以说，一所高等学校核心竞争力的高低，集中体现在其人才培养水平上，也就是看它有没有一批高水平的特色人才。特色人才的形成，必然少不了出色的学科带头人和一支能征善战的学科队伍，知名学者的感召力和整个团队的学术水平，必然能吸引外界优秀人才的加盟。优秀人才的汇集，必然使学校拥有无与伦比的师资队伍。一流的师资必然会培养出一流的学生、研究出一流的成果并为社会经济提供一流的服务，必然增强高校的核心竞争力。而特色人才的培养是行业特色院校的立校之本。在学科建设、人才培养和科研方面的特色是行业特色院校经过多少代人的传承和积累而来的，在自己的专业领域方面相比其他非行业院校有着巨大的先天优势。由于经济全球化，加之全球市场经济体制的形成，全球变成一个小小的"地球村"，导致国家与国家、地区与地区、行业与行业、学校与学校、家庭与家庭、人与人之间的竞争日趋激烈化，竞争激烈化已成为时代发展的必然趋势。国际竞争表现为综合国力的竞争，地区竞争表现为经济实力的竞争，行业学校竞争表现为人才的竞争，而人与人的竞争表现为生存、发展、创新能力的竞争。所以，行业特色院校的核心竞争力在于特色人才的培养：在本行业的学科建设方面比其他院校更加齐全，布局更加合理；在师资力量方面常常拥有本专业最资深的专家和学者和最具实力的师资队伍，全面致力于行业生产力发展的相关项目和技术的研发。

当前情况下，行业特色院校要强化其办学特色，弥补人才培育特色的缺失，造就特色人才队伍，必须树立保持特色、培养特色人才的立校之本，改变同质化现象，分析和挖掘自身比较优势，寻找新的特色性人才培育创新点。在人才培育模式、学科专业布局、优势学科和新兴学科间关系调整、"产学研"合作机制和特色师资队伍上寻找新的特色方案。因此，以服务行业为己任、培养特色人才是行业特色院校的生存之本。培养特色人才是学校求生存、求发展的必由之路，特色就是质量。市场经济条件下的高校竞争中，办学特色成为高校发展的重要因素，也成为其吸引人才和优质生源的基础。鲜明的办学在学术交流、科学研究等方面，还会给学校赢得更高的学术地位和更多的发展机遇，增强学校办学实力，促进学校的发展。

（三）培养特色人才才能彰显行业特色院校的竞争力

高校培养的人才有没有社会竞争力，是衡量一所高校办学质量与办学水平高低的重要标志。一般来说，影响高校学生就业竞争力的因素有学校的层次、学校的学科门类和学校的办学特色。在学校层次上，一些"985""211"重点高校的学生具有专业训练、学术熏陶及文化修养多方面的综合优势，在就业竞争中处于优势地位。在学科分类上，由于就学人数的比例变化，不可避免地会有一些学科与市场需求冷热不一。因此，高等学校的特色则成为学生就业竞争力的重要影响因素，而学校特色更多地表现为特色人才培养。扩招以后，各类学校都得到了发展，均在占领招生市场，扩大市场份额。不容忽视的现象是高校为了扩充资源、占领市场，使一些投资少、见效快的文管类专业发展迅速，致使文管类专业人才严重供大于求，工科专业发展迟缓。很多大学竞相开设的热门专业中，七成左右集中在英语、法律、国际贸易、艺术设计上，而社会急需的传统工科处于被冷遇状态。考生选择专业既趋于热门专业，更趋于毕业后工作舒适、远离"苦"活的专业，一些艰苦行业是国家发展急需的重点产业，却出现找不到合适人才的现象。因此，特色人才培养就成为提高学生就业竞争力的有效途径。在经济全球化环境下，特色人才的竞争力已成为各国国际竞争力的决定性因素。纵观世界高等教育发展史，高等教育资源总是流向知识化、产业化程度较高的，最能发挥资源效益的高等教育机构，高等院校特色人才培养的重要性日益显著。

第二节 产教融合的内涵及模式

不同的学者对产教融合的理解不尽相同。陈民伟从"产"与"教"的字面意思入手，将产教融合理解为教育系统与产业系统这两大系统互相融合而形成的有机整体。罗汝珍认为，产教融合是不同于单纯教育与产业的一种特殊组织形式，职业教育与物质生产、社会服务等各行各业共同合作开展教育、生产、服务等活动。姚东伟认为，产教融合是学校与企业相互利用各自的优势，学校可以引入企业先进技术，利用自身场地与设施进行产品生产，企业也可提供生产车间供学生在生产中学习，通过校企合作共同制订教学与生产计划，达到校企人力资源共享、共生、共荣的双赢目的，总体上可概括为"教学中生产，生产中教学"。通过整理现有文献，笔者认为产教融合就是学校与行业产业充分依托自身的优势资源，以服务地方经济发展为根本出发点，以合作育人为核心，以互利共赢为驱动，以校企合作为渠道，以产学研开发为载体，产业、教育内部各要素高度融合，各参与主体相互合作的一种互利共赢的实践模式。

一、产教融合的内涵及理论研究

（一）产教融合的内涵

关于产教融合的内涵，我国在政策上至今没有统一的界定，学术界也没有标准的解读。根据已有文献可以归纳出国内学者对产教融合内涵的阐述主要包括其定义、特征、具体内容等。

陈年友、周常青、吴祝平认为，产教融合的本质是职业教育与产业的深度合作，目的是提升人才培养质量，内在动力是技能型人才的本质要求，企业动力是提高生产效率，具体内容是"五个对接"❶。王丹中从高职教育产学研结合的相关概念入手，从基点、形态、本质三个维度对产教融合的内涵进行了深入的探讨，产教融合的基点是其所在区域、形态应根据需求自动生成，本质是再社会化❷。杨善江认为，在产业深度转型的背景下，产教融合作为现代职业教育发展的必由之路，具有双主体性、跨界性、互利性、动态性、知识性和层次性六个主要基本特征，广度、深度、力度是推进产教融合不可或缺的三要素❸。张玲、彭振宇认为，产教融合是职业教育的本质要求，"产"与"教"存在很大程度上的互补关系，就业是产教融合的结合点，实践是其关键点。

在《中共中央关于全面深化改革若干重大问题的决定》明确提出"深化产教融合"之后，党的十九大报告又一次对"深化产教融合"进行了强调。对产教融合概念的界定，目前主要依据教育部于 2015 年 8 月印发的《关于深化职业教育教学改革 全面提高人才培养质量的若干意见》。该文件将产教融合理解为理念、机制、途径，提出产教融合的目的是提高教育质量和办学活力，要求在职业教育教学工作的各个层面贯彻产教融合理念。总体上看，教育部文件侧重于从职业学校教育的角度看职业教育的产教融合问题。

深刻理解党的十九大关于"深化产教融合"的要求，需要拓宽视野，要从职业学校教育范畴拓展到教育变革和产业变革的更宽领域。笔者认为，提倡产教融合的目的首先是更好地为产业服务，在服务产业的同时提升职业学校人才培养质量，进一步改善办学机制。对深化产教融合的认识和研究，不能就事论事，不能局限在现象、理念、机制、途径等层面，要在已有实践基础上加强理论层面的深度探究。产教融合反映了职业教育发展的内在要求和基本规律，只有将其上升为教育理论，才能更好地指导教育实践，并进一步影响公共政策，引导职业教育利益相关方协同行动。

产教融合理论是研究职业教育系统与产业系统关系的理论，是分析职业教

---

❶ 陈年友，周常青，吴祝平. 产教融合的内涵与实现途径 [J]. 中国高校科技，2014(8)：40-42.

❷ 王丹中. 基点·形态·本质：产教融合的内涵分析 [J]. 职教论坛，2014（35）：79-82.

❸ 杨善江. "产教融合"的院校、企业、政府角色新探——基于"三重螺旋"理论框架 [J]. 高等农业教育，2014(12): 2.

育活动目的、方式、标准、内容来源的方法论体系，为产教双方共同构建职业教育教学模式、制度和机制，开展职业人才培养实践提供了基础。这一理论包括以下内容。①职业教育目的论：职业教育是以满足产业用人需求为主导的人才培养活动，即融产教一体的教育目标。②职业教育标准论：职业教育的标准与内容来自实际职业活动的相关规范、要求和任务，即融产教一体的教育标准。③职业教育教学论：职业教育教学组织模式具有教育与产业合作的特点，即融产教一体的课程与教学模式。④职业教育治理论：职业教育治理体系具有以教育界、产业界为主体，政府、学校、社会、行业、企业等利益相关方协同治理的基本特点。⑤职业教育系统论：产教融合是职业教育的基本特征，职业教育系统及其子系统的有效运行自始至终离不开产教融合。

需要指出的是，常见有人使用"产教结合"而不是"产教融合"的概念。笔者认为"产教结合"不如"产教融合"概念明确，前者容易让人理解为产与教结合的结果是一个结合体，而实质上想表达的是在保持"产"与"教"各自独立的基础上相互融合、彼此依存，因而使用"产教融合"作为理论概念更为准确。

一是产教融合理论在职业教育实践上促进学习者与职业相结合并成功过渡到工作领域。职业教育在本质上是关于如何实现人与职业相结合的教育，因而要下功夫研究人与职业怎么结合在一起。这种结合显然不是分门别类地进行人与知识结合、人与技术结合、人与技能结合，而是以满足职业需求为目标的关于知识、技术、技能等方面的综合能力教育。

二是产教融合理论反映了职业教育系统的开放性特征和产教之间的运行规律。职业教育一刻也不能离开外部条件和外部支撑，教育教学是一个开放的系统，绝不是封闭、孤立的系统。这就需要研究究竟是哪些外部条件、外部要素参与职业教育过程，进一步丰富职业教育的内涵。

三是产教融合理论表达了职业教育由"产"至"教"的逻辑次序。职业教育是从职业出发的教育，职业是职业教育的逻辑起点，通过服务产业发展需求来促进职业人才的发展，实现人的发展与生产发展相协调。这就需要在职业教育实践中始终坚持职业需求导向，理顺产教关系，赋予行业、企业、社会在职业教育中的发言权。

四是产教融合理论提供了推动职业教育发展的动力。维系职业教育系统运行的能量来自外部而非内部，外部要素要从源头开始就介入职业教育，为此，要建立需求主导的职业教育发展模式。当前，我国职业教育发展模式面临着由供给主导向需求主导的转变。

五是产教融合理论为科学制定职业教育公共政策指出了方向。充分发挥职业教育系统整体效能需要保障外部要素和信息的有序输入，以及职业教育成果的有效输出，这就需要制定产教融合、校企合作的制度体系，优化有关人才招聘、职业准入、人事管理制度和政策环境。产教融合制度是跨产业与教育的制度，实施主体涉及政府、行业、企业、学校多个方面，如国外的现代学徒制、双元制等都是产教融合制度，而不能单纯理解为职业教育模式，更有价值的东西是其背后的公共政策和多元实施主体的协同关系。

（二）产教融合的理论研究

按照马克思主义两种生产理论，职业教育作为教育范畴有着与一般教育所共有的"人的智力的培育与再生产"功能，除此之外，它的重要功能是通过提高劳动力素质直接服务于第一种生产即"生活资料生产"，并且在第二种生产即"人类自身生产"中，不仅服务于"人的智力的培育与再生产"，而且在"人的社会关系的建设和再生产"中发挥重要作用——人类劳动生产不是个体的离群索居的孤立活动，而是"许多个人的合作"，职业教育正是要建立这种人与人合作的职业关系。可见，职业教育超越了一般教育的主要社会功能，跨越两种生产范畴，为人类特有的、全面的生产服务，既有一般教育的属性和作用，又有支持生活资料生产和社会关系生产的独特作用。职业教育横跨"教""产"二界，必须通过产教融合实现职业教育发展目标，也就是说产教融合是职业教育的内在要求。职业教育产教融合是符合马克思主义基本观点的一项理论发现。

1917年，我国职业教育的先贤黄炎培在其主笔的《中华职业教育社宣言书》中指出："夫职业教育之目的，一方为人计，曰以供青年谋生之所急也；一方又为事计，曰以供社会分业之所需也。"之后，于1926年提出"大职业教育主义"的办学方针，认为"只从职业学校做工夫，不能发达职业教育；只从教育界做工夫，不能发达职业教育；只从农工商职业界做工夫，不能发达职业教育"。这些观点强调了办职业教育必须联络和沟通所有教育界和职业界，参与全社会的活动和发展。可见，早在百年之前我国就已产生了"职业教育产教融合"的思想主张。

1918年，我国著名教育家陶行知在《教育与职业》上发表《生利主义之职业教育》，提出"职业学校之课程应以一事之始终为一课。例如，种豆则种豆，始终一切应行之手续为一课。每课有学理，有实习，二者联络无间，然后完一课，即成一事"。他提出了职业教育教学要围绕实际生产活动开展教学思想，阐明了职业教育之"教"和"产"的关系。以现在观点看，陶行知是最早提出"产教融合"职业教育教学活动特征的教育家。

职业教育活动有的作为中等教育的一部分，有的作为高等教育一部分，有的以培训的形式存在于企业或社会中；对职业教育的管理有的放在教育体制中，有的放在人力资源开发体系中。从表象上看，职业教育系统内部的各个子系统似乎是多元、无序、互不联系的，但从产业系统与教育系统关系的范畴看，又是一个有机统一的整体，因为各级各类职业教育和培训都与社会分工体系相关联，不同层次、不同类型的职业教育或培训共同构成了服务于劳动力市场供需关系和社会用人结构要求的有序系统。职业教育系统从无序到有序的自组织过程，借助的是教育外部力量的推动。

诺贝尔奖获得者、比利时物理化学家普里高津（Ilya Prigogine，1917—2003）提出，一个非平衡的开放体系通过与外界交换物质和能量，在外界条件变化达到一定阈值时，能从原来的无序状态变为时间、空间或功能的有序状态，这种非平衡条件下的、稳定的、有序的结构称为耗散结构。笔者认为，职业教育系统是一个典型的耗散结构，职业教育系统特征和运行规律符合耗散结构的3个主要特征。

一是变化性。耗散结构随时间、地域、行业、市场的变化而变化，外界条件对这一系统的结构特点起着决定性作用。用于职业教育系统，起决定作用的要素并不在教育内部而是外部的职业需求及其变化，从而形成了多元化的职教发展模式。耗散结构理论否定了在不同国家或地区、不同行业或经济体存在一致的职业教育模式的可能性。

二是开放性。耗散结构只有不断地从外界取得支持或产生能量交换才能维持下去，若没有了外界与本系统产生的实质性的能量交换（请注意不是一般的联系或互动），这个系统就会失去活力、走向灭亡。这决定了职业教育与产业的依存关系、学校与企业的合作关系，支撑了职业教育产教融合理论，证实了十九大报告提出的"深化产教融合、校企合作"的科学性。

三是协同性。即系统内部子系统之间是一种协同关系，而非线性作用，子系统之间的协同性决定着整体系统的功能和效率。用作职业教育系统，系统内部的中等职业教育、高等职业教育、技工教育、企业培训、社会培训等，彼此之间不是从属、衔接、对接等线性关系，而是相互协同关系，协同的目的是服务于劳动力市场需求和企业或社会用人结构。

随着我国产教融合的纵深发展，国内对有关产教融合的理论研究也取得了可观的成果，主要是将演化博弈理论、三重螺旋模型理论和战略联盟理论应用于职业教育的产教融合、校企合作研究。

李光红对校企间合作创新问题进行研究时，借助演化博弈的基本理论与模型，将企业和职业院校置于博弈模型之中，并且假设博弈双方都是有限理性的，当博弈达到均衡时需经历模仿、调适、学习等过程❶。借助收益分析法理论，分析学校与企业是否选择合作来促进校企合作创新：当企业选择合作创新得到的收益大于企业自主创新得到的收益时，双方都选择合作；当企业选择合作创新得到的收益小于企业自主创新得到的收益时，学校选择合作，企业选择不合作。因此可以得出：无论双方收益如何，学校会选择合作；而对于企业，收益则是决定其是否会选择合作创新的关键因素。邵进基于三重螺旋模型理论对产学研深度融合进行了研究，提出了产学研深度融合的范式，即第一重螺旋是知识的传播与转化，第二重螺旋是人员的赋能与流动，第三重螺旋是平台的创建与优化，并且运用螺旋递归效应分析了校企合作的影响关系，认为企业和高职院校双方原有的组织界限将逐渐模糊，互相渗透和跨界发展将成为未来校企合作的新趋势。钟利红、邓之宏在分析校企战略联盟形成动因的基础上，从战略伙伴的遴选、战略联盟的方式以及战略联盟的实施流程三方面对校企战略联盟模式的实施进行了详细的探讨，并指出了校企战略联盟面临的挑战，提出基于三重螺旋模型下的战略联盟渠道可以从研究支持、合作研究、知识转化、技术转化四个方面进行拓宽。

二、产教融合人才培养模式研究

黄亚妮认为，校企合作依据企业参与程度的不同，可由浅到深地分为以下几种模式：企业配合模式、校企联合培养模式、校企实体合作型模式。同时，指出了校企合作模式中存在的一系列问题，认为构成有效的高职教育校企合作模式需要具备以下几个因子：社会和政府的环境协调因子、有效的校企合作的法律法规因子、学校和企业双方的情感因子、学校和企业双方的认知因子。柳友荣、项桂娥、王剑程以应用型本科高校为例，在分析其产教融合模式及影响因素的基础上，结合国内外有关产教融合模式、产学研合作方面的已有研究，总结出四种模式，分别为产教融合研发模式、产教融合共建模式、项目牵引模式、人才培养与交流模式。《必由之路——高等职业教育产学研结合操作指南》

❶ 李光红.校企合作创新的演化博弈分析[J].科技管理研究，2007(8)：3.

一书，将我国高职教育校企合作的主要模式概括为 9 种：一是订单式人才培养模式；二是"2+1"模式；三是工学交替模式；四是全方位合作教育模式；五是实训—科研—就业模式；六是双定生模式；七是工学结合、校企双向介入模式；八是结合地方经济全面合作模式；九是以企业为主的合作办学模式。由于各个具体模式之间不存在严格的界限划分，以上 9 种人才培养模式中相互存在着叠加的部分。因此，本文对三种较为常见的人才培养模式进行阐述。

（一）订单式人才培养模式

订单式人才培养模式是以企业对人才需求规格和岗位的技能要求为参照，通过学校与企业签订合同的方式，共同制订人才培养方案、组织教学、实施培训，实现教学与生产过程同步、实习与就业一体。王变奇等学者以企业等各种用人单位对所需技术人才的具体要求视角界定订单式人才培养模式，即以用人单位提出的所需从业人员的具体要求为基准，各方经协商达成一致并签订用人协议。例如，武汉船舶职业技术学院采取校企合作订单式模式培养航海类人才，2010 年轮机管理专业首次与马士基船舶管理（武汉）有限公司联合举办"A. P. Mollemiaersk Line 订单班"，除公司每个星期派老师进行 6 个小时的英语口语培训外，定期为学生开展有关企业文化、船上知识、职业素养等讲座，制定企业奖学金条例和学生淘汰程序。学院也会根据专业人才培养方案和国家海事局考试要求，加强对学生的教育与管理，共同打造企业所需的优秀航海类人才。

（二）"2+1"人才培养模式

"2+1"人才培养模式是一种以实现"教、学、做"一体化为终极目标，通过校企合作、工学结合的途径，实现学习与就业相结合的人才培养模式。具体做法是将三年制学年划分为两个阶段：前两年学生在学校进行理论知识和专业技能的学习；第三年学生进入教学实训基地或企业进行顶岗实习，在此过程中进一步熟练、巩固、运用所学到的理论知识，促使理论与实践的紧密结合。在国家进行三线建设时期，由中国第二重型机械集团公司、东方电机和东方汽轮机厂合作布点建设的四川工程职业技术学院，对操作人员的培养采取的就是此种模式。校企联合在机器生产的过程中，一方面加紧完成国家布置的任务，另一方面学校为机械的加工、维修、操作等各个环节提供人才。

（三）工学交替人才培养模式

工学交替人才培养模式是指在学校与企业双方共同制定的人才培养方案的指导下，学生的学校学习与企业实习这两项学习活动相互交替、半工半读的学校与企业合作开展的协同育人模式。在此模式中，学生可以自由支配自己在企业实习期间劳动所得的报酬，用以解决部分学杂费、生活费及其他各项支出；企业可以对学生的学习情况进行考查与跟踪。学生毕业后，企业与学生可以采取双向选择。学校与企业两个场所通过空间上的交替转换，充分利用各自的优势互补所短，共同促进学生职业综合素质的发展。工学交替人才培养模式被湖北职业技术学院作为其机电一体化技术应用专业人才培养模式，将学生的基本素质培养与学生的职业素质和职业技能培养紧密结合，促使培养出的学生更加符合社会对技术技能人才的需求。工学交替人才培养模式以培养满足社会主义现代化建设需要的技术人才为目标，其所培养出的人才除具有较强的岗位适应性外，还具备较强的实践能力和良好的职业素养，符合企业对应用型、技能型高等职业技术专业人才的需求。此类模式对职业院校的创新型人才培养具有重大现实意义，引领高等职业教育改革与发展的方向。

第三节　产教融合与地方高校应用型人才培养

　　人才培养是大学的基本职能，是一切工作的核心。《中华人民共和国高等教育法》第五条规定："培养具有创新精神和实践能力的高级专门人才，发展科学技术文化，促进社会主义现代化建设。"培养各级各类高级专门人才是高等教育的根本任务。行业特色院校以高素质应用型人才为培养目标，肩负着为社会发展培育应用型、复合型、创新型人才的历史重任。围绕这一目标和定位，行业特色院校应立足自身办学优势和特色，以社会需求为导向，以学校层次为基础，不断探索和创新人才培养模式，不断完善人才培养的基本体系，提升人才培养的能力与质量。本节试图通过解析人才培养模式的内涵，回顾我国行业特色院校人才培养模式改革的探索与实践，并具体分析不同类型行业特色院校人才培养模式改革案例，为各类行业特色院校人才培养提供借鉴。

一、国外关于产教融合的研究现状

（一）合作教育与学徒制

　　相比于国内对产教融合内涵的诸多研究，国外并没有产教融合这一概念，出现频率较高的是合作教育和学徒制。

　　1906 年，美国教育家赫尔曼·施奈德（Herman Schneider）最早明确提出合作教育（cooperative education）思想，其目的在于将学生培养成应用型工程师。后来，美国国家合作教育委员会认为，合作教育是一种结构式教育策略，它将学生的课堂学习与其学术或职业目标相关领域的有益工作经验学习结合。美国工程教育协会的合作教育部认为合作教育理解是为学生的未来职业生涯做准备的教育项目，它包含两方面的内容，一是学术训练，二是在工商业及政府服务部门中积累的实践工作经验，并在实施过程中将这两者有机结合起来。

学徒制被认为是职业教育的萌芽，其历史大致可以分为五个阶段。前学徒制主要记载在公元前 2100 年汉莫拉比王的《巴比伦法典》，在某种程度上可以认为它是以养父子关系为基础的。中世纪的行会学徒制逐渐制度化，从业人员被依次分为学徒、工匠和师傅三种。16 ～ 18 世纪的欧洲，正在经历由封建社会向资本主义社会的过渡，学徒制的发展在国家立法的保障下变得更加规范。众多的新技术新思想在 18、19 世纪的两次工业革命中产生，机械取代人力，资本主义劳资关系的变化使传统学徒制几近崩溃，在夹缝中出现集体商议学徒制。二战之后出现的现代学徒制，以德国的双元制为主要代表，更多地开始探求职业教育与国家经济发展的密切联系。

（二）产教融合人才培养模式研究

瑞典学者 Allan Klingstrom 认为，产教融合人才培养模式是一种育人方式，它将企业生产与教学内容紧密结合。英国学者 Jon Whittle 等认为，职业院校获得长足稳定的发展应符合以下两个条件：一是顺应自身发展规律与逻辑；二是要与市场经济发展规律相符合。挪威阿格德大学教授哈罗德·克努德森则认为，职业院校产教融合人才培养模式的质量绝大部分取决于相关利益主体间密不可分的联系。

由于政治、经济、文化以及教育观念的多样性，国外产教融合培养模式形成了以国家为代表的各具特色的人才培养模式。笔者通过对文献资料的搜集、整理与分析，选取德国、美国、日本及澳大利亚四个国家为典型代表，进行详细阐述与解释。

1. 德国双元制模式

德国双元制职业教育模式是指学生在学校接受理论培训与在企业接受职业技能训练相结合的职业技术教育形式。双元制中包含两个不同的利益主体：一个是企业，肩负实践经验指导的重任；另一个是学校，以向学生传授与职业相关的专业理论知识为主。在这种教育模式下，学生在校是学生，在企业是学徒工，具有双重身份。双元制人才培养模式是一种学校与企业合作办学的职业教育，它融合了传统学徒制与蕴含现代职业教育思潮的新式培养方式的优势，是德国职业教育最具特色的育人模式。学生在学校以学生身份学习理论知识，在企业以学徒身份学习实践技能，这种角色互换的目的是通过为学生提供多样化的职业基础培训，提高他们的应变能力，使他们能够从容应对复杂多变的职业环境。

2. 美国的合作职业教育

美国职业教育以培养"宽专多能型"人才为目标，综合高中和社区学院是实施职业教育的主要机构。企业界与学校二者合作对学生实施职业教育，结合了我国"2+1"模式与工学交替模式的特点，将学生的时间划分为两部分：一部分时间由学校对学生实施普通教育，学生在学校学习各种理论知识；另一部分时间由企业对学生进行操作技能训练，学生通过实际工作获得相应的技能，学习与工作交替进行。这种模式打破了传统的以课程为主导的教学模式，强调特定岗位所对应的核心职业能力的培养。在美国还存在另外一种合作模式——企业孵化器模式，它为新企业的成立提供适宜的外部环境，同时扶持某些具有较好发展前景的新型企业。

3. 日本的"产学官"人才培养模式

日本的"产学官"人才培养模式是由企业组织并创办学校，是日本职业技术教育的突出特色。"产"主要指产业、企业，"学"主要指学校、科研机构，"官"主要指政府。其中，工学院作为企业办学的典型代表，是一种由大型企业创设的学校，主要功能是为创办企业培养自身所需的紧缺专门技术人才，同时也为有技术需求的客户提供各种形式的培训。在时间分配上，企业技能培训占据绝大部分时间，学校教学只占据小部分时间。日本高等专门院校高度重视学生的职业技术教育，由于高等专门学校具有广泛而紧密的社会联系性，使大多数企业选择将亟待解决的问题交给职业学校，各个学校之间组建"产学官"联合项目，企业与学校双方协作解决人才培养问题。日本的高等职业教育产学研合作形式主要包括以下几种：①企业与高职院校签订委托培养协议书，双方共同研发项目，由企业承担各种经费支出；②人才培养方面，高职院校聘请企业中的优秀技术人员进校指导教学，企业则邀请校方的"双师型"教师进入企业，以访学的形式促使双方展开更深层次的交流；③企业为学校建立实训基地提供一定数额的资金，如由东芝集团拨款350万美元在川奇建造的技术培训中心。近几十年来，日本政府非常重视有关职业技术教育政策与法律的出台与完善，保证了产学研长久稳定地发展。

4. 澳大利亚的 TAFE 模式

TAFE（technical and further education）模式是以职业教育与职业培训为中

心，在终身学习理念指导下构建的一种以政府为主导、以企业为合作伙伴、以学生为中心、以能力为本位、以就业为导向的育人模式。为提供有针对性的教育，行业培训咨询机构在分析区域经济发展和产业需要的基础上，按照具体专业细致的能力划分标准与学校合作开发合适的课程。TAFE 模式具有较为灵活的学制，它将不同类型的职业技术教育与继续教育相融合、不同性质的学历教育与岗位培训有机融合，实现了普通教育与职业教育的融会贯通，同时注重学生可持续能力的发展。TAFE 模式打破了传统教育理念下线性教育的禁锢，构建一种以终身教育理念为指导、以"学习—工作—再学习—再工作"为循环的多重非线性教育模式。因此，职业教育已经不再局限于传统的学历教育，逐步实现了由知识中心向技术能力的转移。在 TAFE 学院的框架下培养学生，使其所学的专业紧密联系企业工作岗位，在培养学生职业性的同时，破除专业知识学习与职业相脱节的弊端，真正实现"毕业即就业"。

二、国内外产教融合培养述评

国外关于职业院校校企合作、人才培养模式的相关研究成果众多，各国大都以本国国情为依据，形成一套具有特色、较为成熟的人才培养模式。国外研究者发现，随着产教融合的不断深入，如果缺少政府的参与或政府参与力度不足，校企合作就很难深入、持续地开展。为此，美国政府在北卡罗来纳州组建了隶属于园区合作模式的"三角研究园"，参与校企合作的实践。

国内关于产教融合人才培养模式研究的文章较多。有些学者立足于宏观层面进行研究。王丹中等指出，产教融合、校企合作育人方式是实现产学研协同发展、提升人才质量和办学效益的必经渠道，为社会提供更多拥有高素质的技术技能型人力资源。和震认为应立足于完善现代职业教育治理体系的角度，加强产教融合、校企合作制度的顶层设计。还有学者以微观角度为切入点，多是立足于自身所在的学校进行研究。方春龙认为要以校企合作为契机，通过建设校外实训平台、实习基地等基础设施，深化产教融合，张文杰等提出了产教融合的定向班人才培养模式，并从人才培养规格、课程体系、人才培养过程、实践教学模式四个方面给出了定向班人才培养模式具体的实施路径。

当前，学术界对于职业院校产教结合人才培养模式的研究仍然处于起步阶段。目前，有关职业教育产教融合的研究主要集中在以下几个方面：一是从理论溯源与实践的角度，详细介绍并分析国内外不同的人才培养模式；二是关于政府在校企合作中的角色的研究；三是产教融合政策研究已成为热点，主要聚焦于人才培养模式中如何发挥政府的推动作用，促进企业与学校两个主体紧密结合。在概念界定与内涵研究层面，包含"产教合作""校企合作""产教依存""产城融合"等众多提法，不同学者的理解不尽相同。近两年，产教融合理论研究逐渐成为热点，然而大多数研究都集中在对其内涵、特征、模式等方面的探讨，实证研究成果薄弱。笔者对"职业院校""产教融合""人才培养"等相关文献进行归纳、总结后得出，高职院校产教融合人才培养模式的相关研究成果薄弱。

研究存在的主要问题：一是对于"互联网＋"背景下高职院校产教融合人才培养模式研究成果缺乏系统性，并且研究深度与广度不够；二是大多数研究热衷于高职院校校企合作模式，产教融合人才培养研究少；三是研究方法有局限，导致定量研究成果薄弱。

三、地方高校应用型人才培养

（一）人才培养模式的内涵

一般而言，模式是对现实事件的内在机制及事件之间关系的直观的和简洁的描述，是位于经验与理论之间、目标与实践之间的知识系统。人才培养模式研究是高等教育研究的一个重要领域。对人才培养模式内涵的界定有一个发展的过程。教育行政部门的权威表述首先出现在 1998 年教育部下发的文件《关于深化教学改革，培养适应 21 世纪需要的高质量人才的意见》中，文件指出："人才培养模式是学校为学生构建的知识、能力、素质结构，以及实现这种结构的方式，它从根本上规定了人才特征并集中地体现了教育思想和教育观念。"学界对人才培养模式的界定大体可分为三种类别：一是目标方式论。认为教育的基本问题是"培养什么人"和"怎样培养人"的问题，人才培养模式就是人才的培养目标、培养规格和基本培养方式。二是结构方式论。认为人才培养模式是学校为学生构建的知识、能力和素质结构，以及实现这种结构的方式。三是过程方式论。认为人才培养模式表现为一种过程范畴，是在一定教育理论指导下为实现一定培养目标而采取的教育过程和运行方式。这些论点对人才培养模式的基本界定是一致的，其分歧只是视角的切入点不同。总之，人才培养模式是指在一定的教育理念指导下，为实现一定的人才培养目标，学校为受教育者构建一定的知识、素质、能力结构，并为实现这种结构所采取的组织形式及运行机制。这一界定包含了人才培养模式的两层含义：从确立原则看，人才培养模式的确立必须坚持目标导向，必须坚持理念引领与教育实践的统一，必须坚持静态结构样式与动态运行机制的统一；从构成要件看，人才培养模式包括人才培养方案、培养途径、培养制度和教育评价。

（二）人才培养模式确立的基本原则

1. 目标导向原则

人才培养模式是在一定教育思想与教育方针指导下，为实现特定培养目标而选择的培养路径、培养方式、培养目标，从根本上规定了人才培养的方向、规格和特征，直接反映了人才培养的价值取向。一所学校人才培养的目标定位，包含对时代背景、任务环境，以及自身办学积淀、优势特色和历史方位的科学分析和准确度量，是相对明晰的。

2. 理念引领与教育实践相统一原则

人才培养渗透着人类文化和价值观念，具有明显的思维特征。高校人才培养模式是在现代大学理念和理论指导下建立起来的，由理念到实践是一个从价值引导到价值实现的内在统一过程。人才培养模式可分为三个层级。第一个层级是主导整个教育系统的模式。从世界历史长河来看，整个高等教育系统在不同理念引导下生发出素质教育模式、通才教育模式和专才教育模式。例如，以传授普遍知识、发展理性为大学之目的的自由教育理念使纽曼时代的英国采取了通才教育模式，但与此同时，在洛克、赫胥黎等另一些教育家的主张下，英国的专业教育和职业教育日益突出，实用人才培养模式在英国同样落地生根；德国大学有重研究的传统，但今日的德国不乏应用科技类大学；当代美国的大学既继承了德国大学重研究的传统，也继承了英国大学重教学的传统，还发展出独特的服务社会的理念，如同克尔所说的"是一座五光十色的'城市'……是许多个不同的社会，或者说是一个具有多种目的的多元性社会"。可见，高等教育没有普适性的模式，其所体现的共同规律是有什么样的理念，就有什么样的教育实践模式。第二个层级是各高校所倡导的人才培养模式。美国先进大学的经验告诉我们，随着现代大学从经济社会的边缘走向社会发展的中心，大学必须建构起科学与人文有机融合的现代教育理念，在多元性社会中找准自身发展定位，继而建构起具有务实精神和独特风格的人才培养模式。第三个层级是指某具体专业的人才培养模式，其所体现的则是高校自身办学指导思想和专业实践的统一。

3. 静态结构样式与动态运行机制相统一原则

一方面，根据一定的教育理念和人才培养目标，人才培养模式所要架构的人才的知识、能力和素质结构框架是相对稳定的，人才培养模式所具有的内在机制具有规范性和制度约束性，也是相对稳定的，这种稳定性保证了人才培养活动的延续性和连贯性；但另一方面，人才培养模式又是课程体系、教学计划、教学组织、教育评估等教育各要素的结合，这个结合不是一成不变的组织样式，而是一个随着经济社会对人才需求的变化、高校自身认识和实践的深化而不断优化、不断创新、不断发展的动态运行过程。

（三）人才培养模式的构成要件

人才培养模式是由诸多元素有机组合而成的体系或系统。广义而言，人才培养模式的构成要件包括教育理念、培养目标、培养过程、培养评价；狭义而言，人才培养模式的构成要件指为达到培养目标而为受教育者建构的知识、能力、素质结构及为达成这种结构而采用的运行机制和方式，具体包括人才培养方案、课程体系、培养方式、培养制度和培养评价。这里仅阐释狭义的人才培养模式的构成要件。

1. 人才培养方案

人才培养方案是实现人才培养目标的总体计划和实施方案，是对人才培养知识、能力和素质结构的顶层设计，是在教育理念指导下对人才培养目标的具体化。人才培养方案以课程序列规划和教学进程设计为主线，围绕培养目标设置教学内容，围绕教学内容构建课程体系，围绕课程体系选择教学模式和方法，是学校组织教学过程、安排教学任务、确定教学编制、保证教学质量的基本依据。一份完整的人才培养方案应详细包括以下方面：培养目标（人才培养定位、基本要求）、培养规格（总规格要求和知识能力素质结构说明）、课程设置和学分要求（课程模块结构、各课程在整个方案中的地位和作用）、实训实践安排（专业实训项目、实践教学环节及其比重）、学位论文（论文要求及学分）、毕业要求（学分要求和各类等级和资格证书要求）、教学进程表（按学期计划开设的课程）、设计思路（制定依据、教学理念、教学改革思路、主要特色等）。

2. 课程体系

课程体系是根据专业人才培养目标，由相关学科知识和实践环节按一定比例的逻辑顺序排列组合而成的知识系统，是在学校教育这个大系统下的次系统。课程体系的核心是课程结构，即各类课程之间的组织和配合。顾明远认为，课程结构又有广义和狭义之分：广义的课程结构是指学校课程中各组成部分的组织、排列、配合的形式，它要解决的是根据培养目标应开设哪些门类的课程及课程的编排，重点要考虑不同内容、类型、形态的课程的整体优化，具体体现为教学计划；狭义的课程结构是指一门课程中各组成部分的组织、排列、配合的形式，它要解决的是每门课程的教学目标、教学内容、教学组织及教学评价等方面的问题，具体体现为教材（主要是指教学大纲和教科书）。课程体系是人才培养模式的核心部分，课程质量及结构的合理性决定人才培养的目标、规格、质量和水平，体现人才培养模式的优劣。受不同教育理念的影响，高校课程设置形成了三种不同的价值取向：社会本位主义的课程价值取向、知识本位主义的课程价值取向和人本位主义的课程价值取向。不同课程价值取向使主体在制订和选择课程方案以及实施课程计划时表现出特定的倾向性，从而规定着教育对人才的培养模式。新时期高校课程体系的构建，关键在于根据特定的人才培养目标，遵循课程设置的整体性、层次性、多样性、开放性等特点，融合平衡好三种价值取向，关注几个方面的和谐统一：课程政治价值、道德价值与经济价值、文化价值的和谐统一，课程设置综合性与多样性的和谐统一，人才科学素质教育与人文素养培养的和谐统一，人才综合素质培育与创新力、个性化发展的和谐统一。

3. 培养方式

培养方式是指人才培养的具体组织形式，既涉及教学组织过程，又涉及教育运行过程。组织教学是高校培养人才最重要的方式，高校人才培养通用的教学组织方式包括课程教学、学术活动和科学实验、实践教学三个有机组成部分，区别在于不同层次、不同定位的高校在课程教学、学术活动和科学实验实践教学的教育投入、资源配置及教育实施的学分比例、教学侧重不同。除组织教学外，高校还采取非教学的形式培养学生。非教学形式包括一切被称为"隐性课程"的教育环境和产学研结合的教育运行过程，如校园文化、学科竞赛、国际研学、名师沙龙、学术讲座、社会实践、公益服务等。教学组织和教育运行的诸多要素、诸多环节相互交织、有机融合，共同组成高校的人才培养方式。

4. 培养制度

培养制度是指有关人才培养的重要规定、程序及其实施体系，是人才培养得以按规定实施的重要保证与前提。培养制度包括基本制度、组合制度和日常教学管理制度三个层次。基本制度有学年制和学分制两种。学年制是以学年为计量单位衡量学生学业完成情况的教学管理制度，以读满规定的学习时数和学年、考试合格为学业标准，课程有严密的层次划分及先后顺序，结构化程度高。学年制由来已久，各国大学多数实行学年制。其优点是计划性强，便于管理，有利于保证一定的培养规格和质量；缺点是统得过死，不利于因材施教，不利于调动学生和教师双方的积极性和主动性。学分制则是把规定的毕业最低总学分作为衡量学生学习量和毕业标准的一种教学管理制度，以选修制为前提，以选课为核心，以教师指导为辅助，通过绩点和学分，衡量学生学习的质和量。其优点是弹性教学计划和学制能充分调动教与学的积极性、主动性，有利于因材施教，有利于学生个性发展；缺点是强制性差，不利于教学组织管理和学生集体行为意识的培养。学分制首创于美国哈佛大学，进入中国后，形成了学年学分制、完全学分制、绩点学分制、加权学分制四种变式。组合制度指为学有余力的学生提供额外组合的培养制度，如双学位制、主辅修制等。日常教学管理制度是为维护正常教学秩序、使教学过程正常运转而制定的各种规章、规则等制度体系，包括教学建设管理制度、教学运行相关制度、考试制度、教学质量监控制度等。

5. 培养评价

培养评价有广义和狭义之分：广义的培养评价指教育评估，即根据一定的教育目标和标准对学校办学水平和教育质量进行总体评价，包括合格评估、办学水平评估、选优评估及学校内部评估等形式；狭义的培养评价是指学校内部依据一定的标准对培养过程及所培养人才的质量与效益进行客观衡量和科学判断的一种方式。培养评价是人才培养的重要环节，贯穿于人才培养的全过程。它对指向特定培养目标的人才培养方案、课程体系、培养制度和教育教学运行过程进行监控和评估，评估课程体系能否充分体现培养目标、培养规格，评价教师课堂教学质量，评价学生学习能力、心理素质和学习效果，并及时进行反馈，从而促进教育主体对教学计划、课程设置、教学组织形式、教学方式方法进行调整、修正与优化，以更好地实现培养目标。科学的培养评价的关键在于坚持现状评价与发展性评价相结合、形成性评价和总结性评价相结合、定量评价与定性评价相结合、学校评价与学生自我评价相结合。

我国高等教育体系是多样化、多类型的，已基本形成包括学术性、专业性、职业性三个基本类别，各自发展目标清晰、比例协调的架构体系。与这一体系相对应，人才培养目标也是多层次的，学术性高等教育以培养高层次精英人才为目标，专业性高等教育以培养各行各业应用型高级专门人才为目标，职业性高等教育以培养技术型和高技能型人才为目标。不同目标决定了人才的不同规格和质量标准，人才培养模式只有以特定的培养目标为指向，与人才培养客观存在的层次、结构、类型相适应，才能有的放矢，才能培养出符合社会多样化需求、凸显院校自身特色的人才。

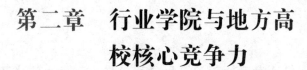

第二章　行业学院与地方高校核心竞争力

新时期行业特色院校核心竞争力的建构必须立足行业、区域社会政治经济文化发展、行业高等教育及区域高等教育竞合关系、行业特色院校自身发展多个层面进行系统考量，厘清其内在的协同性、渗透性、稳定性、整合性、发散性等特征，探讨人才培养质量提升能力、学术创新能力、产业融合及贡献能力、文化传承及浸润力、管理模式及治理结构优化能力等行业特色院校核心竞争力的构成要素。本章主要就以下三个方面进行论证：第一，核心竞争力理论及地方高校核心竞争力构成要素；第二，行业学院的现状及发展趋势；第三，行业学院与地方高校核心竞争力提升。

第一节　核心竞争力理论及地方高校核心竞争力构成要素

高校在越来越激烈的竞争环境中要获得生存和发展，就必须具备核心竞争力。高度重视和努力提高自身核心竞争力，已成为越来越多的行业特色院校的共识。核心竞争力概念产生之后在各个国家广泛传播并迅速被引入中国，并由企业迁延覆盖到各个行业。提升高校核心竞争力也成为学术界的热门话题，迅速进入政府、高等院校及社会研究机构的视野，成为新时期我国高等教育发展的重要命题。

一、核心竞争力理论及高校核心竞争力

（一）核心竞争力

核心竞争力概念最早来源于美国密歇根大学商学院教授普拉哈拉德（C. K. Prahalad）和伦敦商学院教授加里·哈默尔（Gary Hamel）合写的《公司核心竞争力》（*The Core Competence of the Corporation*）一文，该文发表在 1990 年 5 月到 6 月的《哈佛商业评论》（*Harvard Business Review*）上。他们认为，核心竞争力是"在一个组织内部经过整合了的知识和技能，尤其是关于怎样协调多种生产技能和整合不同技术的知识和技能"。从与产品或服务的关系角度来看，核心竞争力实际上是隐含在公司核心产品或服务里面的知识和技能，或者知识和技能的集合体。他们强调核心竞争力作为一个企业（人才、国家或者参与竞争的个体）能够长期获得竞争优势的能力，是企业所特有的，能够经得起时间

考验，具有延展性，并且是竞争对手难以模仿的技术或能力。

（二）高校核心竞争力

高校核心竞争力是核心竞争力概念在高校办学视阈中的引入与发展。对高校核心竞争力的分析与研究，也为行业特色院校核心竞争力概念的界定提供了重要的理论基础。当前我国学术界对高校核心竞争力研究主要有以下代表性观点。

一是组织整合力、组织优势论等观点。强调高校核心竞争力建立在特色化的管理与组织基础上，通过建立办学理念与管理过程、管理与其他办学要素、管理过程中的各要素之间的独特组织架构与协作体系，激发体制活力，提升办学实力。韦巧燕认为，大学的核心竞争力是指大学以其核心资源为中心，通过对战略决策、教学、科研、人力资源开发等的组织管理，使某一资源的效用凸显，从而使学校在长时期内获得较大竞争优势的能力，其具有核心优势形成的长期性、核心技能的独特性、核心价值的用户性、核心资源的隐形性等特征。侯俊华、汤作华指出，高校核心竞争力应是办学理念、管理模式及教学科研等多方面、全方位的相互协调和有机结合，能够促进高校持续发展，凸显优势或特色学科，在竞争中能显示自身能力的一种运作模式。

二是学科驱动观。持该观点的学者认为学科建设水平是大学办学水平的基本标志。学科是高校核心竞争力建构的基本驱动要素；学科是大学的发展之基、力量之源，它体现了大学的办学水平和实力；学科特色是提升大学核心竞争力的核心环节，是行业性大学生存与发展的"生命线"。厦门大学校长陈传鸿也认为，从世界著名大学的办学经验来看，成为世界一流大学的关键在于有一批一流的学科，学科水平的高低决定了学校水平的高低，越是好的学科，就越能吸引优秀人才，从而才有能力去开拓新的领域。他认为，一流大学必须有强大的整体竞争力，而构成整体竞争力的核心部分就是学科建设水平。所以，可以将学科建设水平称为高校的核心竞争力。

三是文化关键论。文化关键论者认为，文化建设的水平与质量是高校核心竞争力的基本标志，决定着高校的发展潜力及发展预期。曾德国指出，大学作为思想的宝库、培养人才的摇篮、文化的中心，存在的本质要义就是不断探索和创造，不断追求更高层次的理性精神，不断创造更高、更好、更优的文化成果。他认为，师生成长环境与机制的构建、对良好学术环境的保护、学者潜能的激发等都有赖于大学文化的滋养。邵书峰也认为，一所大学要通过倡导和培育先进的大学文化与大学精神，建立具有特色的大学文化战略，增强大学内部凝聚力，提高对外吸引力，扩大学校影响力，以大学文化建设和大学精神塑造来推进大学核心竞争力的提高。周亚芳强调，大学精神文化是构建高校核心竞争力的动力，大学制度文化是构建高校核心竞争力的有力保证，大学行为文化是构建高校核心竞争力的表现形式，大学环境文化是构建高校核心竞争力的外在基础。

四是要素组合论。持该观点的学者认为很难对高校核心竞争力做一简单定义。高校核心竞争力是某几个关键要素或关键环节组成的有机整体。高校核心竞争力的高低，取决于这几个要素或环节的建设与发展质量及其整体协同效能。比如，曲恒昌认为大学核心竞争力是由多项基本要素构成的，其中包括内发创新能力、文化凝聚能力和组织协调能力。内发创新能力集中体现在培养高素质的人才、提供一流的科研成果、为社会提供高质量的服务等。强大的文化凝聚力将有助于创建一个和谐、自由、平等、活跃的学术氛围，将全校师生员工的积极性调动和组织起来，为实现学校的办学理念和目标而奋斗不息，从而极大地增强学校的核心竞争力。组织协调能力体现在高校妥善地处理学术权力与行政权力、学术自由与行政规制等各种复杂关系，为高校核心竞争力的建构创造一个良好的体制环境等。高宏强调，大学核心竞争力可以归结为硬实力和软实力。硬实力主要指大学的师资实力、科研实力、学科实力等，软实力主要指以大学精神为内核的大学文化以及品牌声誉等。

当前学术界对高校核心竞争力内涵存在着多样化的解读。例如，有学者认为大学核心竞争力是大学的优势资源，是主体对大学资源有效运作而产生的；也有人认为大学是组织内部整合的、富有个性化的、复杂的能力体系。这种多样化的解读由于学者观察视角、立论基点及研究方法等的差异而呈现出不同的研究结论。纵观当前的研究现状，梳理不同研究结论之间的逻辑轨迹，组织优势论、学科驱动观、文化关键论、要素组合论等四类观点代表了当前学术界对高校核心竞争力内涵界定的主要看法。

二、行业特色院校核心竞争力及其构成要素

行业特色院校核心竞争力是指行业特色院校与行业、区域之间形成的紧密型合作关系，并使这种紧密型合作全面渗透到人才培养、科学研究、服务经济社会发展、文化传承创新等各个方面，形成具有鲜明特色的办学模式。它建立在行业特色院校长期行业办学与行业所形成的唇齿相依的合作关系之上，在转制后，对这种关系进行了盘整、丰富与拓展，更好地纳入了区域政治经济社会

文化发展的因素，并实现行业与区域两者之间关系的整体协调，形成合力，促进行业特色院校拓展办学视野、理顺办学关系、优化办学环境、丰富办学资源的供给平台等。行业特色院校核心竞争力是一种传承高校办学特征的基因内核，在激烈竞争的高等教育版图中清晰勾画出行业特色院校的板块特征，集中彰显新时期高等院校走差异化发展路径，推动特色办学，满足社会多样化需求的办学指导思想。

（一）行业特色院校核心竞争力的构成要素

行业特色院校核心竞争力由人才培养质量提升能力、学术创新能力、产业融合及贡献能力、文化传承及浸润力、管理模式及治理结构优化能力等要素组成。

1. 人才培养质量提升能力

学校人才培养质量是其办学质量的最重要体现之一。学校人才培养质量的考查指标主要分布在人才培养过程及人才培养绩效两个方面。前者考查人才培养方案的科学性、教学质量运行及监控体系的完备性等指标；后者则由学生课业成绩的整体分布、在各级各类比赛中的获奖率、学生就业状况以及社会评价系统等组成。比如，在浙江传媒学院的人才培养质量考查中，除上述指标以外，学校同时关注一些特色性指标。其一是生源质量。浙江传媒学院的艺术类生源都要经历省考三试，部分专业考生还要增加校考三试，经历多轮、多层次选拔后的生源是学校人才培养质量提升的重要基础，而且学校作为艺术类考试的主试单位，对艺术类考试的标准、方法、模式设计等具有较大的自主权，具备通过优化制度设计、科学完善指标体系来提升生源质量的条件。同时，生源质量不仅仅体现在招生批次上，招生的区域范围也将为生源质量的提升提供重要的基础。其二是人才规格。在人才规格的设计与考查中，行业特色院校在考查人才培养的类型、层次的同时，要把人才规格与行业发展的匹配度进行统筹考量。尤其是在当前行业转型升级的大背景下，新技术、新发明、新理念深刻推动着行业新一轮发展，如何实现人才培养与行业进步同步升级乃至适度超前是核心竞争力建构的重要内容。人才培养质量是对人才培养绩效的整体考核，既体现在课业评价标准的直接呈现上，也体现在对就业岗位的胜任度、对行业发展的有效贡献率等信息的反馈收集上。比如，浙江传媒学院增加了毕业生行业贡献率的相关考查内容，将毕业生在中国新闻奖、长江韬奋奖、中国金话筒奖、中国金鹰奖及其他各类赛事中的获奖状况，以及毕业生成长为行业领军人物和行业骨干人物等的状况作为人才培养质量的有效反馈与衡量尺度之一。

2. 学术创新能力

学术创新能力包括师资数量与结构、学科专业建设情况及竞争能力、科研成果产出率及质量等三项指标。在学术创新能力的各项指标中，在强调传统的师资队伍的数量、职称结构、学历结构、年龄结构等要素的基础上，要重点关注具有行业背景与行业实践经历、具备行业成果的"双师型"师资队伍在师资整体数量中的比重，注重现有师资行业培训、挂职等实践经历的覆盖面等特色指标的考查。在学科专业建设情况及竞争能力建设这一指标中，既要考查整体的学科建设的综合实力，同时更要厘清行业特色院校在长期行业办学中所积淀的特色学科、优势学科与专业的整体素质及其在国内同类学科及专业中的竞争实力对比。要注重在新技术飞速发展的背景下，新兴学科与专业的培育与成长状况，关注新兴学科与专业的生长机制的建设与完善情况等，关注学科协同、学科整合所带来的倍增效应等。科研成果产出率及质量是衡量学校学术创新能力的基本指标之一。其一要关注科研项目产出的数量与质量，并根据学校办学层次的不断提升动态调整其权重比例；其二要关注科研成果与行业领域的关联度与贴合度，关注科研成果的前沿性与行业最新发展态势的契合度；其三要关注科研成果的应用性特征，推动科技成果转化的现实基础及其对行业和区域发展的潜在贡献率等。

3. 产业融合及贡献能力

产业融合及贡献能力是行业特色院校特别注重的指标体系之一。它主要包括产学研合作体制机制的建设状况、产学研合作及产业融合的现状、产业融合对行业进步及区域经济文化的贡献力等几个层面的问题。对行业特色院校产业融合及贡献能力的考查，需要重点关注基于可持续发展的产学研合作的制度建设。一是制度的健全性。既要完善促进合作的相关制度建设，也要关注防范与化解风险的制度建设；既要关注形式层面合作制度的建设，也要注重激发合作动力与促进机制完善的制度建设。二是制度的适应性。考查产学研合作是否真正适合产业的发展要求，是否符合行业特色院校的发展定位，是否具有可操作性。三是制度的伸展性，也就是制度的张力。考查制度能否适应产业动态变化的考验。要关注具有行业特色院校特色的产学研合作模式的探索与培育状况。当前校企合作呈现出很多新的特征，技术创新引领产业跨越代际的革命性升级，同时市场的充分发育让校企合作更加走向规范化与法律化，市场规则与行政牵线之间的关系面临着新的调适。要考查行业特色院校如何立足市场运行发展的规律，构建新型校企合作关系。要综合评估产学研合作及产业融合的现状。既要考查行业特色院校对行业资源的利用状况，更要关注校企之间资源整合、发生化学反应、放大合作成效的状况；既要考查产学研合作本身的成效，也要关注产学研合作在教学、科研以及文化传承中的沉淀度及附着性，对教学科研及文化传承工作的带动作用，等等。行业话语权体现了行业特色院校在行业与区域发展中的现实贡献率，其主要指标为在行业与区域发展重大理论与实践命题中的参与程度、政策建议被采纳的数量、校企合作为行业产业项目带来的利润增值额度等。在这里，需要综合评估软性的文化效益与可测量的经济效益之间的状况，以便科学反映行业特色院校的产业融合及贡献能力。

4. 文化传承及浸润力

行业特色院校有着自身鲜明的文化特色，这种文化特色源于长期行业办学及转制后与行业区域共融所形成的文化传统。它带有行业富于创新、富于激情、敢于吃苦、秉持社会公义的文化特征，也有区域独特的文化内容，贯穿学校教学、科研、人才培养、社会服务乃至后勤保障工作等方方面面。通过文化基因的传承，文化的潜在滋养力、浸润力的渗透，提升学校的整体办学实力。对于文化传承及浸润力的考查，其一，要考查是否形成明确的办学理念、文化精神等核心价值，是否有代表学校办学特色及传递办学精神的校训、校标等，学校的 CI 形象系统建设的水平与质量及校园建筑、小品等的设计风格是否体现学校的文化内涵。其二，对教风、学风、校风的综合评价，包括对学术道德风气、廉政文化建设水平的考查，对"三风"等的评价，主要不涉及文化特质层面的问题，而更多是对文化规范、文化操守、文化底线等的关注与思考。对其考查可以依赖学校业已成熟、常态进行的"三风"建设评价标准。其三，对学校文化感召力、影响力的评价。包括师生员工对学校文化的感知、理解、认同以及转化为实际行为的状况，对学校外在文化形象、文化影响的综合评判等。这类评价具有标的物不可测以及难直观量化等特征，可以尝试通过专题问卷调查等方式进行。

5. 管理模式及治理结构优化能力

在长期的行业办学历程中，行业特色院校形成了具有自身鲜明特色的管理模式，在某些方面还带有企业运行的痕迹，如对一些办学行为的即时反应性，对教学或其他工作失误的直观呈现与及时纠偏机制等，以及管理体系中同类项合并、职能整合、流水作业等方式。甚至在转制后的相当一段时间内，很多行业特色院校仍然没有简单沿袭其他高校的学院制、分权二级管理模式，而是仍然采用相对集权的整合式管理模式，便于最大限度地汇集学校优势办学资源，集中开展项目攻关。在新的发展形势下，需要对原有的做法进行系统评估，不断予以完善。当前对行业特色院校管理模式及治理结构优化能力的考查，第一项指标是是否建立与完善现代大学制度，遵循大学内部治理的通行规则，又恰当地保留与发扬长期行业办学所积淀的组织优势等；第二项指标是现行的大学管理模式是否真正激发体制机制活力，对促进资源的优化流动、缩减行政壁垒成本、激发工作主体的创造性与主动性发挥了重要的作用；第三项指标是学校管理模式及治理结构的自我优化调适能力。大学管理是一个复杂体系，既具有知识管理的特征又兼有行政管理的痕迹，处于一个动态变化的过程。学校管理模式及治理结构的自我优化调适能力是指对一些办学情况的变化能够及时做出有效的应对，具有良好的制度感知度和适时调整与完善的能力，可以为学校事业的发展提供与时俱进的保障与支持。

（二）行业特色院校核心竞争力的特征

1. 协同性

重大技术创新与行业管理体制变革、地区文化产业发展规划与布局的调整等都会对行业特色院校的办学带来直接而深远的影响，这种影响深刻体现在学校的办学理念、办学定位、办学手段与方式、办学策略等的优化提升上，带来人才培养、科学研究、社会服务乃至文化传承之间的协同联动反应，促使各个办学子项目同步调整与升级，实现系统的整体优化，推动办学水平的整体提升。比如，国家实施东北振兴战略以来，吉林省老工业基地开展调整改造，包括重新规划汽车及零部件制造业、专用车制造业、石化工业循环经济示范产业、光电子与信息产业、精品钢产业等十大产业布局，围绕新型工业基地的现代产业体系建设。由长春建筑高等专科学校、长春工业高等专科学校、长春水利电力高等专科学校三所原部委属工科类专科学校合并组建而成的长春工程学院，在客观分析自身办学条件及在区域分工协作格局中的位置的基础上，根据经济社会发展对高等工程技术人才多层次、多规格、多类型的需求，明确提出了"创建特色鲜明的应用型本科院校，培养面向基层一线，从事设计、施工、制造、运行等工程技术工作的应用型高级专门人才"的办学定位，重视协同创新体系建设，建成吉林省配电自动化工程研究中心、吉林省汽车零部件集成制造技术研究中心、吉林省城市建设发展研究中心等九个省级科技平台，在为吉林经济社会发展和振兴东北老工业基地做贡献中提升了自身的核心竞争力。在传媒领域，媒介融合的快速推进，不仅对传媒院校人才培养的类型、模式提出了新的要求，也迅速改变了传媒专业与学科布局，新媒体、跨媒体传播相关内容进入新闻学的视野，也直接带动中国传媒大学、浙江传媒学院产学研合作项目内容、实施方式、绩效评价方式等的系列变革。

2. 渗透性

行业特色院校核心竞争力的形成依托学校长期行业办学的历史，以及新时期学校与行业、区域之间形成的紧密型合作关系，并使这种合作全面渗透到人才培养、科学研究、社会服务、文化传承等各个方面，形成具有鲜明特色的办学模式。强渗透性决定了行业特色院校人才培养模式、科学研究、社会服务等的变革不只是操作层面或个别领域的优化调整，而且是在办学理念与办学机制层面共识的形成与制度的确立，通过文化涵化与机制保障为行业特色院校事业的可持续发展奠定良好的文化土壤与制度基础。强渗透性使这种创新与变革具有较强的内在逻辑规制性，能够更好地遵循高等教育事业发展的规律和产业发展的规律，更好地形成发展的合力。

3. 稳定性

稳定性是指行业特色院校核心竞争力的建构依附于一个相对稳定和完善的机制，即通过行业与区域要素的传导实现办学相关内容的调适、优化与升级。虽然行业或区域要素有大小强弱之分，也有正面作用与反面影响等的区别，办学相关内容的调适与变革也有力度、强度、进度等的差异，但竞争力生成架构具有较强的稳定性，它是学校长期办学传统与办学经验的总结，不会因为办学环境的改变、办学内容及要素供给方式的变化等产生连带影响。这种架构的确立，也为行业特色院校的又好又快发展提供了可持续的动力保障。

4. 整合性

整合性是指行业特色院校核心竞争力的形成与表征不是人才培养、科学研究、社会服务效能的简单相加，它是一种聚合与裂变的反应过程，是办学各个环节、各个门类、各种资源高度整合、综合作用的过程，是一个体现制度张力的过程，是办学内在关系理顺、办学资源优化配置、办学效能集中彰显，最终转化为办学水平与质量提升的过程。行业特色院校的核心竞争力最终表现为一种综合竞争优势。

5. 发散性

行业特色院校的核心竞争力具有较强的发散性与辐射性特征，这与行业特色院校所长期从事的教学与研究工作存在密切关系。核心竞争力涵盖了从办学理念到办学策略、从办学文化内涵到文化标识等的各个方面。例如，作为一所特色鲜明的艺术院校，浙江传媒学院承载与散发着独特的文化使命感、文化责任感、文化创新激情与文化创意动能，从某种程度上，这种文化基因也深深反哺着与学校事业发展唇齿相依的传媒行业，促进传媒产业及区域经济文化的发展。从文化发散到文化交互与融合，学校与行业、区域会形成更加契合的合作关系，有利于双方在互助中更好地实现双赢。

（三）行业特色院校核心竞争力的建构

1. 行业层面

行业是行业特色院校最重要的依托平台，它不仅为行业特色院校的发展提供资源要素、创新平台、市场空间等，甚至直接赋予行业特色院校改革动能与创新激情。如前所述，新时期行业特色院校确立发展战略必须高度关注行业的最新发展趋势，把握行业发展机遇，行业特色院校构建核心竞争力同样离不开行业。行业特色院校需回答好"行业发展能为我带来什么""我在行业大发展浪潮中能做什么"等问题，适时调整与优化专业及学科布局、人才培养模式改革方向、产学研合作机制的创新路径乃至学校文化的内涵等。尤其在当前国际经济危机的影响持续深入，许多关系国计民生的重大产业面临新的发展转向，不确定因素增多、局面更加复杂的背景下，行业特色院校如何应对，趋利避害，实现与产业创新、产业变革同步发展，既有效抓住行业发展的机遇，又化解行业转型的潜在风险，这是考验行业特色院校智慧的重大课题。以中国传媒大学、浙江传媒学院这样的特色鲜明的传媒院校为例，在当前全面推进文化强国建设、推动社会主义文化大发展大繁荣的浪潮中，学校有着难得的办学机遇，同时面临着严峻的挑战。比如，"三网融合"的全面推进、全媒体的迅速引入，为传统广播电视、报刊、网络等门类界限明显的传媒人才培养模式带来挑战；文化会展、文化金融、动漫创意、影视创作等新兴文化产业门类与文化形态的兴起，必将为传媒类学科与专业结构完善带来重要启示，为学科生长机制的建立带来新的要求；传统行政主导下校企合作的模式日渐式微，在高度发达的媒介市场化背景下，传媒企业与学校的合作机制如何实现新的突破等，也考验着校企双方的智慧。这些最新的行业发展的潮流与特征，是新时期行业特色院校进一步明确办学定位、办学目标、办学路径，优化人才培养、科学研究、社会服务、文化传承等具体举措，不断提升综合竞争力的重要依据。

2. 区域层面

转制后行业特色院校与区域政治、经济、社会、文化之间的发展关系更加密切。新时期行业特色院校核心竞争力的构建，必须高度关注所在地区政治、经济、社会、文化发展的现状，探求行业特色院校自身办学优势与区域政治、经济、社会、文化发展之间有效的嫁接点，基于可持续发展的目标，明确两者之间互动、结合的力度、程度，建立健全模式与机制，对行业特色院校办学定位、办学目标、办学策略与办学路径等做出科学合理的调适与提升。这里需要特别强调的是，行业是"本"，行业特色院校要在立足于长期形成的行业优势与行业特色的基础上，寻求与地方合作的潜在机遇与平台。如果学校行业优势与区域产业发展重点不能形成有效交叉，行业特色院校要在发挥既有长处的基础上，结合地方需求，科学延伸其特色与强项等，而不能随意置换办学传统。比如，浙江传媒学院地处我国政治、经济、社会、文化相对发达的长三角地区。近几年来，浙江文化强省建设全面推进，传媒及文化产业发展如火如荼，综合实力稳居全国前列，这为浙江传媒学院发展省却了诸多"兼容"烦恼。浙江传媒学院把握浙江传媒及文化产业发展的机遇，围绕文化强省建设的相关政策文件，进一步梳理办学优势，探讨全面接轨文化强省建设的战略举措，并将之内化到学校教学改革、科学研究、社会服务、文化传承等各项工作中，为学校事业的新一轮腾飞添加重要的引擎。

3. 行业高等教育及区域高等教育竞合关系的层面

行业特色院校在构建核心竞争力时，必须考虑自身在行业特色院校群体中的竞争位次及竞争态势。比如，浙江传媒学院就要明确与中国传媒大学、北京电影学院、广播影视干部管理学院（山西传媒学院）等老牌传媒院校、电影院校之间的竞合关系及优劣所在，要明确在当前高等传媒教育蜂拥而上、群起发展的格局中自身所处的位置及境遇。同时，在区域高等教育的竞争图谱中，要更好地厘清自身的发展基础、兄弟院校的发展态势等，既不盲目陷入同质化竞争、规模扩张、重复建设的误区，也不在激烈竞争面前畏首畏尾，失去发展机遇。要科学预判当前高等教育的存量及未来市场发展空间等，统筹行业与区域两个市场，在行业高等教育及区域高等教育竞合关系中更好地厘清自我的发展定位、发展目标、发展策略，走差异化发展道路，寻求"弯道超车"的实施路径。

4. 行业特色院校自身层面

行业特色院校核心竞争力的形成不可能一蹴而就，更不可能违背高等教育的发展规律，割裂学校的办学历史与办学传统。比如，浙江传媒学院在 30 余年的行业办学历程中积累了丰富的办学经验，在传媒教育领域形成了鲜明的办学特色与明显优势。这种特色表现为联盟化、一体化的产学研合作模式，联手行业、深度嵌入、全流程对接的人才培养模式，以行业需求、项目为导向的重大科研成果驱动机制，开放式、实践性的校园文化建设理念，等等。这些都是新时期学校事业发展的重要基础。在浙江传媒学院核心竞争力建构中，要对学校长期以来形成的办学优势与特色进行梳理与总结，尤其要在新的历史条件下，深入分析如何对传统办学优势进行升级、优化与改造，进一步凝练办学特色，弥补办学短板，实现可持续发展。

第二节 我国行业特色院校的现状及发展趋势

随着近些年的发展，行业特色院校在人才培养方面已经能够满足不同行业的特殊需要，并为我国高等教育专门人才的培养做出了特殊的贡献。现代社会对人们的职业素质提出了越来越高的要求。新的职业不断诞生，新的要求不断增加，不仅需要高层次的研究型人才，还需要大量能将成熟技术转化为生产力的应用型人才、技术专家和管理专家。

一、我国行业特色院校的人才培养现状

行业特色院校适应我国的实际发展情况，借助在行业上的优势，毕业生大多在生产一线从事技术开发、技术应用和生产管理工作，为经济建设发展做出了重要的贡献。这说明行业特色院校在应用型人才的培养方面已取得进展，其人才培养目标以就业为导向，以本硕学生为主体，以能力培养为重点，以行业为依托，以理论联系实际为着力点，努力培养适应行业发展的人才。人才培养是高校的一项主要职能，从人才培养的理念和水平可以看出一所高校的办学现状和水平。但是管理体制改革后，部分行业特色院校在"去行业化"的办学思想指导下不断追求学科全和规模大。在学科建设上，为实现所谓的综合性目标，盲目扩展学科领域，致使学校资源投入分散，传统优势学科实力难以巩固；在办学规模上，一味扩大招生规模，导致毕业生"千人一面"。学校盲目跟风，求大求全，造成了方向迷失，在学科和人才培养方面渐失传统特色优势。

（一）我国行业特色院校的发展历程

中华人民共和国成立以来，我国高校形态的发展主要经历了三个重要的历史时期：一是 20 世纪 50 年代的院系调整，二是 20 世纪 70 年代的下放搬迁，三是 20 世纪 90 年代的高校合并。

行业特色院校的出现主要集中在 20 世纪 50 年代院系调整时期。在 50 多

年的发展历程里，行业特色院校基本经历了三个阶段的发展。第一阶段是工业化初期（1950—1976）。1952 年 5 月，教育部提出全国高等学校院系调整原则和计划，其方针是"以培养工业建设人才和师资为重点，发展专门学院，整顿和加强综合性大学"。国家随之开展了大规模的院系调整，按照苏联模式专业大类设置行业院校。这一阶段，许多行业高校应运而生，创建或合并组建的行业高校有近百所，涉及国民经济所有关键领域。到 20 世纪 70 年代前，行业高校达到 300 多所。第二阶段是改革开放时期（1978—1996）。1978 年 4 月召开的全国教育工作会议，将"现代化的实现"确立为教育的主要目标。大学也在突破过去 30 年形成的苏式体制，回归到 1949 年以前的欧美大学模式。20 世纪90 年代高等教育体制改革之时，行业院校已达 571 所。第三阶段是新型工业化时期（1997 年至今）。我国的高等教育管理体制进行改革，除少数高校继续由原主管部门管理外，大部分行业高校改由教育部或地方管理，宣告行业举办高等教育历史的结束。在市场、招生、经费和舆论压力下，不少院校为谋求生存发展，在大环境的推动下开始向综合化大学的方向发展，谋求合并、改名，试图以规模扩展和适度综合来渡过生存危机。在这一阶段，行业高校学科面窄、多头封闭办学的局面基本结束，教育资源也得到了整合，行业高校办学实力和管理水平长足提高，进一步满足了国家的要求和人民大众对教育的需求。虽然教育管理体制改革使行业院校的隶属关系发生改变，但这些院校仍然是为行业培养人才和进行科技研发的根本力量，这是因为这些院校在多年人才培养过程中形成了显著的行业特色和学科优势。特别是我国目前的社会主义建设仍然处于初级阶段，社会经济的发展离不开行业特色院校的支持和参与。现在，行业院校、成人教育和综合性大学等组成了我国高等教育体系，为社会主义建设做出主要贡献。行业院校的发展直接关系着行业生产力的发展，因此对行业特色院校人才培养现状进行研究，对我国的行业建设和高等教育发展来说具有重要意义。

（二）我国行业特色院校本科人才培养现状

　　1.人才培养具有行业特色，尤其是学科专业体系特色比较明显

　　行业特色院校在长期为行业培养人才和从事科学技术研究的办学过程中，形成了与该行业相关的较为集中的学科专业体系，拥有一些在某一行业或领域占有优势的特色学科，而且得到本行业领域的普遍认可和社会的广泛认同。这些特色学科多为强势学科，而强势学科又多为主体学科。行业特色院校与其他类型高校的最大区别就在于其特色的学科和专业，这是别的高校无法取代或模

仿的。例如，北京科技大学经过半个多世纪的发展，形成了以冶金、材料、矿业、机械等学科为优势和特色，包括7个国家重点学科和4个北京市重点学科，工、理、管、文、经、法多学科协调发展的学科专业体系。学校拥有14个国家和省部级重点实验室和工程研究中心，先后取得了千余项高水平科研成果，并正在建设冶金工业和材料领域双塔式优势学科创新平台和国家发改委立项的"重大工程材料安全服役研究评价设施"项目。学校已经成为我国科学研究特别是冶金、材料领域科学研究和技术进步的生力军。又如，成都理工大学优势学科专业仍集中在地学领域，国家重点实验室、重点学科，省部级重点实验室、重点学科，以及绝大部分的博士学位授权点都集中在地学领域。

一般而言，一所大学的优势学科所在也就是这所大学的人才培养特色所在。行业特色院校在长期为行业培养人才和从事行业科学技术研究的过程中，形成了与该行业有关的较为集中的学科专业体系。例如，中国地质大学（武汉）拥有矿物学、岩石学、矿床学、古生物学与地层学、地球化学、构造地质学、第四纪地质学等国家级重点学科，以及地图制图学地理信息工程学、海洋地质学等省部级重点学科。

2. 服务面向明确，坚持服务行业、服务地方取向

行业特色院校的人才培养主要服务于行业发展，强调培养行业发展和国家战略所需要的专门人才，注重提高学生的实践动手能力，具有与行业企业广泛联系并开展产学研合作的经验，拥有培养学生行业技能的实训条件和基地，面向行业发展需要培养了大批专门人才。这些人才成为行业领域的学术领军人物和领导人才，获得行业用人单位和社会的高度认可，提高了行业特色院校的社会声誉和知名度。例如，北京科技大学建校50多年来，逐步形成了"学风严谨，崇尚实践"的优良传统，为社会培养各类人才十万余人，他们中的大部分已成为国家政治、经济、科技、教育等领域尤其是冶金、材料工业的栋梁和骨干。又如，东北林业大学本着重点服务于林业现代化、生态环境和区域经济建设的原则，近几年有50%的毕业生为林业行业及地方经济建设服务。

行业特色院校在保持自身特色、服务行业发展的同时，也为地方经济社会发展服务。例如，成都理工大学坚持"立足四川，面向全国；服务地方，服务行业"的发展定位，以"服务行业、服务桑梓"为己任，为国家输送了八万多名各类毕业生，他们绝大部分已成为所在部门的技术或管理骨干，涌现出一批在国内外有一定知名度的学者和管理专家，为我国地矿行业和地方经济建设做出了贡献。又如，武汉科技大学的服务面向定位是"立足行业，服务地方，面

向全国，为经济建设与社会发展提供人才和智力支持"。

为行业服务是"根"，为地方服务是"本"。"根"不能动摇，但"本"需要不断加强。由于行业特色院校体制的改变，地方政府为学校的建设提供了政策支持和资金投入，而地方的经济建设和社会发展离不开学校的参与。通过主动参与，行业与地方达成双赢，实现与地方的深度合作和良性互动，从而得到地方政府的重视、支持以及社会的广泛认可。

3. 认识到人才培养特色的重要性和历史性，注重继承学校优秀传统

行业特色院校在培育人才、培养特色的历程中，意识到了自身优秀传统这一优势，力求在继承优秀传统的基础上进一步发展，形成相对稳定的特色。例如，武汉科技大学在长期的办学实践中，秉承"崇实"的办学传统，逐步凝练出以"坚韧不拔，勇承重载；崇实求精，表里如一"为内涵的"钢铁品质"，并将"崇实"理念和"钢铁品质"融入人才培养。着力培养具有"钢铁品质"的高素质人才，成为武汉科技大学人才培养的一个鲜明特色。北京科技大学形成并发扬"崇尚实践"的优良传统，突出学生创新精神和实践能力的培养，注重学生综合素质的提高，为社会输送适应国家经济建设和冶金行业发展需要的高素质人才。作为林业高校，东北林业大学始终把"树木树人"作为自己的根本任务。学校直接服务于国家林业和生态环境建设，提供智力和科技支持，即"树木"；学校为国家经济和社会发展，尤其是林业建设和地方经济建设培养高素质的创新创业人才，即"树人"。

行业特色院校基本上都有着悠久的办学历史，形成了学校传统，这些学校在新的时期下，继承传统，结合时代要求，赋予办学理念新含义，培养时代所需的全面发展的人才。学校的定位应该既源于历史、尊重传统，又善于与时俱进、不断创新，只有在历史的积累和创新发展中，才能形成特色并将特色不断发扬光大。行业特色院校要始终站在国家行业、产业科技发展和人才培养的前沿，时刻关注国家战略的需要，培养高水平的创新人才，为国家不断创造新的科技成果。行业特色院校应时刻具有很强的使命感，为相关产业的发展提供强有力的智力支撑。

二、我国行业特色院校的发展趋势

当前情况下，行业特色院校要强化其办学特色，弥补人才培育特色的缺失，造就特色人才队伍，必须保持特色，培养特色人才，改变同质化现象，分析和挖掘自身比较优势，寻找新的特色人才培育创新点。

（一）政府的政策引导

在行业特色院校的发展中，政府的积极引导是至关重要的。政府应从体制和政策上为密切行业特色院校与行业、部门之间的联系，搭建平台、打开通道。要通过政府的力量，进一步引导和推动行业（部门）与教育部共建行业特色院校，督促行业（部门）给予行业特色院校以更多的支持，努力实现行业发展与行业特色院校发展双赢。

1. 进一步完善共建机制，实现对行业特色院校的实质性共建

行业特色院校是时代变革的产物，经过 20 世纪 90 年代末的高等教育管理体制改革以后，原来中央行业性部委所属院校划归教育部或地方管理，实行部部共建或省部共建。共建改变了原来相对单一的隶属关系，解决了高等教育管理相对分散的问题，对有限的教育资源重新分配整合，适应社会经济发展和人民大众对高等教育的需要。然而，在改革后，尽管教育部和行业管理部门采取了许多积极措施，签订了如"部部共建"等协议，但因为缺乏体制联系和法律法规的支持，行业主管部门对行业院校的密切配合与资金扶持反而持续减少。对于一些省部共建的地方行业特色院校，在落实共建协议时，地方政府拖欠投入资金，阻碍了行业院校的进一步发展，从而在很高程度上制约了行业特色院校服务行业能力的发挥与增强。因此，应该尽快落实与行业特色院校共建工作配套的政策和法律，进一步引导和推动共建工作，从而实现真正意义上的"共建"。

第一，建议为加强教育部同中央各有关部门间的交流、沟通与协调，成立由中央牵头的行业院校共建协调小组，促使各部门在支持行业特色院校发展方向上达成共识。

第二，行业特色院校的发展应列入行业发展战略规划。国家制订行业发展战略规划时，应把行业特色院校的发展纳入规划。

第三，地方政府要进一步转变思想，充分利用一些必要的行政手段，结合本地区的经济、人文、社会、地理环境等找准自己的位置，通过制定政策在批地、贷款以及基建等方面给予行业特色院校良好发展的外部环境，让其为地方的社会经济发展做出更好的贡献。

最后，政府应加大对农业、林业、矿产、地质、水利等艰苦行业的扶持。在我国，这些艰苦行业的专业技术从业人员不但工作与生活环境艰苦，而且职业声望与社会地位较低，工资待遇与一些热门行业相比更是差距过大。由于长期的行业办学，社会对服务于这些行业的单科性院校存在偏见。这类单科性院

校普遍存在经费少、生源差、就业难等问题。这类院校的"非类"专业在社会上也很难得到认可，很难同其他学校的相同专业在同一环境中竞争，其发展可谓步履艰难。要改变这种状况，吸引学生选择这类专业，从根本上阻止高趋同"非类"专业的进一步增加，促进院校理性、合理地综合化发展，政府应采取一些特别资助措施来提高艰苦行业的实际地位和待遇，例如，在这类人员定向就业后政府代其向银行偿还助学贷款、由政府向弱势行业专业技术人员发放终身津贴等。

2. 重构高校评价体系，形成对行业特色院校发展的科学导向

自从 1983 年《美国新闻与世界报道》公布美国最佳大学排名起，各种类型的高校评价或者排名作为促进学校发展的一种手段已被世界上大多数国家应用，并对高校的健康发展起到积极的作用。它不仅关系到一个学校的社会关注度，而且对学生选择报考和社会投资的流向起到一定的引导作用。近年来，由武书连领导的中国大学评价课题组的评价体系成为国内影响力最大的高校评价指标系统，但该系统并没有考虑到不同类型高校的适用性问题，没有对不同的高校采取不同的评价指标。由于学科性质、办学特色和定位的不同，在评价时会存在很大的差异。在这种体系下，行业特色院校不但自身的优势不能展现出来，而且由于规模的限制处于不利的境地。由于在排名中始终不理想，一些行业特色院校丢掉特色，简单地做大，以引导社会关注的提升，结果加重了大学趋同化的问题。因此，为了引导我国大学的多元化发展，国家相关部门应该加强对高校评估制度与评估体系的研究，借鉴国外成功的经验，制定适合我国国情的评价指标体系，针对行业特色院校的特征设计专门的评估指标，建立专门的评价体系，为行业特色院校的发展提供科学的政策指导，以合适的评价体系引导和促进高校的健康发展。

（二）加强行业特色院校的行业服务功能

行业特色院校经过原行业部门多年的重点建设和历史沉淀，在学科建设、科学研究和高层次行业人才培养方面形成的突出特色依然存在。这些高校在世纪之交的高等教育管理体制改革之后，与原行业院校之间仍然存在密不可分的依托关系，原行业院校依然承担着培养本行业高层次人才的重要任务。原有的行业、企业依然是学校的主要服务对象，并保持着稳定的沟通和联系机制，行业院校依然是原行业和企业科学技术发展的重要推动者。当前情况下，保持由几代人不断完善而形成的特色依然是行业特色院校的生存之本。行业特色院校起源于行业，其大部分的社会影响力也在于行业。行业院校好比是"鱼儿"，

行业好比是"水","鱼儿"始终离不开"水",院校培养的大批人才也活跃于此。依托行业、服务行业依然是学校可持续发展的强大动力,更是学校生命的源泉。历史不以人的意志为转移,行业院校的特色和行业之间具有不可分割的特殊关系。只有加强与行业之间的密切配合,完善对行业的服务功能,行业特色院校才能以特色为基础,在日益激烈的竞争中处于不败之地。

1. 明确行业特色院校本科人才培养目标定位

办好行业高校,促进特色人才的培养,首先要明确其目标与定位。只有明确了目标、找准了定位,才能确立发展方向,培养的人才才具有行业特色。行业特色院校对人才培养目标的定位以改革前的行业需求为目标,以培养适应生产、建设、管理、服务一线的高素质技能型专门人才为根本任务。随着改革的变化与大量非类专业的开设,行业特色院校原先明确的人才培养目标定位弱化。人才培养作为高等教育的根本任务之一,是高等院校最重要的职能,是大学发展的根本点。只有制定一个明确的目标,高校才能培养出优秀的适合社会经济需要的人才。建设社会主义强国不仅需要一大批高素质、全能型的"通才",同样需要一大批具有超强实践能力的高素质"专才"。在培养目标上应该有所侧重,在人才培养上形成既有别于重理论的综合性研究型大学、又有别于重技能的高职院校的差异性,结合精英教育和大众化教育两方面的特点,使学生的基础知识宽于高职院校,实践能力强于传统大学,努力培养具有适应高等教育强国建设要求的厚基础、宽口径、创新精神和实践能力强的应用型人才。所以,要处理好精英教育和大众教育的关系,平衡好社会"通才"和行业"专才"的关系。为此,要明确行业特色院校人才培养目标的定位,以培养高素质行业应用型人才为目标和切入点,以培养应用型人才为主线,兼顾综合型人才的培养。特色人才培育中坚持理论教学和实践教学相互结合,理论知识学习要以参与实践为目的。课程学习、社会实践和社会调查等环节相互联系,推进学习、调查和实践的内容、模式的创新。

2. 提升传统优势学科,优化整体结构

学科特色是行业特色院校存在的根基,是院校发展的生命力和灵魂。学科特色体现了一个行业特色院校长久以来形成的、社会公认的、与其他院校相差别的、稳定的特色人才培养方式、特色办学理念、特色管理思想和特色人才社会服务模式。当前,行业特色院校普遍存在学科特色不鲜明的问题。学科特色不鲜明,"精英"人才培育就失去了特色,导致院校声誉和品牌优势缺失,院校核心竞争力弱化。另外,行业特色院校综合性办学方式也弱化了学校学科特色优势的发挥。"综合"和"特色"教育理念模糊，影响特色人才教育成果。

随着科学技术的进步和社会经济的发展，跨学科协作成为发展趋势，学校的学科覆盖由单一学科向多学科转变，这已是行业特色院校今后发展的必然选择。行业特色院校的强校之路是跨学科协作、非平衡的发展模式。行业特色院校的学科建设要更加注重内涵发展，建立跨学科的资源配置机制和学科交叉激励机制，促进学科整体发展，使学科体系与研究型大学建设目标相适应。根据国家及行业重大需求，推进科学研究逐步向前沿性、原创性转变，在引领行业科技进步和重要基础研究等方面实现突破，在知识创新和技术创新方面取得新进展。学科建设与发展定位要从水平定位和结构定位两个方面考虑。行业院校学科水平定位的核心就是在学科整体支撑下，实现行业相关学科国内一流的目标。结构定位主要体现在四个方面：一是坚持多科性；二是跨学科协作；三是突出行业主干学科优势；四是通过新学科发展，实现整体结构动态优化。为此，学科建设应该重点把握以下具体定位或原则：第一，全面优化学校的学科结构。以行业背景为主，逐渐建立起当前的多学科体系。行业学科是学校整体办学的一个支柱，也是其他学科发展的重要依托，而其他学科又为行业学科提供了必需的基础支撑，这是新形势下行业院校的学科结构关系。第二，着重跨学科协作。学科的分化保证了科学知识和科学研究向纵深发展，但是单一学科的知识体系和方法不可能独立解决复杂的科学和技术问题，必须借助学科综合与交叉，开展跨学科的研究。加强学科渗透与交叉包含学校所有学科，但主要是不同类别学科之间的渗透与交叉，如理工之间、理工与管理之间、应用学科与基础学科之间，重点是行业学科与其他学科之间的渗透与交叉。第三，正确把握行业学科国内一流的学科建设目标。行业院校相关行业学科国内一流是在学校总体发展目标中的一个关键目标定位。这个定位代表了学校对创办一流大学办学水平的追求。第四，把建好基础学科作为实现学科高水平协调发展的重要一环。世界一流大学其他学科会有很大差别，但有一个共同点，就是都设置了文理基础学院，形成了高水平的学科或学科群。行业特色院校要形成合理的学科生态，要建立浓厚的学术氛围，要提高原始创新和重大创新的能力，要建设国内一流的行业院校，都需要以高水平基础学科为根基。所以，要进一步提高对基础学科重要地位的认识，进一步提高对基础学科建设水平的要求。

3. 调整专业设置，优化整合资源

行业特色院校专业设置要调整，避免"学生扎堆、专业扎堆"。教育要以社会对人才的需要为出发点，引导学校进行专业结构、课程设计、教学内容、教学进度等改革，进一步优化学科和专业设置，理顺招生、培养、就业的关系，培养适应社会需要的人才。行业特色院校应根据教育的培养目标，紧密结合行业发展需要，面向行业、地方经济建设和社会发展的第一线，既要把社会需求相对稳定的专业办出优势、办出特色，又要根据社会需求的多样性、多变性，改造旧专业，增设新专业，培养社会急需人才。专业设置应从学校的性质、办学定位、服务方向和实际办学条件出发，以社会需求和就业情况为基本依据，以现有专业为依托和支撑，合理确定新上专业与专业调整。新上专业与专业调整要坚持以服务为宗旨，以就业为导向，以科学的人才需求预测为基础，本着立足需要、确保质量的原则，优先发展面向市场、面向一线的行业领域，体现行业院校人才培养特色。充分考虑各专业之间的联系，注重教育资源的优化配置，强调资源共享与优势互补。在调整专业设置时，要正确处理加强专业建设与改善办学条件的辩证关系，正确处理扩大专业规模与人才培养质量的关系。

行业院校对行业的发展有着更加充分的理解，知道相关行业更需要什么样的知识结构，能特别地针对相关行业的职业规划做出更加专业的课程和专业设置。例如，林学专业由过去的种树发展到近代的科学培育和经营森林资源，到现在的研究林木遗传与变异的基本原理，为适应经济社会的发展，开设了森林经理学这门课专门研究森林规划、调查、评论等。因此，行业院校要发展为行业的人才储备库。无论是哪一层次的院校，无论是哪一个专业，都有许多同类院校相同专业的竞争者，要想从众多的竞争专业中脱颖而出，就要同中求异，对专业的办学目标进行科学定位，这是寻求特色发展的前提。对行业院校的非行业特征专业而言，首先要定位于服务本行业的本专业领域，以此为突破口，选择能反映专业发展方向、有利于专业实现跨越式发展的领域，以追求专业一流为目标，实现跨越式发展。

4. 提高教师行业素养

教师是人才培养方案的具体执行者，教师的学术思想、思维方式、知识深度和广度、创造能力和治学态度等是实施行业特色院校人才培养模式的关键。培养具有创新精神、创新能力和行业背景特色的高素质师资队伍，是行业特色院校发展建设中的重大任务。行业特色院校需要建设一支业界与学界融合的高素质教师队伍。第一，教师的队伍中应该包含一定企业方面的专家，只有这样，该领域的研究成果才能更好地应用到企业中，否则是一种极大的浪费。企业或者行业内的专家站在企业一线，对企业的需要和要求都有很深的了解和认识。只有他们将需要反馈给校内的基础研究人才，才能对经济建设的发展做出更好的贡献。第二，院校应该花大力引进院士、长江学者等对学校学科建设和科研活动有重要意义，并对教师的梯队建设有特别帮助的具有领袖气质的学者。第三，应提高教师的科研能力，培养出一大批能静下心来做学问的学者型教师。"研"在产学研中占据重要的地位，是保持先进生产力的重要保障。第四，还应提高在职教师实践能力的水平，扩充其相关行业的知识，有计划地选派教师到企业锻炼，积累一线的实践经验并与企业的专家合作，从而提高教学水平。

一个学校保持较高教学质量和科研水平的重要基础就是一支高水平、高素质的教师队伍。一支优秀的教师队伍是形成高水平学科建设和形成行业优势学科的保证。所以，教师是行业院校核心竞争力的关键。特色人才培育，必须实现特色的师资队伍开发。特色的师资队伍要坚持"以人为本"的课程开发方式，在课程开发过程中，充分考虑"特色人才"的独特心理行为思想，坚持以"特色人才思想"为核心，而不是课程开发者自己闭门造车；要培养一批坚持"以人为本"根本教学宗旨的特色人才培育教师团队；要充分认识各种教学手段的独特特点和功能，在教学过程中要注意做到取长补短、互相补充，提高教学效果。

5. 提高学生对行业发展的认识

院校应该明确其行业归属，坚持走特色发展的道路，使学生实践能力强于综合性大学，基础知识比高职院校宽，培养具有竞争、创新和实践能力的应用型人才。通过对行业发展现状的介绍，让学生调查、走访和参加实践，了解自己所要从事的行业，了解行业对人才的需求，从而进一步明确目标和努力方向，培养对行业的热爱。在教学的过程中将"学""研"变换为教学内容，让学生对自己相关专业的前沿知识有一个更深的理解，促进学生对相关专业的认知和职业认同感，并通过在相关企业的实习，让学生从切身的体会中了解专业知识的本质意义。

行业特色院校学生应该清楚本行业优势，全面分析自己的职业规划，增强对行业、单位性质和岗位的了解，还要对行业当前的环境和社会认知度等做相应的了解，在当前就业形势严峻的情况下，以自身的优势战胜其他应聘者。

（三）加强企业与学校共建

高校与企业应达成共识，双方密切合作，结成紧密的联合体。高校一方面通过企业实现了技术转让，获得一些额外的经费；另一方面，在同企业合作中积累的经验也丰富了教学内容，使教学与科研更具有针对性。企业则利用高校的人才优势，开发了新产品，增强了国际竞争能力。

1. 构建行业与学校沟通机制

科技创新和人才是当代成功企业的重要基础。例如，成功的典范——深圳华为公司，硬是在一个并不是我们强项的通信科技产业闯出了自己的一片天，2011 年上半年实现销售收入 983 亿元，实现利润 124 亿元。若一个高科技产业没有核心技术，品牌就会成为一个空壳。相关行业的高校为其科技创新提供了最有力的人才保障。学校的高科技成果和培养的合格人才为企业的发展提供保障和支持，行业的高速发展为学校的发展提供资金等方面的支持。

一个行业的好坏对相关行业院校的办学规模、社会认知度会产生影响。因此，行业背景的院校需要与行业紧密合作，行业和行业院校达成双赢，更要建立行业部委与行业院校主管机构之间的合作、协调机制，以帮助行业院校解决发展过程中遇到的问题和困难；开辟行业主管部门通向行业院校的资金支持的新渠道，并通过一系列的政策引导，实现实质上共建；确保行业主管部门对相关行业院校的资金投入规模；争取把国际上一些产学研结合的经验引进行业特色院校的发展，让产学研得到更紧密的结合。

2. 校企合作，增加校外实习基地

一所大学的社会贡献率主要是由该大学的实际社会服务力和其高水平科学研究力来衡量的。

第一，学校和企业建设技术创新平台。以前沿科技为方向对产业重要的技术进行改革和公关，并在相关科技前沿展开系统深入的学科协同研究，为新的技术和新的科技体系提供理论和技术储备。

第二，应找准企业需要与国家战略相适应的契合点。准确把握行业发展需求和国家战略相对应的地方，以点到面地充分利用行业院校在相关学科上的优势，对学校、社会经济发展和主要工业需要的高精端科技技术进行全方位、高瞻远瞩式的研究，继续加强学校研究功能，以提高自主创新能力。

第三，长期在相关企业建立高规格、高要求的实习基地，锻炼学生的实际动手能力，并使学生对自己将来要从事的工作有进一步了解。在这个信息大爆炸的时代，科技瞬息万变，课程体系随时可能与企业的尖端科技拉开距离。院校可以依据实习学生和企业反馈的信息对相关理论知识进行增加和拓展，让学生一毕业就能很快适应企业的发展需要。因此，行业特色院校应发挥其行业优势，培养行业所需的专门人才，为行业服务，与行业相关企业联合建立教学基地、实践基地、专业实习基地，为学生学习实践搭建新的平台；定期邀请行业领军人物来校做行业报告，帮助学生了解行业最新动态，了解行业发展需求，了解行业发展的技术瓶颈，促使学生自主深造，学习研究行业先进技术知识，努力科研，寻求技术突破；与行业联合举办行业特色活动，帮助学生了解行业精神，将行业文化与校园文化合理融合，使学生受到行业文化的熏陶，被行业文化所感染，激发其对行业的热爱之情，使其甘为之奉献；与企业建立联合实验室，共同促进科研成果的实际转化，派学校的教授深入企业基层指导实践，了解行业的实际状况，为科研做好铺垫；与行业签订定向就业合同，促进行业高校与行业相关学科的毕业生到行业就业；为已在行业就业的学生尽量提供再回校学习的机会，提高毕业生能力，提升毕业生对母校的感情依赖，建立良好的情感，也可以通过这些优秀毕业生起到宣传学校的作用，促进行业对学校培养人才的持续不断需求，使行业特色高校与行业间进一步加强合作，建立更加持久、稳定的沟通和联系。

第四，大力促进产学研战略联盟。应利用优势学科与所属行业的骨干企业建立广泛和密切的合作关系，并与企业建立技术中心。在这种体系下，学校通过科研优势对企业生产实际中的困难开展科技攻关，提高企业的核心竞争力，并为行业发展、行业特色人才培养做出积极的贡献。

行业特色院校主要培养的就是社会需求的服务型人才。应用型人才的培养必须建立在一定的实训基础上才能提高专业技能，校企合作制度对应用型人才的培养具有重要的作用。在当今市场经济环境下，计划经济时期政府和行业部门的指令性计划逐渐淡化，必须建立以市场经济需求为导向的院校和企业合作模式。这种模式把学校和企业看作利益共同体，双赢的利益共同体是创新校企合作制度的基础。这就要求充分尊重学校、企业的自主权，以市场经济为导向，在平等自愿的基础上设计相应的激励相容制度，使校企在双赢的基础上行动。学校为企业提供人才补充和技术、智力支持，而企业为学校人才培养提供良好的实训基地，解决学生动手能力差的难题，在双赢的基础上实现各自利益的最大化。

第三节　行业特色院校发展对地方高校核心竞争力提升的启示

提升行业特色核心竞争力要树立协调发展、特色发展、内涵发展等先进办学理念；通过建立创新人才培养方案、构建创新人才培养平台、完善创新人才培养体系、拓展创新人才培养视阈来系统创新人才培养模式；进一步优化学科结构、构建良好学科生态、完善学科保障机制，不断提升学科建设水平。

虽然不同的行业特色院校发展背景、发展基础、办学层次等存在差异，但是行业特色院校的学科建设离不开"质量"与"特色"两大主题。简而言之，就是要以建设高水平学科为目标，以增强学科创新能力为核心，做好整合学科资源、凝练学科方向、建设学科平台、汇聚学科团队等几篇大文章，注重科研创新，强化科研管理，构建相对完善与科学的学科体系，为学校事业的发展奠定坚实的学科基础。

一、地方高校学科建设的路径与策略

（一）进一步夯实行业特色院校学科建设的基础

夯实行业特色院校学科建设的基础要重点从学科布局优化、分类分层建设、学科队伍整合、学术平台提升、科学研究提质、学位点建设驱动等六方面着手。

1.优化学科布局

通过优化学科的学理构架和空间分布，理顺学科关系，使学科发展有方向、专业建设有依据。要明确学科服务面向，使学科服务面向与学校发展定位紧密结合，科学处理好学科建设与学校发展的关系、服务当前与服务长远的关系、面向区域与面向行业的关系，面向全国强化行业特色，面向区域强化服务功能，提升学校影响力和社会美誉度。要打通学科专业内在逻辑。遵循高等教育发展规律，关注学科发展趋势，以学科建设引领专业建设，注重专业的内涵梳理，实现学科建设和专业建设的良性互动。结合经济社会转型升级，尤其抓住国家重大产业门类转型升级加速、创新型国家建设全面推动的良好契机，构建科学合理的学科发展格局。

2.促进分类分层建设

要根据不同性质学科之间的逻辑关系和学科梯队建设情况，重视"长板效应"，在整体推进的基础上突出重点突破，分层次、有重点地推进学科发展，实现优势特色学科和重点主干学科创一流、基础支撑学科和新兴交叉学科入主流，避免不同学科之间的盲目攀比和恶性竞争。注重优势特色学科，形成辐射点。对于在省内或国内同类学科中具有一定话语权的学科，要在经费配套、设施建设、队伍培养上狠下功夫，做实一级学科，做强二级学科，进一步丰富学科体系，优化管理体系，构建评价体系，加强年度考核，打造强势品牌，实现跨越式建设，并发挥辐射作用带动邻近学科发展。要突出重点主干学科，抢占制高点。承揽一批影响重大的科研项目，推出一批高质量的学术成果，创新人才培养模式，增强社会服务能力，实现标志性建设，抢占学科发展制高点。要发展基础支撑学科，夯实着力点。强本固源，夯实基础，深化奠基性建设，通过建设校级重点学科，加强基础支撑学科的力量，为优势特色学科、重点主干学科的发展提供原动力和持续力。要积极扶持新兴交叉学科，创造增长点。从经济建设和文化发展中尤其是从行业发展中汲取养分，以促进区域发展和提升行业竞争力为目标，将地域和行业特色转化为自身的学科特色，延伸学科优势，实现创新性建设，培育新兴交叉学科。发展以服务地方经济发展和产业转型为导向的学科。比如，浙江传媒学院为适应数字化背景下以互联网、移动终端等媒体为代表的新媒体行业的需要，以计算机信息技术、数字技术和网络技术为依托，开发与新媒体传播业态相适应的计算机应用技术（交互媒体技术）等新媒体学科。

3. 加强学科队伍整合

学科队伍是学科建设的根本，一支成熟的学科团队应该拥有高水平的学科带头人、一定比例的学术骨干、若干普通成员，以及一个包括若干科研助手、事务助手、技术助手在内的支撑体。要营造宽松的学科队伍发展环境，采用"引培结合"的方式建设一支高水平的学科队伍。引进和培养高水平学科带头人。学科建设的队伍是否具有高水平，是否能够充分发挥团队的力量，是否具有良好的协作精神，学科带头人在其中起着定向、管理和整合的核心作用。要创造条件，坚持引聘国内外名师，坚持利用重要平台培育名师，发挥行业特色院校优势，坚持学校联手行业、优势互补，采取专兼结合的手段发展名师，组建专家委员会规范学科带头人的遴选，加强学科带头人的业务培训，培养高水平的学科带头人和学科建设领军人才。要优化学科队伍整体结构。加快学科队伍整体结构的调整，根据不同层次和不同类别学科建设的需要及队伍现状，制订科学合理的师资培养和引进规划，重视中青年教师的学术成长，健全基层学术组织，合理配置人才资源，逐步形成一支规模适度、结构合理的学术梯队；进一步优化队伍结构，使各学科教师队伍的学历、职称、年龄、学缘等结构满足学科建设的实际需要，发挥学科队伍的整体作用。完善学科队伍建设长效机制。形成以学科建设规划为依据，有序配置师资队伍的运行机制。在人员编制核定、高级岗位设置与比例、人才培养支持力度等方面要充分考虑学科发展的水平和潜力。

4. 构建学术平台

要改变和扭转一些行业特色院校中存在的教学、科研、社会服务在一定程度上相互脱节、各自为政的局面，突出学科专业的资源整合与方向凝练，增强学术平台的聚集效应和协调作用，推动学科建设水平从"特色鲜明"向"优势明显"跃迁，实现融合发展。优化顶层设计。革新专业引领发展的传统管理模式，推行学科发展统领专业建设的模式改革，围绕学科建立集教学、课程建设、科研和社会服务等于一体的基层学术组织，革除以往学术组织松散乏力的弊病。围绕学科归口盘活专业建设，将课程设置、专业设置划归相关学科，实现专业支撑学科建设、学科服务专业发展的联动效应。推行学术民主，协调好学术权力和行政权力的关系，营造宽松的学术环境，引导行政管理服务学科建设，充分调动教学科研人员的学术积极性，开展教授治学，实行学科主任制，负责各类学术活动、队伍培养等工作。加强学术交流。一方面，打破院系界限，跨越学科界限组建交叉学科研究中心和研究院，鼓励教师自由交流共享资源，支持教师合作承担科研项目；建立学术人才库，根据研究方向进行分类管理，开发学术科研网络交流平台，组织学术兴趣小组、学术沙龙，举办学术研讨活动等，扩宽教师学术沟通渠道；有计划地聘请国内外专家，对拟申报的硕士点学科、重点主干学科、新兴交叉学科和急需发展的学科建设给予指导和帮助。另一方面，增强对外交流。加大政策和资金投入，鼓励主办或承办重要学术会议，鼓励教师出国访学、参加国际学术会议并在国外发表论文；选派更多德才兼备的中青年教师到国内外著名大学、科研机构、学术组织学习和进修；加强与在外访学人员的联系和沟通，发挥他们的所长，积极利用他们的便利条件为学科建设服务；加强与国内外知名高校、科研机构的交流，借助其优势，促进合作办学、合作科研。推动平台建设。在学科关联度较高的多个二级学院之上，围绕研究主题成立跨学科的研究院，将研究院、省部级以上研究机构、省级以上创新团队的运行实体化，发挥人才队伍聚集优势和科研攻坚能力。完善管理制度，量化科研任务，构建与绩效工资相适应的科研工作量考评体系，开展绩效考评。注重科研实验平台的建设，发挥其在推动学科建设与科学研究中的基础作用。

5. 提升科学研究质量

科研能力是学科建设水平的主要标志。要以科研管理体制改革为抓手，以科研创新为导向，促进科学研究向项目上层次、成果上水平、学科创特色的方向发展。要强化项目管理。在项目流程管理上，加强沟通组织，提高申报率；强化协调把关，提高立项率；注重过程管理与跟踪服务，确保结题率。在项目质量上，充分发挥学术评议专家库的作用，从校级课题抓起，综合考查项目学术水平、应用需求程度和项目团队研究实力。

6. 发挥学位点建设的驱动功能

学位点建设是学校学科建设水平的集中体现，也是学科建设成果的重要载体，更是学校进行高层次人才培养的基本条件。针对一些行业特色院校研究生教育开展时间不长、经验相对不足的状况，探索创新研究生培养模式，健全研究生教育组织架构，完善制度体系，创新管理机制。要实施学位点资源共享计划。鼓励利用学位点资源进行学科方向凝练、队伍汇聚、研究生培养、基地建设、科学研究等，促进新兴学科及交叉学科的人才培养、科学研究和学科建设。

（二）转型升级——行业特色院校学科建设的改革策略

在长期的办学历程中，行业特色院校一般都形成了某一领域或者某一门类的相对健全的学科体系。在日趋白热化的学科竞争态势下，如何实现由"全"向"强"、由"特"向"优"、由"散"向"聚"等的转型是新时期行业特色院校学科建设面临的迫切挑战。

1. 优化学科结构

学科结构的优化将有助于集聚有限的发展资源，进一步凸显学科发展方向与重点，凝练学科特色，提升学科建设整体水平。

优化学科结构要凸显重点学科的引领力。重点学科的建设水平是学科建设水平与层次的重要标志。凸显重点学科的引领力首先是要加强对重点学科的支持力度，实施"非均衡发展"策略，在高层次师资引进与人才团队培育、办学条件配备、建设经费支持等方面给予重点倾斜。尤其结合当前产业快速发展等机遇，积极通过学校层面引进重大创新项目等，通过项目实施带动学科建设水平的提升。发挥重点学科对其他学科建设的引领作用，要形成学科建设"争优争强"的感召力，要把重点学科建设中一些好的做法、好的经验运用到其他学科建设的实践中，要把重点学科建设中积累的一些办学资源、对外合作关系渠道等迁延运用到其他学科建设中，夯实学科建设的整体基础。

优化学科结构要凸显特色学科的辐射力。特色学科是形成高校办学特色的重要支撑。比如，浙江传媒学院在办学过程中形成了以广播电视及文化创意为主要门类的特色学科群。特色学科的辐射力分为内化辐射力与外化辐射力两类。内化辐射力要求在特色学科的建设中，真正把特色的理念、特色的学科运行方式、特色的学科组织管理机制、特色的学科文化渗透到学科建设的细微方面，构建独特的学科内核，而不是仅仅停留在学科名称、学科门类、办学传统上。外化辐射力要求把特色学科的独特理念、文化底蕴渗透到整体的学科建设中，进而形成学科建设的鲜明风格，凸显学科建设的差异化竞争力。比如，浙江传媒学院的管理类学科就与其他院校的管理类学科存在着明显的差异。学校管理类学科立足于传媒学院学科特色，着眼于文化产业发展态势，对接文化产业核心层、外围层、相关层的岗位需求，形成媒介管理、会展经营、影视制片、文化经纪和企业文化等五个特色细分方向，建立"知行思一体、教培管并举"的文化产业管理特色人才培养模式，致力于培养文化产业管理特色人才。

优化学科结构要凸显交叉学科的生长力。对交叉、新兴学科感知、反应的速度及建设投入的力度直接关系到新学科制高点的抢占。比如，当前伴随着传媒技术的进步、传媒理念的创新、传媒形态的变革、传媒体制的改革等，传媒学科处于快速的创新与成长期。传媒生态学、传媒地理学、视觉传播学、传媒经济学等新兴传媒学科门类不断涌现。如何站在学科发展潮流的最前沿，综合审视与研判传媒学科创新与发展的趋势与特征，尤其是注重跨门类交叉学科的培育，抢抓新兴交叉学科发展机遇，是传媒类行业特色院校实现学科建设"弯道超车"的重要命题。学校要为交叉学科的培育生长提供良好的制度空间与土壤环境，如组建专门的学科跟踪与储备研究中心，把握国内外传媒学科的最新发展趋势，建立新兴与交叉学科专项孵化制度，等等。对新兴交叉学科目录的遴选、方向的厘定等形成一整套规范的制度，对学科培育的方式、绩效考核等做清晰的界定，在人财物等资源供给上形成较为完善的保障体系等，从而促进一批新兴交叉学科的快速崛起。在学科建设做增量加法的同时，还要建立健全学科退出机制。对一些学科内容陈旧、与行业改革发展潮流相脱节，建设水平与发展层次低、长期以来建设成效不明显，炒作时尚概念、缺乏内在学科内容支撑，与行业性主流学科及学校整体办学定位、服务面向等关系不大且较易分散办学资源的学科，在经过科学合理的评估程序后，果断予以退出处理，确保学科方向的凝练、有效办学资源的集聚。

2. 构建良好的学科生态

良好的学科生态系统的构建是激发师生员工创造力、组织凝聚力、体制生产力、学科建设整体合力的重要基础。学科生态系统的构建要坚持刚性制度建设与软性文化氛围营造"两条腿走路"的原则。在刚性制度建设中，坚持"立""破"结合。"立"，就是明确在学科生态系统构建中，必须要建立起科学、民主、合理的学术沟通与话语表达机制；引入同行评议、业界评议等，建立科学高效的人才引进及人才绩效评价机制，完善以实绩作为标准的分配办法；在学科资源分配及重大学科创新项目的实施、重大科研项目的招标等工作上要严格执行制度规则，确保公平有序；完善学科经费的使用管理细则等，确保"财有所用、财尽其用"，提高经费使用效益；统筹规划学科建设内部项目研究、学术会议举办、国际交流与合作等各项工作的职能界限，避免因权责不明导致职能重叠，影响学科建设的合力。"破"，就是在制度层面明确哪些因素影响学术生态氛围的构建，哪些行为"不能做"，如学术研究的行政化倾向、人为的职能壁垒导致的学科建设资源流动渠道的栓塞，学科门派歧见对创新人才的压制，等等。在软性文化氛围的营造中，需要结合学校办学精神的凝练与传承，营建宽松厚重、浓郁和谐、鼓励创造、追求卓越的学术文化氛围，加强学术道德、学术规范等的建设，形成追求真善美的学术基调。

（三）加强保障机制建设，助力学科质量水平提升

学科建设是一项重大而艰巨的任务，要顺利地实现学科建设的规划目标，完成学科建设与科研发展的任务，必须采取强有力的保障措施，完善组织架构，落实管理机构和专职人员；创新体制机制，建立完善的管理体系；优化资源配置，加大人力、财力、物力投入，确保学科建设的顺利进行。

1. 完善组织架构

要加强组织领导。要高度重视学科建设，确立学科建设在学校各项工作中的龙头地位。要将学科建设工作纳入各级党政领导班子考评的指标体系，实施"学科建设一把手负责制"[1]。要求党政一把手亲自抓学科建设，加强学科建设的协调，并加以认真指导和监督。要健全组织体系。健全由学校主要领导、有关职能部门、学院负责人和有关专家共同组成的学科建设委员会，全面负责与统一组织领导学校的学科建设与发展，并在学校学科建设委员会下组建学科小组，负责各级学科带头人的遴选与学术考核。确立工作机制，明确工作职责。建立学科建设办公会议制度，加强统一领导和协调管理。各二级办学主体设立学科建设分委员会，具体负责本学院的学科建设与发展，制订相关的实施、监督和检查细则，保证学科建设各项工作措施的落实。设立学校学科建设办公室，配置专职管理人员，负责学科建设的日常工作，负责学科建设规划的编制，检查规划的实施情况，协调有关业务主管部门采取必要的措施，促进学科建设规划落地。

2. 创新体制机制

完善学科管理体制。制订学科建设管理办法，理顺学校、学院、学科在学科建设中的职责、权利和义务，建立学科设置及分类的依据和评价标准，建立

---

[1] 姜运生.地方院校应用型本科人才培养模式研究与实践[D].长春：东北师范大学，2006.

以学科功能和发展目标为依据的资源配置制度，注重绩效考核，并建立与之配套的激励约束机制，对学科设置实行动态管理，做到"能进能出、能上能下"。各二级学院（部）根据自身情况制订学科建设规划，梳理专业归口，明确各自学科建设的思路、目标与举措。建立科学合理的学科评价体系。实施分层建设和分类管理，对不同层次和类型的学科设定不同的发展目标和建设任务，注重发挥重点学科的引领示范作用，建立科学的评价指标体系对其进行绩效考核和评估定级。将学科建设直接对接二级办学主体的专业建设、经费划拨、实验室建设等，并作为本学科教师定岗、定级、定职的重要指标。规范学科带头人培养与管理。制订学科带头人管理办法等，完善学科带头人负责制，规范学科带头人的逐层遴选机制，通过明确职责、权利与义务，充分调动学科带头人的工作积极性和创造性。营造有利于学科建设的学术环境。加大经费投入，以学术报告、学术沙龙、学术会议等学术交流形式，营造良好学术氛围；加强校内外学术交流，加强同行战略合作，加强国际交流与合作，推进学科建设的国际化进程。探索多学科融合机制。通过构建跨学科的研究院、创新团队、协同创新中心等实体机构，实现多学科的汇聚、交叉、融合，建立相应的运行机制，正确处理跨学科发展平台与学院、学科之间的关系，为建设高水平特色学科群创造良好的制度环境，显著提升学科创新能力。

3. 强化资源保障

依托学科发展，创新投入机制。以学科建设与发展规划为指导，形成基于学科发展的专项经费投入与资源配置新体制。依据学科规划的目标和任务，核拨学科发展经费，配置实验室、仪器设备等相关资源，集中有限经费和资源，提高使用效率，推进学科起步发展。加大经费投入，拓宽筹资渠道。通过积极争取科研项目资金、社会服务项目、信贷资金、与企业和科研院所联合等方式，自筹一定学科经费；努力提高学科创新创业能力，通过产学研，开展社会服务，增强学科造血功能。优化资源配置，保障重点建设。按照分类分层建设计划的要求，优先保障优势特色学科和重点主干学科建设经费的投入，适度加大对基础支撑学科和新兴交叉学科的支持力度。加强学科建设经费使用论证，确保主要经费用于项目研究、成果出台、队伍建设等软投入，完善资金使用管理，加强监督审计，不断提高资金使用效益。加强平台建设，建立共享机制。要强化各级各类实验室、研究机构、创新团队等学术创新平台的建设，建立信息共享机制，提高运作效率。总体来说，完善的学科保障机制有两层含义：一是在整体办学资源分配中，在制度层面确立与保障学科建设的份额与权重，确保学科建设人、财、物等各项资源的有效供给；二是建立绩效考核与评价机制，确保资源的使用效率与产出效益，真正把有限的学科建设资源用在发展的重要领域及关键命题等"刀刃"上，用在建设成效明显、前景看好的学科门类中，集中力量办大事，发挥资源的使用效能。

二、行业学院模式下地方高校转型发展策略

（一）树立先进办学理念

办学理念是对大学的办学定位、价值追求、文化特征、发展目标及运行策略等的理性认识与看法，体现了办学的基本指导思想与办学主张，它具有导向、凝聚、激励、展示与规制作用。"大学办学理念是指大学人对大学如何运作所形成的理性认识、理想追求及其有关的大学教育思想观念。在本质上，办学理念是指要把一所大学办成什么样的大学。"❶

1. 协调发展理念

"协调"是一个宏大命题，既可以作为顶层设计的重要内容，也具有操作层面的指导价值。行业特色院校的协调发展，主要有三重含义。

要实现与行业进步、地方政治文化发展的协调。比如，从浙江传媒学院的发展背景来看，近几年来，伴随着信息技术的飞速发展及我国文化体制改革的深入，我国传媒及文化产业呈现出剧烈变革的态势。数字化、网络化传播高新技术的快速发展突破了传统媒体行业内部以及与电信、移动等相关领域之间的技术壁垒与市场分割。广电网、电信网、互联网三网融合的发展势头不断增强。网络电视、手机电视、移动多媒体广播电视等新兴媒介形态不断出现。传媒机构的市场化、企业化转型实现了新一轮传媒生产力的激活与释放。传媒产业链的疏通、整合与开发，上、中、下游产业平台的构筑，衍生产业的孕育和开发改变着传媒产业经营与发展的版图。

要实现学校内部各项事业发展的协调。学校是一个综合办学系统，其效能的提升有赖于各个子系统之间通过高度协作形成聚变反应。行业特色院校内部各项事业发展协调主要包括要实现人才培养、科学研究、社会服务和文化传承四项职能的协调。要疏通与解决上述相关工作之间存在的壁垒与冲突，合理确定各项工作的职能边界，使四项职能的发挥形成合力；要协调好学校事业发展规模、结构、质量、效益的关系，实现学校规模发展、结构优化、质量提升与

---

❶ 柳友荣 . 我国新建应用型本科院校发展研究 [D]. 南京：南京大学，2011.

效益改善之间的同步升级，绝不能因为单纯扩大规模而忽视质量提升，进而稀释竞争力；要协调好学校发展的质量、速度与师生员工的承受度之间的关系，既形成体制合力，又形成情感合力。

要实现学校物质建设与精神文明建设的协调。行业特色院校不仅直接为社会创造物质财富，也是社会精神财富的重要辐射源。在校园建设中，行业特色院校不仅应注重基本设施、实验条件等的完善，同时要注重特色文化、精神内涵的塑造与张扬；在对外合作中，不仅要注重重大行业技术创新对行业的拉动作用，也要注重多样文化内容、文艺样式等对社会文明的涵养作用，先进文化对社会进步的引领作用，等等。既要注重社会主义文化、社会主义核心价值体系的传播与推广，发挥好行业特色院校的中介平台作用，也要注重优秀文化产品的创造与生产，进一步凸显行业特色院校作为文化创新、文化生产基地的职能。

2. 内涵发展理念

内涵发展是十余年来我国高校办学的主流话题。在当前，强调"内涵发展、质量提升"对处于跨越式发展的行业特色院校而言，有着更加重要的意义。在全国高等教育加快发展的背景下，行业特色院校需要理性克服盲目抢占办学地盘、切分生源份额的扩张冲动，始终坚持以质量、特色作为获取教育话语权、构筑教育竞争力的基点。扩大办学规模要以现实办学承载量为基础，不能以稀释办学资源、牺牲办学竞争力作为规模扩容的代价。

（二）弘扬大学文化

大学文化是大学的根基和血脉，是中国特色社会主义先进文化的重要组成部分。从微观上而言，大学文化是学校软实力的生动体现。区别于一般校园文化建设的概念，构建文化生态系统有三个方面的主要支点：一是必须明确文化生态系统的生态位，即明确大学文化生态系统由哪几部分组成；二是明确文化生态系统的物质循环与能量流动方式，即如何形成大学文化建设各要素的合力；三是明确大学文化生态系统的外循环路径，即如何实现大学文化建设与学校各项事业发展相协调。

生态系统有其自身的运行规律，它通过能量交换，使生态系统的结构与功能保持相对稳定的状态。生态系统中的生产者、消费者、分解者具有自身的角色定位。大学文化生态系统有以下鲜明特征：一是它并不以能量的损耗来维持生态系统的平衡，而是体现出一种文化的累加效应，通过文化增值来实现生态系统整体发展水平、发展量级层次的提升；二是文化生态系统的生产者、消费者、分解者更多地可以理解为大学文化的创新源头、大学文化繁荣的共享主体及大学文化繁荣的共享主体对创新文化的再提升、再发展等。在本质上，三者具有同一性，通过循环往复作用，促进大学文化生态系统能量流动与创新要素激发。

大学文化由大学精神、管理文化、校园环境文化及大学形象设计系统等组成。它由所有的大学师生员工共同参与创造，共同拥有并接受文化砥砺，共同在实践中提升发展。大学精神是高校在长期办学进程中所积淀而成的核心价值理念、文化气质及精神追求，是大学发展的文化基因与精神内核。这种文化精神往往以校训、校园精神等具象形式予以归纳和总结。

在新时期，行业特色院校要形成尊重知识、崇尚科学，推崇探索、宽容失败，鼓励竞争、倡导合作的创新氛围，形成求真务实、严谨自律的治学态度和学术风气，反对思想浮躁和急功近利。积极倡导相互鼓掌、"在成就他人中成就自我"的团队文化，以助人容人的雅量和着眼全局的胸怀，在为学校事业发展做出贡献的同时，实现个人的全面发展。同时，要发挥管理创新与校园文化建设的互相促进作用。管理创新激发了体制活力，进一步激活了人的创造力。管理创新中管理理念的变革、制度的重构、利益格局的重新调适，从广阔的层面来讲就是一种文化的变革与洗礼，管理创新的本质就是文化创新，管理创新同时直接带动了文化运动方式、文化评价方式等系列变革。在管理创新的视野中审视校园文化的发展与进步，寻求两者的结合点。一是要做到管理变革的路径要符合文化创新的方向，减少改革的盲目性；二是在管理变革的过程中要通过文化力量的发挥减少改革摩擦，凝聚改革共识；三是管理创新要有效地激发办学的文化动能，彰显文化张力；四是管理改革进程中要实现个体文化活力增强与群体文化水平提升的有效结合，全方位地激发文化潜能，形成文化合力。

（三）完善内部治理结构

长期以来，行业特色院校在办学进程中形成了具有鲜明特色的管理模式，这种模式遗留了很多行业的印痕。新时期行业特色院校内部治理结构的完善有着双重取向：一是要尊重高校办学规律，建立与完善现代高校管理机制；二是要进一步探索与形成具有行业特色、行业优势的创新管理方式，形成差异化的办学优势。

1.优化高校管理机制

管理机构的设置要与事业发展阶段性重点相匹配。当前，高校职能机构大都按照工作门类设置，一般都分为学生管理、教学、科研、对外合作、人事、国际合作、国有资产管理、校园建设、后勤服务等职能部门。管理门类较为健全，但其中的管理层级也相对复杂，协调难度高。在新的历史时期，高校要结合自身的办学现状，尤其是所处的办学阶段，对管理体系、工作分布做优化整合。行业特色院校划转后，新校园基本建设大多初步完成，学校事业发展转入内涵建设阶段，对学校综合保障等职能进行优化整合，能减少部门壁垒。学校应对教学、科研、学生、社会服务等工作职能进行重新梳理，规避一项工作多头负责的状况，进一步明确权责，形成精简高效、快速反应的扁平化管理机制。学校尤其要注重建立重大公共性事务的常态化协作平台，完善公共性事务的处理及应对机制，最大限度地集约资源，提升决策效率。

2. 完善绩效考核机制

科学的绩效考核机制的建立，对学校内部治理结构的完善具有重要意义。新时期完善绩效考核机制的一个重要前提是更好地探索与实现办学决策权、执行权与监督权相分离。通过建立科学的权责框架，为绩效考核提供政策界限、制度依据与文化基础。完善绩效考核机制，要实现由过程管理向过程管理与目标管理兼备转变。过程管理的优点是考核更加微观、直观，缺点是在某种程度上束缚了被考核对象的自主性与创造性。当前大部分行业特色院校都已经实行目标考核制。比如，浙江传媒学院长期以来也一直实行以过程管理为主的方式，在校内管理体制改革中，学校结合自身鲜明的传媒办学特色，提出过程管理与目标管理兼备的考核方式。对于一些可以通过数据量化比对来科学衡量办学绩效的指标内容，实行目标考核，如科研项目立项及获奖数量、层次的考查，精品课程数及重点建设专业数量的考查，人才队伍数量、结构素质等的考查，学生就业率及就业质量的考查，等等；对于一些具有鲜明传媒特色，缺乏有效判断、比对及考查模型，目标监测标的物不明显的指标，则强调过程管理的应用。

第三章　地方高校产教融合专业群建设的理性思考

专业群是在我国经济发展方式转变、产业转型升级加快、市场化就业机制逐步形成、职业院校专业建设由"规模发展"到"内涵建设"的背景下出现的时代产物。专业群是选择各院校的重点专业或优势专业作为核心或龙头专业，由两个或两个以上跨二级类的专业，通过核心专业的带动和专业之间的依赖、促进，形成合力，以提高整个专业的教学水平、提高学生的职业能力和提高高等职业院校服务经济社会的能力为目的而组成的专业集合。本章将对以下几方面的问题进行分析和论证：产教融合专业群的内涵、类型及特征，地方高校产教融合专业群的架构，建设产教融合专业群的理论依据，产教融合专业群的理论价值和实践意义。

第一节 产教融合专业群的内涵、类型及特征

在 21 世纪初之前，"专业群"这一概念在我国鲜有提及。2006 年《教育部、财政部关于实施国家示范性高等职业院校建设计划加快高等职业教育改革与发展的意见》提出，"十一五"期间将在全国 100 所示范性高职院校中建设 500 个左右的专业群，以促进资源共享，提高示范性院校对经济社会发展的服务能力。至此，不仅在高职院校掀起了一股专业群建设热潮，学术界也广泛开展了专业群研究，怎样表述"专业群"这一概念就是大家关注的重要内容之一。本节对产教融合专业群的内涵、类型及特征进行讲解和分析。

一、产教融合专业群的内涵

对于"专业群"概念的理解、界定、阐释通常主要是基于高职院校专业群的实施和实践。检索有关"专业群"的研究文献，专业群的定义有多种表述方式，比较有代表性的有以下几种。

专业群是由一个或多个办学实力强、就业率高的重点建设专业作为核心专业，若干个工程对象相同、技术领域相近或专业学科基础相近的相关专业组成的一个集合。

专业群是建立在"一个公共技术平台，多个专业方向"基础上的，具有共同的专业技术基础和基本技术能力（技能）要求，并能涵盖某一技术或服务领

域的若干个专业（方向）的一个集合。

专业群是选择各院校的重点专业或优势专业作为核心或龙头专业，由两个或两个以上跨二级类的专业，通过核心专业的带动和专业之间的依赖、促进，形成合力，以提高整个专业的教学水平、提高学生的职业能力和提高高等职业院校服务经济社会的能力为目的而组成的专业集合。

专业群是由一个或多个重点建设专业作为核心专业，由若干相关专业共同组成的专业集群。

综上意见，我们可以把学者对专业群定义有代表性的表述归纳为相近论、共同论、合力论、核心论。从相关论文引用的频率看，"相近论"认可度比较高，影响面比较广，居主导地位。

相近论强调专业群内各专业行业基础和学科基础的相近性，在实际操作中表现为围绕产业链构建专业群或围绕学科基础构建专业群，着眼于学校教学资源的整合利用，着眼于学生知识能力培养的基础性、延展性。

共同论强调专业群内专业技术基础和基本技术能力（技能）要求的共同性，而且这个专业群是基于"一个公共技术平台，多个专业方向"。在实际操作中突出以服务经济社会为目标，围绕产业链和职业岗位设置专业群；要以核心专业为基础形成专业群特色，并整合师资力量和教学资源；要使专业群的专业设置更有效并丰富学生的职业能力。

合力论认为群内专业可以跨二级类，是否相关并不重要，主要取决于服务经济社会的需要。在实际操作中表现为围绕某个行业的一组相关职业岗位构建专业群，为企业提供打包式的人才服务，降低企业的人才招聘成本。

核心论强调对专业群概念的理解包括两个具体层面，一是核心专业的确定，二是群内相关专业的选择。核心论有"单核心""双核心"之说，顾名思义，所谓"单核心"就是一个专业群只有一个核心专业，"双核心"即一个专业群有两个核心专业。在实际操作中要求突出专业群发展的优势，具体体现如下：资源整合与共享，发挥集群效益；柔性化管理与组织，提高专业适应性；品牌培育与形成，提升竞争力与影响力；外溢效应，提高专业建设水平与创新发展。

当然，研究中还有的把专业群视为"教学管理单位"，即"将专业作为课程的组织形式，将专业群作为学校内部资源使用与人才产出的实体组织"，再以专业群为单元组建二级教学单位。也有的把专业群作为"教学基本单位"，即以专业群为背景开发课程。显然，专业群的这两种组织方式都有实际意义，但概念所指的对象和含义并不相同，前者侧重于资源的组合，后者则希望通过课程整合与重组实现更高水平的专业培养。

笔者认为，专业群是指按照与产业链和职业岗位群对接的原则，由一个或多个核心或骨干专业及其他相关专业组成，并基于"一个公共技术平台，多个专业（方向）"教学体系的专业集群。无论如何定义专业群，必须牢牢抓住以下三个要素。

（一）与产业链和职业岗位群对接是专业群设置的基本依据

脱离产业链和职业岗位群的专业群终将成为无本之木，既没有生存的土壤，也没有存在的价值。职业教育的本质是工作要素的联系，"不论哪种成分的职业能力，都是在知识与具体的工作要素之间形成的联系"❶。工作要素由工作的设备、对象、关系组成，工作知识中最基础、最直接的是关于工作要素的知识，因此包含工作要素的工作情境是职业能力成长的环境和基础。这是解释职业教育为什么必须校企合作，企业本位的职业教育为什么优于学校本位的职业教育的关键因素。因此，职业院校专业群内部的本质联系是相近或相似的工作要素，能否"在同一个实训体系中完成其基本的实践教学"是一种衡量标志。"职业教育存在的基础是工作体系"，但"职业联系"并不否认学科知识。

（二）专业群内必须有核心或骨干专业

任何专业群，其内部都必须有一到两个核心或骨干专业，以引领和凝聚其他相关专业的建设与发展。专业群内如果没有核心或骨干专业，就"群龙无首"，无法实现集聚。而集聚性又是专业群最基本的属性，专业群正是通过这种集聚性才得以实现"1+1>2"的效果。为此，核心或骨干专业是专业群设置的基本条件。目前，从中央到地方的教育行政主管部门都通过立项开展重点专业建设工作，如教育部早在 2001 年在确定 83 个专业为中等职业学校重点建设专业的基础上，颁发了《中等职业学校重点建设专业教学指导方案》，高职院校也开展了特色专业建设工作。随后，教育部、财政部等六部委在全国高职院校开展实施了"国家示范性高等职业院校建设计划"，在中职开展实施了"国家中等职业教育改革发展示范学校建设计划"。这两个建设计划都把建设的重点放在专业上，加之在这前后教育部及全国各省市开展的高职特色专业建设及中职重点专业、精品特色专业建设，各职业院校已经形成了一批国家级、省市级特色专业、重点专业、精品特色专业，从而为学校专业群建设打下了良好的

---

❶ 杨善江．"产教融合"的院校、企业、政府角色新探——基于"三重螺旋"理论框架 [J]. 高等农业教育，2014(12): 4.

基础。各校在不同的专业领域都形成了自己的核心或骨干专业，都有专业建设的领头羊，这些专业作为专业群的核心专业无可厚非。

（三）相关专业的选择是专业群设置无法回避的现实问题

目前，关于专业群内相关专业的选择有以下不同点。

（1）从基本技能培训与实训资源共享的角度，主张将若干个专业技术基础相同或相关、具有共同的专业技术基础课程和基本技术能力要求，并能涵盖某一技术或服务领域的若干个专业组成一个集群。专业群中各专业可以是同一专业大类中的专业，也可以是不同专业大类中的专业，能否归为一个专业群主要以是否拥有共同的专业技术基础课程和基本技术能力（技能）要求来划分，并且专业群中的各专业方向面向产业链和职业岗位群，能在同一个实训体系中完成其基本的实践性教学。

（2）从基础教学以及师资资源共享的角度，主张将学科基础相同或者同一大类的若干专业构建成一个专业群。例如，以经济、管理学科为基础的旅游管理、工商管理、物业管理、人力资源管理等专业可以构建成经济管理类专业群；在建筑领域中，以数学、力学等学科为基础的建设工程技术、给排水工程、道路与桥梁工程等专业可以构建成建筑施工类专业群，以化学、水力学学科为基础的暖通空调、给排水工程、环境工程等专业可以构建成建筑设备类专业群，等等。

（3）从毕业生就业迁移能力、专业与产业适应性以及社会服务能力的角度，主张专业群的调整和布局以服务产业为目标，以区域内重点发展行业和产业为出发点，通过对某个产业链应用型人才需求状况的结构分析，针对其产前产中产后、售前售中售后等产业链和职业岗位群构建与该产业发展要求相一致的专业群体系，形成链条式专业群。

通过分析专业群定义，我们清晰地看到专业群的形成应具备以下条件。

（1）共同的职业领域。共同的职业领域是专业群形成的前提条件。共同的职业领域，意味着专业群能对应经济社会的相关产业链和职业岗位群，有服务经济社会的明确目标，也就是说正确地找到了与经济社会需求相匹配的专业发展的位置。共同的职业领域是专业群生存和发展的空间，对职业学校来说永远值得珍惜。

（2）共同的专业基础。共同的专业基础是专业群形成的必备条件。专业基础主要包括五个方面：一是群内学生毕业后的工作有共同的知识和技能要求；二是群内课程有共同的基础知识和基本技能内容；三是群内要形成既有共性（共享）又有个性（专业方向）的课程体系；四是群内要具备能胜任课程教学的师资力量；五是群内要具备良好的实践教学条件。

（3）一定的专业数量。专业群追求的是集聚效应和规模效应，所以专业群的组成必须具有一定规模。何谓"群"？《说文》："群，辈也。从羊，君声。"又说："辈，若军发车，百辆为一辈。从车，非声。"《国语·周语》有"兽三为群"之说。明代余继登《典故纪闻》也有"三五成群，高谈嬉笑"。故"三五成群"在我国成为一句耳熟能详的成语。可见，一个群要由三个或三个以上的人，或同类动物、事物组成。专业群也不例外，一个专业群必须具备三个或三个以上专业或专业方向，否则就不能称之为"群"。

（4）一定的专业特色。专业特色包括专业设置特色、课程体系特色、课程资源特色、师资队伍特色、校企合作特色、教学实践特色等。这些特色越鲜明，专业群的社会吸引力就会越高，运行的活力就会越强，生命力也就越旺盛。

二、产教融合专业群的类型

专业群可以从不同角度划分为不同的类型，这里我们主要从专业结构的角度把专业群划分为双核心型、单核心型、骨干辐射型和协同（合作）发展型等四种类型。

（一）双核心型

双核心型是一个专业群以两个核心专业为引领，形成双轮驱动发展模式。这种专业群发展模式在内部形成两个关联性强、相互依赖的核心专业。核心专业之间形成相互竞争，能够相互带动，内动力强，建设效果一般都非常理想。由于平衡发展的需要，专业能够共同发展，避免优势专业独占资源、非核心专业动力不足而出现发展滞后的现象。这种专业群发展模式的不足是教学资源容易分散，而且由于竞争的存在，容易产生矛盾，需要经常进行协调和沟通，充分发挥"双核心"的独特优势，保持专业群发展的长盛不衰。双核心型专业群的构建要求比较高，在中等职业学校比较难以形成。

（二）单核心型

单核心型专业群内只有一个核心专业为引领，其他相关专业以其作为中心集聚在一起，并借助其品牌、市场、师资、资源等各种优势，引领整个专业群的稳定发展。单核心型专业群的一个核心专业，犹如家庭中的独生子女，内部占有大量资源，优先发展机会多，承担带领非核心专业发展的任务重。与双核心专业群相比，这种专业群内部竞争不足，资源分配容易不均衡，专业平衡发展的可能性小，如果共享机制不健全，会形成一方独大的局面，从而降低专业建设的效率。为此，从专业群建设的角度，单核心专业群对核心专业的引领作用要求更高。由于专业实力的局限，单核心专业群是目前在中职学校中比较普遍存在的现象。

（三）骨干辐射型

骨干辐射型专业群是内部没有核心专业，但有一个或若干个专业的办学历史比较长，市场需求比较稳定，师资力量比较强，教学基础条件比较理想，专业文化积淀比较深厚，在相关行业企业中和社会上有一定的社会影响力，能够辐射相关聚集专业并带领其共同发展。这类专业群的建设策略是继续加大投入，尽快使骨干专业升级为核心专业；尽量发挥专业的辐射作用，通过共建共享，推动专业群的整体发展。

（四）协同（合作）发展型

协同论是系统科学的一个重要分支。协同的特征是合作与自我组织的科学性，其共同属性是协同的主体系统由不同的下级子系统构成，这些子系统中的各要素产生互动，继而形成复杂的开放的非线性系统。从协同论的角度来看，专业群是学校系统中的一个子系统。因为协同（合作）发展型专业群中缺乏核心专业引领，所以我们把这类专业群看成是"松散型横向一体化战略联盟"。这类战略联盟运行的基本规则是目标统一、主体独立、资源共享、管理协同。组建这类联盟是为了适应人才培养目标和社会经济发展的需要，不同专业在不打破原来的人员隶属关系、维持原有组织稳定性的基础上，围绕共同的重大项目或课程，把相关的专业组合在一起，进行可持续的有效合作，以达到集聚、共享、互补的效果。协同（合作）发展型专业群内既没有核心专业，也没有骨干专业，主要是学校为了满足区域产业转型升级，为新兴产业的发展提供人才支撑所采取的特殊应对措施。这类专业群因为主要面向新兴产业，专业普遍比较新，学校办学基础相对薄弱。由于缺少龙头专业的引领与辐射，群内专业建设的起点比较低，凝聚力比较弱。但优点是资源分配比较均匀，共享程度比较高，专业建设的热点也比较多，各种社会任务接踵而来，专业发展速度比较快，社会影响会迅速得到扩大。

三、产教融合专业群的特征

专业群内涵丰富，特色鲜明，归纳起来主要有以下四大特征。

（一）集聚性

专业群是具有共同的专业技术基础和基本技术能力（技能）要求，并能覆盖相关职业领域的专业集合体。专业群一般集中在一个校区或一个校区的特定空间，具有空间位置上的集中性。凡有影响力的专业群都能形成以知名品牌专业为代表、相关专业集聚在一起的"专业园区"。专业群的集聚性有利于夯实专业基础，发挥专业规模的聚合效应。

（二）专业性

专业群内单个专业都有自己明确的针对某个产业领域职业群和岗位链、更加专业化的技术领域，有与这些职业群和岗位链相对接的课程支持，形成更加专业化的特征。专业群的这种专业性特征使群内个体之间融通共生，有利于形成品牌优势和品牌效应。

（三）融合性

专业群是一个利益共同体，群内通过德育活动、教学活动和有效管理形成紧密的关系网络。网络中的各主体频繁进行交流互动，学习合作，协同共进，为实现优势互补、资源共享创造了条件。专业群的最高境界是专业的融合、课程的融合、师资的整合、资源的融合、校企合作的融合、教学基地的融合。这些元素的整合程度越高，专业群的效率就会越高。

（四）创新性

专业群容易形成"相互了解与信任"的竞争与合作气氛，这种气氛有力地推动了各个集群的创新，并能促进这种"创新"在集群之间的模仿、消化与扩散，产生衍生效应，从而保证为专业群的可持续发展提供强大动力。

第二节　地方高校产教融合专业群的架构

职业院校的专业群建设是学校整体水平和基本特色的集中体现，决定了一个学校的知名度、美誉度。高职院校的专业建设是一项系统工程，是学校适应社会人才需求和引导社会人才消费的一个基本尺度，反映学校对社会经济发展、科技发展和职业岗位的适应程度。专业群建设的好坏直接影响到高职院校的招生、学生的培养及毕业生的就业与创业，事关高职院校的生存与发展。

当前，在职业教育大发展的背景下，专业建设已由规模迅速扩张转入了内涵建设阶段，专业群建设成为解决目前专业建设所面临瓶颈问题的最佳途径。高等职业院校专业群建设为地方高校产教融合专业群建设提供了参考和借鉴，对高职院校的发展有着重要的战略性意义。

一、高等职业院校专业群建设述评

（一）高职院校专业群建设的基本情况

2006 年年底，教育部启动国家示范性高职院校建设项目，28 所高职院校成为首批立项单位。立项后，28 所院校均按照建设计划要求，根据建设方案，选择了本院校中办学理念先进、产学结合紧密、特色鲜明、就业率高的专业进行了重点建设，并形成以重点建设专业为龙头、相关专业为支撑的重点建设专业群。28 所示范性高职院校重点建设专业（群）分布情况如表 3-1 所示。中央财政对各院校的重点建设专业给予了大力支持。这 28 所院校作为第一批入选院校，具有一定的代表性。

因此，本部分将 28 所首批示范性院校的重点建设专业作为研究样本，结合各院校示范性建设方案进行简要的分析。

表3-1　2006年度立项建设国家示范性高职院校重点建设专业（群）一览表

2006 年度立项建设院校（第一批 28 所）	地　区	重点建设专业（群）（个数）
天津职业大学	天津	眼视光技术、包装技术与设计、应用化工技术、物流管理、酒店管理（5）
邢台职业技术学院	河北	汽车检测与维修技术、服装设计与加工、数控技术、电气自动化技术、建筑工程技术（5）
山西省财政税务专科学校	山西	会计、市场营销、证券投资与管理、税务（4）
辽宁省交通高等专科学校	辽宁	道路桥梁工程技术、汽车检测与维修技术、物流管理、模具设计与制造（4）
长春汽车工业高等专科学校	吉林	汽车检测与维修技术、数控技术、电气自动化技术、汽车制造与装配技术、物流管理（5）
黑龙江建筑职业技术学院	黑龙江	建筑工程技术、建筑装饰工程技术、供热通风与空调工程技术、市政工程技术（4）
上海医药高等专科学校	上海	护理、医学检验技术、口腔医学技术、药学、眼视光技术、医学影像技术（6）
南京工业职业技术学院	江苏	机电一体化技术、电气自动化技术、机械制造与自动化、软件技术（4）

2006 年度立项建设院校 （第一批 28 所）	地　区	重点建设专业（群）（个数）
无锡职业技术学院	江苏	数控技术、汽车检测与维修技术、机电一体化技术、计算机应用技术（4）
宁波职业技术学院	浙江	模具设计与制造、应用化工技术、建筑工程技术、应用电子技术、物流管理、国际商务、计算机应用技术（7）
浙江金融职业学院	浙江	金融管理与实务、保险实务、会计、国际贸易实务、计算机信息管理（5）
芜湖职业技术学院	安徽	汽车检测与维修技术、数控技术、电气自动化技术、高分子材料应用技术、园艺技术（5）
福建交通职业技术学院	福建	汽车检测与维修技术、道路桥梁工程技术、航海技术、轮机工程技术、机电一体化技术、安全技术管理（6）
青岛职业技术学院	山东	机电一体化技术、商务管理（家电）、物流管理、旅游管理、软件技术（5）
威海职业学院	山东	机械设计与制造、应用电子技术、餐饮管理与服务、服装设计、电气自动化技术（5）
黄河水利职业技术学院	河南	水利水电建筑工程、工程测量技术、道路桥梁工程技术、电气自动化技术、环境监测与治理技术（5）
平顶山工业职业技术学院	河南	煤矿开采技术、矿井通风与安全、矿山机电、机电一体化、电气自动化技术、计算机应用技术（6）
长沙民政职业技术学院	湖南	民政管理、社会工作、老年服务与管理、社区康复、现代殡仪技术与管理、劳动与社会保障（6）
湖南铁道职业技术学院	湖南	电气化铁道技术、数控技术应用、电子信息工程技术、软件技术、供热通风与空调工程技术（5）
广州番禺职业技术学院	广东	玩具设计与制造、计算机网络技术、金融管理与实务、装潢艺术设计、酒店管理（5）

续　表

2006 年度立项建设院校 （第一批 28 所）	地　区	重点建设专业（群）（个数）
深圳职业技术学院	广东	电子信息工程、汽车运用技术、计算机辅助设计与制造、楼宇智能化工程技术、港口与航运管理、影视动画、计算机网络技术、印刷技术、商务英语、珠宝首饰工艺及鉴定（10）
南宁职业技术学院	广西	机电一体化技术、室内设计技术、物流管理、酒店管理、应用泰国语（5）
重庆工业职业技术学院	重庆	模具设计与制造、汽车检测与维修、数控技术、电气自动化技术（4）
成都航空职业技术学院	四川	数控技术、模具设计与制造、航空机电设备维修、电子信息工程技术、计算机网络技术、航空服务（6）
四川工程职业技术学院	四川	数控技术、电气自动化技术、焊接技术及自动化（3）
杨凌职业技术学院	陕西	园艺技术、水利水电建筑工程、生物技术及应用、建筑工程技术（4）
兰州石化职业技术学院	甘肃	炼油技术、石油化工生产技术、生产过程自动化技术、化工设备维修技术（4）
新疆农业职业技术学院	新疆	种子生产与经营、畜牧兽医、园艺技术、农畜特产品加工、农村能源与环境技术（5）

资料来源：《教育部、财政部关于实施国家示范性高等职业院校建设计划加快高等职业教育改革与发展的意见》（教高〔2006〕14 号）

（二）高职院校专业群建设的主要做法

综合性高职院校一般来说专业较多，专业群的数量也相应较多，且专业群所涉及的专业大类较为分散，即专业集中度较低。11 所综合性高职院校平均每所重点建设专业为 5.2 项，而平均每所院校涉及的专业大类为 4.3 个。但此类院校由于专业众多，市场适应能力较强，有利于为本区域培养多样化的技能型人才。例如，深圳职业技术学院重点建设专业达到 10 项，涉及七个专业大类（表 3-2）。而一些专业性较强、特色比较鲜明的院校则专业集中度（专业群中所包含的专业数与专业总数的比值）较高，所涉及的专业大类也较为集中。17 所具有专业特色或行业企业背景的高职院校平均每所重点建设专业 5 项，但平均每所院校涉及的专业大类仅为 2.5 个。例如，长沙民政职业技术学院依托六个重点建设专业带动六大专业群的发展，六个专业全部属于公共事业大类。

表3-2 深圳职业技术学院重点建设专业及专业群一览表

专业群	龙头专业	群内专业
商务外语专业群	商务英语	商务日语、应用德语、应用法语、应用日语
电子制造专业群	电子信息工程	应用电子技术、医疗电子工程、微电子技术、通信技术
计算机专业群	计算机网络技术	计算机应用、软件技术、计算机多媒体技术和计算机信息管理
汽车与交通专业群	汽车运用技术	汽车技术服务与营销、汽车电子技术、汽车鉴定与评估、交通安全与智能控制
先进制造技术专业群	计算机辅助设计与制造	数控技术、精密机械技术、机电一体化、检测技术
楼宇设备专业群	楼宇智能化工程技术	供热通风与空调工程技术、建筑电气工程技术、电气自动化技术、物业管理
现代流通业专业群	港口与航运管理	物流管理、国际商务、商品流通、电子商务
动漫游戏类专业群	影视动画	图形图像制作、多媒体设计与制作、游戏
印刷传媒专业群	印刷技术	印刷图文信息处理、印刷设备与工艺、包装技术与设计、出版与发行
艺术设计类专业群	珠宝首饰鉴定与工艺	服装设计、人物形象设计、装饰艺术设计、工业设计

在 16 个专业大类中，制造类、电子信息类、财经类和土建类专业群在高职院校重点建设专业群中占据优势地位，特别是制造类，占 29%。制造大类中，重点建设专业集中于数控技术、汽车检测与维修、模具设计与制造、机电一体化及电气自动化等五大专业；电子信息技术大类中，重点建设专业集中于计算

机应用技术、计算机网络技术、软件技术及应用电子技术等四大专业；财经类集中于物流管理、会计、金融等三大专业。这也契合了我国经济社会发展的市场化、信息化、工业化和城市化进程，同时也表明高职院校的专业结构同质化问题较为严重，需要加快创新，更加突出特色发展。我国是农业大国，现代农业的发展也是强国的重要标志。从统计来看，农林牧渔类重点建设专业仅为五项，仅占3.5%。28所院校中农林牧渔类院校比例偏低是一个原因，但这也反映了目前我国农林牧渔类高职院校发展水平偏低的现状。

28所院校重点建设专业群数量集中为4～7个（最少为4个，最多为10个，平均值为5个）。随着专业建设的不断深入、新专业的增设和老专业的调整，专业群可能会扩容，专业群数量将会递增，平均值或将达到5个以上。每个专业群中所含高职院校的专业群数量绝大多数在5个以下，一个专业群所包含的专业数平均为4个。

各院校的专业群一般均有至少一个（一般为1～2个）骨干或核心专业带动。骨干专业或核心专业在专业群所涉及的业务范围或技术领域中能够起到基础性和辐射性作用。这些核心专业一般是一所院校中发展比较成熟、基础比较好的优势专业、重点专业。核心专业的引领、联结作用使相近专业聚合成群，形成集群优势。

专业群中的各个专业并非一定完全来自同一专业大类。专业群中的专业往往有共同的学科基础，归属同一个专业二级类，但专业群有时是复合型的，如艺术设计和电子信息的结合、旅游和外语的结合、服装和表演艺术的结合、经贸与外语的结合等。所以，专业群可以以行业、产业为背景，以服务面向为纽带，超越学科界限、跨越专业类别进行构建。例如，长春汽车工业高等专科学校的汽车类专业群中共有包括2个龙头专业在内的8个专业，8个专业同属制造大类中的汽车类；而工商管理类专业群中，龙头专业物流管理属于财经大类中的工商管理类，群内专业则包括了财经大类中的市场营销类（汽车市场营销）、工商管理类（企业现场管理）和电子信息大类中计算机类（计算机应用技术）（表3-3）。

表3-3　长春汽车工业高等专科学校重点专业及专业群建设一览表

专业群	龙头专业	相关专业
汽车类专业群	汽车检测与维修技术	汽车电子技术、汽车技术服务与营销、汽车整形技术
	汽车制造与装配技术	汽车制造技术、汽车改装技术、汽车零部件设计与制造
机械设计制造类专业群	数控技术	模具设计与制造、机电设备维修、数控设备应用与维修
自动化类专业群	电气自动化技术	机电一体化
工商管理类专业群	物流管理	汽车市场营销、企业现场管理、计算机应用技术

二、地方高校产教融合专业群组建方式与途径

国家示范性高等职业院校以其建设实践对专业群的内涵进行了很好的阐释。高职院校的专业群组建主要明确两个方面的内容：一是核心专业的确定，二是群内相关专业的选择。从高职院校专业群建设项目实践来看，对于核心专业的确定，各院校基本形成共识，即根据本区域经济社会及产业发展需求，依据自身专业建设的基础、支撑专业群建设的基本办学条件，选择各院校的重点专业或优势专业。作为核心或龙头专业，在群内相关专业的选择上，各高职院校存在差异，主要有三种模式，这三种模式从某种程度上来说也体现了在不同的专业群建设理念指引下的不同的专业群建设途径。

（一）围绕职业岗位群选择群内专业组建专业群

职业教育的专业与职业有着紧密的联系。专业是以职业岗位（群）为依据，与职业岗位（群）具有一致性。以职业岗位（群）为依据，基于基本技能培训与实训共享角度，或针对一个行业岗位，或针对一组相关的职业岗位，或针对一些社会公有岗位来设置专业，以构建相应的专业群。在专业群中根据自己的优势与特色确定品牌专业、特色专业和一般专业。通过品牌专业促进其他专业的发展，从而形成由品牌专业、特色专业和一般专业组成的具有内在联系、相互支撑的专业群结构。专业群各专业可以是同一专业大类中的专业，也可以是不同专业大类中的专业，能否归为一个专业群，主要以是否拥有共同的专业技

术基础课程和基本技术能力（技能）要求来划分，并且专业群中的各专业或专业方向、面向企业中的岗位群，均能在同一个实训体系中完成其基本的实践性教学。通过这种专业群建设为学生职业迁移能力的提高提供平台，为学生提供了共同的知识和技能训练，使学生获得在一定行业范围内的职业迁移能力。在这种模式下，专业群的课程体系大多采用"平台＋模块"的形式，群内各专业间更强调横向的联系。

（二）围绕产业链选择群内专业组建专业群

基于高职毕业生就业迁移能力、专业与产业适应性以及社会服务能力角度，专业群的布局和调整以服务产业为目标，以区域内重点发展行业和产业为出发点，通过对某个产业链应用型人才需求状况的结构分析，针对其产前产中产后、售前售中售后等产业链和职业岗位群构建与该产业发展要求相一致的专业群体系，形成链条式专业群，即围绕产业链组建专业群。这种思路最适用于行业办学特色明显、专业大多面向同一产业领域且该产业已形成较成熟的产业链的高职院校。这类高职院校往往针对某一产业领域的教学资源积淀比较深厚，在相关专业的建设上有传统优势，对产业的发展趋势把握也比较敏锐。因此，它们以核心专业为龙头，根据产业链的发展和延伸，带动专业的开发和调整，形成专业群的效率会比较高，专业群布局也会更为科学。

（三）围绕学科基础选择群内专业组建专业群

高职教育的专业是具有一定的学科基础的，基于基础教学以及师资资源共享角度，将学科基础相同的若干专业构建成一个专业群。例如，前文提到的以经济、管理学科为基础的旅游管理、工商管理、物业管理、人力资源管理等专业可以构建成经济管理类专业群，等等。这种专业群的构建方法类似于目前的院系制，其与构建职业教育专业群初衷的一致性，及其提高人才培养质量、提高职业院校服务于区域经济发展能力的有效性值得商榷。

需要明确的是，专业群肯定不是若干专业的简单拼盘，否则名为"群"，实则是以"群"之名重新切割教育资源、铺排专业分布，对专业建设本身没有实质性意义。目前，高职院校的专业群是若干相近专业组成的集群，通常这些相近专业有着共同的资源基础、技术基础和相近的社会关联基础，能在同一实训体系内完成实践教学任务，或对应的是产业链。归结起来，以国家示范性高职院校的办学实践与专业群建设为例，其专业群建设一般均是为满足本区域经济社会的发展，立足自身办学条件和专业建设基础，着眼于区域内发展前景好、产业链条长的优势产业，以形成专业建设积聚效应、提高学生岗位群适应力为目的，以特色优势专业为龙头对应若干企业岗位群的若干专业的集群。形成高职专业群的相近专业不是以学科分类为依据，而是可以跨学科、跨类别进行专业集群建设，但从目前国家示范性高职院校的专业群建设实践来看，跨专业大类组建专业群的还是比较少见。

无论何种组建方式、何种途径，高职院校组建专业群的目的不外乎促进教育资源整合与共享，发挥集群效益；推进课程改革和课程体系建设；促进师资队伍培养与建设；发挥优势核心专业带动作用，提高专业群建设整体水平。最终提高高职院校核心竞争力，提高高职院校对经济社会发展的服务能力。

三、地方高校产教融合专业群建设的基本原则

专业群的构建具有必须依托产业、行业企业的特性。从当前高职院校专业群建设的实践来看，各院校对此已有充分的认识，因此在专业群建设中，依据地方产业发展的现状与前景，积极开展对本专业领域人才的需求调研与预测，并依据自身专业建设的基础、支撑专业群建设的基本办学条件等进行专业群的建设。在这一过程中，一般遵循以下基本原则。

（一）科学性原则

高职院校的专业群建设基本遵循着三个"依据"，即依据所在区域的发展需求及区域支柱产业和新兴产业的发展方向，依据院校自身的行业背景与未来发展规划，依据学院自身的办学基础，包括办学条件与资源配置现状等，选择进行重点建设的专业与相应的专业群，实事求是，因地制宜，科学设计，避免盲目或跟风似的建设。

（二）系统性原则

专业群的构建过程既是对现有专业的梳理、重组过程，对当前以专业为单位的资源的二次配置过程，也是对专业未来发展趋势的研判过程。这一过程要包含课程体系建设、师资队伍建设、实训基地建设等多方面的内容，是一个系统的工程。各院校在建设实践中，对每一个环节的建设都辅以了系统的配套性建设规划。同时，协调好专业群内各专业的内部逻辑关系，使专业群成为一个有机的统一体。

（三）动态性原则

专业群的数量、构成专业群的专业、专业群的建构模式甚至专业群本身存续与否，都不是一成不变的。特别是在当前市场人才需求多变的情况下，各院校在专业群的建设中力求突出灵活性，围绕区域经济和社会发展规划、生产力

布局、产业结构调整、宏观经济政策变化等多方面的因素，适时调整专业群建设思路，应对教育环境的不断变迁，处理好专业群建设的相对稳定性与灵活性之间的关系。

（四）创新性原则

专业群建设所追求的是"1+1>2"的效果，因而专业群建设的过程不是一个简单的算术加减过程，而是一个创新的过程。对于高职院校建设来说，专业群的建设意味着要打破高职院校一直延续的按专业设置来组织教学和管理的传统模式，意味着要进行院校发展模式的创新、教育教学理念的创新、组织与管理模式的创新、人才培养模式的创新。因此，对于各院校而言，专业群建设本身就是创新性发展的过程。

（五）前瞻性原则

院校的发展要有长远性规划，专业群的设置要体现战略性眼光。因此，各院校在专业群建设过程中，一般均要通过对人才市场的深入调研和敏锐观察，掌握本专业领域的人才需求状况，做出合理的人才需求预测，适度超前地设置专业、建设专业群，并适当地、逐步地淘汰一部分专业，突出重点，以更好地解决人才培养的滞后性与周期性问题，避免由于追逐所谓的"热门专业"而造成不必要的人才浪费和人才的结构性失调，为区域经济社会的发展提供更有力的人力资源保障。这也是高职院校办学特色的一种体现。

四、地方高校产教融合专业群建设的重点内容

2006年发布的《教育部、财政部关于实施国家示范性高等职业院校建设计划加快高等职业教育改革与发展的意见》中提出，要"造就一批基础理论扎实、教学实践能力突出的专业带头人和教学骨干；建设一批融教学、培训、职业技能鉴定和技术研发功能于一体的实训基地或车间；合作开发一批体现工学结合特色的课程体系"，以"形成500个以重点建设专业为龙头、相关专业为支撑的重点建设专业群"。这也就意味着国家示范性高职院校的专业群建设的重点内容应包括以下三个方面：专业群师资队伍建设、实验实训基地建设以及课程体系建设。它所集中体现的是人才培养模式的创新，也是院校发展模式的创新。

（一）以"双师型"教师团队建设为重点的专业群师资队伍建设

师资团队建设是专业群建设中的一项重要内容。专业群建设有利于教师团队的形成，在专业群的基础上，必然形成师资队伍集群，形成某类专业建设的良好师资队伍环境。同样，加强教师团队建设是提高专业群建设质量和水平的关键和

根本所在。在专业群建设的过程中，应按照专业的合理布局，调整师资的知识、能力结构，以高素质的师资团队支撑专业群建设。从部分国家示范性高职院校近几年来的师资团队建设实践来看，绝大多数院校的总体思路基本上是一致的，即围绕专业群建设，强化"双师型"骨干教师的培养，打造一支年龄、学历、职称、专业、知识、学缘、专兼等结构合理，以专业带头人为龙头、"双师型"教师为主体的共享型教师团队。主要是做好"三支队伍"的建设工作，即专业带头人、专业骨干教师及兼职教师队伍。其基本做法主要是引进、聘请及培养。❶

1. 加大引进力度，积极选拔聘用

选好专业带头人，特别是选好专业群内核心专业的带头人，是教师团队建设的关键。各院校在实践中，根据重点专业对人才的需求，加强引进相关专业领域高技能、高技术、高素质的人才，尤其是专业带头人和骨干教师，以优化教学团队结构。积极选拔、聘用具有号召力、向心力和凝聚力的专业带头人，以提高专业建设起点。

2. 积极聘请

聘请区域内和专业领域内既熟悉专业，又能从事实训课程建设、理论与实践环节教学，在校企合作、就业等工作中发挥作用的企业技术骨干为兼职教师，使专兼职教师结构更加合理。积极聘请行业企业骨干或能工巧匠承担实训教学环节。

3. 着力培养

制订教师培养培训计划，选派骨干教师到国内外重点高校进修学习，参加国内外学术交流、研讨会，鼓励重点建设专业带头人或骨干教师到企业实践锻炼或在企业兼职，参与企业技术指导及校企产学研项目，提高教师的专业素质及实践技能水平。

某国家示范性高等职业技术学院重点专业（群）师资团队建设计划如下。

（1）按照每个重点建设专业配备2名带头人、其他专业配备1名带头人的要求，通过培养（包括现有专业带头人的继续培养）和引进，专业带头人达到46名。其中，重点建设专业的带头人中至少有1名被聘为正高级专业技术职务和具有"双师"资格；其他专业的带头人须具有副高级以上专业技术职称和"双师"素质。

❶ 季桂起.地方本科院校创新性应用型人才培养模式研究[M].济南：山东大学出版社，2013.

（2）按照国家重点建设专业引进和培养 5～6 名骨干教师、其他专业引进和培养 4～5 名骨干教师的要求，学院专业骨干教师达到 170 名以上，并保证每个重点建设专业的骨干教师均具有副高级以上职称或高级职业资格证书和"双师"素质，其他专业的骨干教师均具有副高级以上职称或硕士以上学历，90% 以上的骨干教师具有在企业工作和实践的经历。

（3）调整和充实从企业行业聘请的兼职教师队伍，按照每个国家重点建设专业聘请 5～6 名企业行业技术专家、其他专业聘用 4～5 名企业行业技术专家的要求，聘请行业企业技术骨干、管理骨干与能工巧匠担任兼职教师的人数不低于 180 名。

（4）鼓励中青年教师在职攻读博士或硕士学位，青年教师具有硕士研究生以上学历的比例达 60% 以上。

（5）以 3 年为一个周期，保证每位无企业工作经历的专业教师每年至少平均有 2 个月在专业对应的行业企业接受技能培训或为行业企业服务，保证每位从企业引进的骨干教师全部有到教育部教师培训基地接受培训的经历。

（6）根据学院专业发展需要，积极创造条件优先让专业带头人出国（境）学习培训，学习发达国家或地区先进的职业教育理念和方法，使专业带头人均能出国（境）学习培训。

（二）共享性配套实习实训基地建设

实训基地是高等职业教育中对学生实施职业技能训练和职业素质培养的必备条件，是提高人才培养质量的关键。专业群建设与实训体系互为依存、相互彰显，缺一不可。如果只组建专业群，而没有实验室、实训室与之相配套，专业群的优势也就不再存在，也就失去了专业群建设的实际价值。

从实践来看，当前高职院校共享性实习实训基地建设的基本做法与思路是本着建设主体多元化的原则，多渠道、多形式筹措资金，积极建设校企结合的生产性实训基地，由学校提供场地和管理，企业提供设备、技术和师资支持，以企业为主组织实训，充分利用现代信息技术，开发虚拟工厂、虚拟工艺、虚拟实验，着力实现理论教学与实践教学有机结合、仿真模拟与实际操作有机结合、校内实训与校外实训有机结合。

（1）围绕重点建设专业，以专业群内各专业的核心技能训练为基础，按专业群分类组建融教学、培训、生产、职业技能鉴定和技术研发于一体的校内综合实训中心。按照职业岗位（群）对技能的要求和教学大纲的要求，实训基地建设内容尽可能创造企业的真实场景，营造真实的职业环境，模拟职业岗位进行实际操作训练和技术培训。

（2）工学结合、校企合作，共建生产性实训基地。依托行业，联合企业，增加相对稳定、深度合作的校外生产性实习基地，满足学生顶岗实习需求；与行业企业共同制定生产性实习实训基地建设规划，进行生产性实训项目的开发。从生产性实训环境、生产性实训项目设计、企业文化氛围、企业管理模式等方面营造真实或仿真职业氛围，模拟或仿真生产工艺流程，建设综合性实训室和生产性实习车间，实现课堂与实习地点一体化，满足校内生产性实训的需要，满足职业培训和技能鉴定的需要，满足面向社会技术服务的需要。

创新实训基地运行管理机制与模式。重点建设生产性实训基地，实施以产养学的新模式、多方投资的新体制，探索实训基地企业化管理、市场化运作。在承担职业院校同类专业进行技能实训的同时，承担各级各类职业技能的培训任务，使实训基地在地方经济、社会中发挥服务和辐射作用。通过市场化运作和成本核算，加强设备管理、工具管理、材料管理以及教学管理，通过科学的管理，逐步形成系列化的实训项目、配套的实训教材、一流的指导教师、完善的管理规范。以产养学，实现实训基地效能最大化、教学成果最优化和社会效益最大化。

（三）加强课程体系建设，创新专业群人才培养模式

专业群内的专业由于工程对象相同、技术领域相近或专业学科基础相近，所以在课程内容上有相当一部分共同的理论、技术、技能基础。因此，基于专业群建设的课程体系，适合采用"平台＋模块"的模式构建。平台是根据专业群对高等技术应用型人才所必备的共同基础知识和基本技能，以及各专业技术的共性发展和学科特征要求而设置，由公共课和职业技术基础课组成。公共课针对所有专业，按照培养社会人的要求，突出培养现代社会对人所要求的最基本素质。职业技术基础课是专业群内各专业共同必需的生产技术知识、产品技术知识、材料技术知识和职业基本技能，是按行业内职业人可持续发展的要求开设的课程，是毕业生可持续发展的基本保证。模块是根据不同的专业（专门化方向）而设置，由体现专业（专门化方向）特色的课程组成。学生根据自己的兴趣特长和就业需要自由选择其中一个模块进行学习，主要实现按不同职业方向进行人才分流培养，较好地解决专业群内各专业存在的问题。

各示范性高职院校专业群课程体系建设、创新专业群人才培养模式方面的主要思路与做法如下。

（1）基于工作过程开发项目课程。高职院校以职业道德养成和职业能力培养为主线，构建学生的知识、能力和素质结构体系。根据技术领域和职业岗位（群）的任职要求，参照相关的职业资格标准，校企合作改革课程体系。加强专业核心课程建设，开发基于工作过程的项目课程，形成国家、省、市和校级四级精品课程。

（2）加强教材建设，重点建设好国家规划教材，校企共同开发实训教材，确保优质教材进课堂。

（3）加强专业教学资源建设。专业教学资源建设是示范建设的重要内容。首批高职院校已基本建成数控技术、汽车检测与维修技术、应用电子技术、道路桥梁工程技术等专业教学资源库。同时，各院校均注重优质教学资源和网络信息资源的利用，共建共享，扩大受益面。该课程体系按岗位工作领域分析典型工作任务，确定符合相应能力的课程模块单元，再由课程模块单元对应构建学习领域，即课程，对复合交叉技能的培养有较好的适应性和可操作性。体系中三个系统能力模块既独立又相互联系，充分体现模块化教学的特点，具有教学资源的共享性，有利于教师资源的优化组合，有利于专业群共享平台的构建。其中，机械模块与电气模块可以和其他相关专业灵活组合，并能够根据社会经济的需求，开发出更多相关领域的专业模块，具有较好的社会适应性，也为全校相关专业建立了一个共享的公共实验实训平台。

五、地方高校产教融合专业群建设的主要特点与问题

（一）高校产教融合专业群建设的主要特点

从高职院校专业群建设实际状况看，目前我国高职院校专业群建设具有以下特点。

1. 建设动力主要来自政策层面

我国高职院校专业群建设是作为示范性高职院校建设的重要任务提出的，所以依靠政府、政策力量自上而下地推动。各院校专业群建设的动力明显具有外部力量推动的特点。这种来源于政府政策推力和明显的外部激励机制的建设动力，具有强大的推进力，建设初期会实现快速启动和迅速发展。但这种政策层面的推动与引导，有可能会出现为迎合或获得某种利益而导致的应急、应景等形式主义做法，某些群的建设仅停留于方案层面，缺乏实际运行和深层改革。

2. 建设模式基本采取内生式发展

各高职院校在专业群选择上，主要以学院现有专业为基础，以已经形成的优势专业、特色专业作为核心专业或龙头专业，将现有的其他专业按照专业群建设的目标进行组合，形成学院的重点建设专业群。这种内生式建设模式有利于现有资源的整合和对已有专业办学水平及实力的提升。为促进高职院校专业群建设的发展，一些省市教育行政管理部门在审批、备案新增高职专业时，对符合院校专业发展方向和办学特色的群内新增专业予以鼓励，实行引导发展，对群外相关度小、专业基础差的专业实行限制发展。

3. 建设路径突出产学结合

高职院校专业群建设（人才培养模式、课程体系与教学内容改革、实验实训条件建设、师资队伍建设）的实践显示，各高职院校专业群建设路径大多遵循校企合作的模式，突出产学结合特点。通过创新校企合作的机制体制来推动专业建设的改革与创新。

（二）高校产教融合专业群建设存在的主要问题

高职院校专业群建设已经成为学校走内涵发展道路、提高区域服务能力的重要途径。在行政外力的推动下，各地的专业群建设正在积极推进。但是，我们必须清醒地看到，在这项系统工程的建设中，由于对一些基本问题的认识不清晰，作为新生事物，专业群的运行机制还不够完善，诸多问题影响着其健康发展。

1. 专业群的管理与运行存在不足

许多高职院校虽然已经把专业群建设纳入学校的发展规划，从机制上建立了专业群，但实际上仍然停留在传统的专业建设思路上。对专业群的组织架构、人事安排、待遇薪酬等管理与运行方面考虑欠缺。比如，没有完善相关岗位职责和管理制度，专业群负责人权力责任不明、处境尴尬，无法充分发挥专业群负责人作用。另外，如果突破资源共享、专业灵活调整等专业群建设单一目的的倾向，以更开放、更宽阔的视野来看待专业群建设，则可能会出现专业跨分院、跨学科组群，甚至有的专业可能同时属于不同的专业群等情况。在这种情况下，专业群内各专业之间的关系应如何处理，专业群应以什么样的组织形式来进行管理，则是高职院校专业群实践中必然面临的问题。专业群作为一种新的教学形式，必须要有与之相适应的组织管理形式，才能保证其持续、平稳、健康地运行和发展。可以由专业群的龙头专业主任兼任专业群负责人，专门负责专业群建设；或者专门设立专业群主任岗位，建立教学部门负责人领导下的专业群主任负责制。

2. 专业群评价机制尚未建立

专业群建设评价指标体系是专业群建设的依据、计划及实施过程和成果的具体化体现，专业群建设的好坏很大程度上取决于专业群评价指标体系是否科学合理。高职教育领域专业群建设的研究起步晚，如何建立一个科学合理、具有指导意义的评价指标体系，现在还没有现成的研究成果和实践经验可以借鉴。实际上，很多高职院校虽然有专业群这一教学机构称号，但还是按专业在建设，专业群的评价机制没有建立起来。高职院校应当制定一套切实可行的专业群建设评价体系和标准，按一定周期进行考核，这样不仅能促进专业群建设，而且对学校整体专业建设水平有提升作用，更主要的是能带动整个学校教学水平的提高。

3. 专业群的专业划分合理性不够

当前，高职院校的专业群多以专业技术基础相同或相关、具有共同的专业技术基础课程和基本技术能力要求、能涵盖某一技术或服务领域的若干专业为原则组建。所以，属于同一专业群的多个专业应该具有共同的行业基础或行业背景，且有共同资源基础、技术基础。这些专业群有共同的职业基础、资源、技术和社会基础，其内部存在共同的课程基础，如存在共同的基础理论课程、共同的技术课程甚至共同的核心课程。但是，实际上很多高职院校的专业群划分不够科学合理，很牵强地把一些不相关的专业划分到同一专业群里，或大都仍限于现有系部的内部，很少有跨系部的专业群合作，造成资源不但没有得到共享，反而限制了该专业的发展。无论从学生就业还是为企业提供服务方面看，都是有局限的。当然，专业群建设过程中还存在其他问题，如核心专业的辐射带动作用不明显等。如何使专业群具有经营专业的功能，如何充分发挥专业群在人才培养工作中的作用，如何实现教育教学管理在人才培养过程中的实质性融合，这些都需要在实践中逐步摸索。

4. 特色性与创新性亟待加强

从宏观上看，我国高职院校专业结构与我国经济和社会发展的结合不能说不紧密，专业结构同质化的问题也比较突出。在微观层面上，高职院校专业建设加快特色发展、突出模式创新显得尤为迫切。高职院校的发展必须追求特色化已得到共识。虽然示范性高职院校建设有"整齐划一""统一标准"之嫌，但不能否认的是，它推动了一些新的发展理念如专业群建设理念付诸实践，客观上有效地促进了高职院校的发展。

需要明确的是，专业群建设是手段而不是目的。"群"应该是一个动词化的概念，强调的是专业以"群组"的方式共同发展，不能将其名词化而单纯看作是一些专业的聚合，那样就失去了进行专业群建设的真正意义，"群"的建设是一种发展模式的创新，即人才培养模式的创新、实训基地建设管理模式的创新、院校管理与发展模式的创新。因此，当前的高职院校专业群建设呼唤创新性的实践探索、理论的总结提升，以创新性的理论来指导实践，以实践来促进创新性理论的发展。

六、地方高校加强产教融合专业群建设的思考

专业群建设作为一个新生事物，顺应了时代发展对教育的新要求，具有诸多优势。同时，这也是一项复杂的系统工程，打破了我国一直延续的按专业设置来组织教学和管理的传统模式，对学校的管理和组织架构、教师和学生的思想认识、具体过程的组织实施和评价等诸多方面都带来了很大的冲击，实施过程中碰到种种问题是不可避免的，并且这些问题不是一朝一夕就能解决的。有的学校已经入围国家示范性建设高职院校，但专业结构并未因此而在短时期内得到迅速优化，结构调整依然任重道远。在建设实施过程中需要坚定信心，确定阶段性重点突破的目标，不断总结经验，克服困难，推进专业群建设的平稳有序进行。

（一）因地制宜，避免盲目性建设

专业群建设关系到高职院校专业布局和办学特色的形成，对于高职院校的长远发展将产生重大影响。专业群建设不能脱离高职院校赖以生存与发展的客观环境和自身的具体条件。一所学校不可能把所有专业都办成特色专业，必须发展比较优势，努力在几个专业群上办出特色，提升学院的品牌优势。高职院校要围绕区域或行业的需求和发展，规划专业群布局，即从学校所处的社会环境、地理环境、经济环境和自身所具有的办学基础条件出发，结合广泛、深入的市场调研，寻找、确定若干行业，作为专业群建设和发展的背景与依托，逐步建立起若干专业群，特别是将专业群中的核心专业作为建设的重点，将这些核心专业建设成为精品专业，带动整个专业群的发展。同时，专业群建设是一个逐步发展的过程，要从行业和社会发展的实际需求出发，结合院校拓展新专业的可能性，逐步推出新的专业方向或相近相关的新专业，构建起一个以重点建设专业为龙头、相关专业为支撑的独具特色的专业体系。

（二）明确内涵，避免形式主义

专业群建设绝不是群内各专业建设内容的简单叠加，需要整合、融合、糅合。既有共享、集中，又有分布、独立；既有刚性的硬约束，又有柔性的软约束；既有统一的平台，又有分流的模块；既有主干支撑，又有枝叶相辅。其重

点是要在"群"字上下功夫，实现"1+1>2"的功能。目前，一些高职院校将专业群建设理解为某个重点专业的建设，或者只是把一些专业组合在一起即可称为"群"，"群"的建设更多地是停留在建设方案中，有为获取某种利益而走形式之嫌疑，违背了高职院校专业群建设的实质意义。

高职院校在专业群的建设过程中应认真研究"群"的内涵，根据所依托的区域经济社会发展状况、产业结构升级与调整情况、院校自身的比较优势以及专业自身的特点来选择适当的模式。只有对专业群建设的内涵有着明晰的认识，才能始终秉持进行专业群建设的终极目标，即有利于提高人才培养的质量，有利于更好地为区域经济社会发展提供人力与智力保障。

（三）把握原则，提高建设实效性

在专业群建设过程中，要把握以下几个原则。

（1）专业群建设的指向性。在外部指向性上，建设专业群是为了更好地满足区域经济社会发展、行业企业对高素质技能型人才的需求；在内部指向性上，建设专业群是为了创新人才培养模式，提高专业的适应性，加强资源共享，提高办学效益。从本质上来说，建设专业群是为了提高人才培养质量，增强学生就业能力、创业能力、可持续发展能力，从而提高职业教育自身的健康可持续发展能力及服务社会的能力。

（2）专业群资源配置的合理性。专业群的建设是一项系统工程，是资源合理配置、不断优化的过程。高职院校应通过办学积累、历史积淀和实践检验，使专业结构更加合理，内涵更加丰富，横向有广度，纵向有深度，优势突出，特色鲜明，课程体系与教材开发、校内外实训基地以及师资队伍等群内资源效益达到最大化，具备较强的核心竞争能力。

（3）专业群内专业的相关性与主辅性。组成专业群的专业都是关联性较强的专业，或者具有共同的专业、学科基础等内在逻辑关系，或者具有共同的行业、职业基础等外部依存关系。同时，群内的专业在地位与功能上并不是等同的，有主干与协同、核心与辐射的关系。通过龙头专业的支撑、带动作用，集合相关专业，形成集群优势，并经过集成创新实现集成绩效。

（4）专业群规模的适当性。专业群小了，不足以发挥效益；专业群过大，管理成本的上升反而会抵消组建专业群带来的收益。因而专业群应当有一个合理规模。

（5）专业群发展的动态性。专业群的构建必须紧跟产业链的发展。专业群建设是市场需求变化与高职院校内在发展相结合的产物。产业的发展是动态过程，产业链伴随着技术的发展、地区产业结构的调整和梯度转移、社会需求的变化而处于不断的延伸与萎缩中，因此专业群的结构也要处于不断的调整过程中。这种调整可以是专业群内部旧的专业或专业方向的改造、新的专业或专业方向的开发，也可以是学校整体专业集群结构的改造和拓展延伸。

第三节 建设产教融合专业群的理论依据

多数学者认为，专业群源于经济学领域中的产业集群理论，而产业集群的形成又是基于资源集聚的比较优势而带来的集聚效应、效率效应、规模效应和扩散效应，从而提高绝对竞争力，其目的是追求成本最经济、效益最大化。职业教育与区域经济社会的发展有着密切的联系，职业教育要为人的发展服务、为经济社会发展服务，这是职业教育的本质属性所决定的。职业院校培养高素质技能型人才，其专业建设与地方产业集群发展有着必然的联系，随着职业院校的发展模式由规模式走向内涵式，集群的概念也逐步由经济领域走进了大家的视野。为此，我们对产业群理论做一些基本了解是非常必要的。

集群理论的研究起源于 19 世纪末，是集中针对产业集群或企业集群而进行的。产业集群研究表明，性质相近、互为依存的经济个体合聚一地，能在竞争与合作的过程中，带来集聚、共生、协同以及衍生效应，获得强劲、持续的竞争优势，从而推动整个集群健康、有序、和谐发展。产业集群对提高产业竞争力和应对经济全球化越来越重要。产业集群之所以显示出如此强劲的优势，在全球备受瞩目，是与集群本身的结构特点密不可分的。

关于产业集群，国内外学术界对其定义差异非常大，概括起来基本可以分成两种类型：第一种类型认为产业集群仅仅是一堆类似或相同性质的企业（即使存在相互联系的潜在可能）在地理上集聚；第二种类型认为产业集群不仅是相似或者相同的企业在地理上的集聚，也重视集聚体内主体的联系，其概念特征上与一些文献中提到的产业区概念类似。无论学者们如何定义，一般都涵盖这样三个方面的内容：①产业集群是对应于一定的区域而言的，是建立在专业化分工和协作基础之上的经济活动的一种空间聚集现象。②产业集群依赖于特定的社会关系网络，是一个包含了某一产业从投入到产出以至流通的各种相关行为主体的完备的价值增值网络。③产业群是一个介于市场与等级制之间的新型的、高效的经济组织形式，在其内部能实现知识和技术等现代资源的充分流动。

产业集群理论从最初对产业地理集聚现象的观察，到描述、分析、比较这一现象，再到导入集群的概念，然后以此为基础，探讨集群竞争优势及其成因，分析集群的演变与形成机制的过程，也就是产业集群从启蒙、演进到成熟的过程，在理论界已有 70 年之久。直到 20 世纪 90 年代，美国哈佛大学著名管理学家波特（M. Poter）、普林斯顿大学经济系教授克鲁格曼（P. Krugman）对产业集群进行了一系列的经典论述，方才宣告产业集群理论的最后形成，并引发了新的产业集群研究，最终形成了目前这种经济学、管理学、经济地理学、社会学、教育学等学科共同研究的局面。

一般认为，马歇尔（Alfred Marshall）是第一个提出产业集群理论的经济学家，他第一个从产业区角度较系统地研究产业集群现象。马歇尔将集聚企业的地区称为"产业区"，并提出了"内部经济"和"外部经济"的概念。"外部经济"包括三种类型：市场规模扩大带来的中间投入品的规模效应、劳动力市场规模效应、信息交换和技术扩散。马歇尔认为产业集群的原因是为了获得外部规模经济的好处，"外部经济"往往能因许多性质相似的企业集中在规定的地方，即通常所说的工业地区而获得。他曾把经济规模划分为两类：第一类是产业发展的规模，这与专业的地区性集中有很大关系；第二类取决于从事工业的单个企业和资源。马歇尔发现外部规模经济与产业集群之间的密切关系，认为集群是由外部规模经济所致。他还用随着产业规模扩大而引起知识量的增加和技术信息的传播来说明产业集群现象。因此，经济学家克鲁格曼把劳动市场共享、专业化附属行业的创造和技术外溢解释为马歇尔关于集群理论的三个关键因素。

与此同时，德国经济学家韦伯（Alfred Webber）从微观企业的区位选择角度，阐明了企业是否靠近取决于集聚的好处与成本的对比。1909 年，韦伯出版了《工业区位论》，书中从产业集聚带来的成本节约的角度讨论了产业集群形成的动因。韦伯把影响工业区位的因素分为区域因素和位置因素（位置因素包括集聚因素和分散因素），并在探索影响集群的一般因素中利用等差费用曲线来解释产业集群的程度。韦伯认为，集聚形成是因为各个工厂为了追求集聚的好处而迁移，且所增加的运费小于或等于迁移后集聚而节约的成本时，迁移才可能发生。若干企业集群在一个地点同样也能给各个企业带来更多的收益或节省更多的成本，技术设备发展的专业化、搜寻劳动力的相关成本的降低，也都促进了企业集聚。集聚是企业为了追求好处而自发形成的，从这个意义上说，集群的形成是需要政府这种外部力量的。当然，集群在进一步发展过程中是否需要政府的扶持，还没有定论。总之，韦伯从区域因素探讨产业集群的优势，其研究成果相当有价值。

法国经济学家佩鲁（Francois Perroux）在 20 世纪 50 年代提出了增长极理论。他认为经济空间在成长过程中，总是围绕着极核进行，空间发展如同部门发展一样，增长不是同时出现在所有地方，而是以不同强度首先出现在一些增长点或增长极上，然后通过不同的渠道向外扩散，并对整个经济产生不同的经济影响。佩鲁认为，现实经济中经济因素的作用是在一种非均衡条件下进行的，由于相互间的不均衡影响而产生一种不对称关系：一些经济单位处于支配地位，另一些则处于被支配地位。他把这种一个单位对另一个单位施加的不可逆转或部分可逆转的影响称为支配效应。增长极具有技术、经济方面的先进性，能够通过与周围地区的要素流动关系和商品供求关系对周围地区的经济发生支配作用。特定企业的支配是发展过程中的积极因素，有利于整体的发展。占支配地位的企业是高效率的，能够有效地利用创新增加产出；占支配地位的企业实现规模经济，反过来又刺激了创新。这两种作用的叠加使支配型企业在提高经济效应的同时，通过关联效应和乘数效应最终带动社会发展。可见，当政府将某种推动性产值植入地区后，将产生围绕推动性产业的集聚，然后再通过乘数效应以及关联效应，导致地区经济的增长。增长极理论强调推动性产业的作用，也强调政府和企业对推动性产业的巨大影响。因此，增长极理论中的集聚不能称为自发型的，政府在产业集聚的形成和发展过程中承担着重要的角色。

20 世纪 70 年代至 80 年代初，发达国家的绝大部分地区呈现出经济衰退景象，从而导致了世界性经济危机。与此相悖的是美国的硅谷、意大利的东北部（如艾米利亚－罗马涅区）和中部等地区的经济却出现了稳中有升的现象，成为抵挡和战胜经济衰退的领头羊。这一情景在西方引起了专家学者们的极大兴趣，他们通过深入调查研究，发现这些区域与当年马歇尔所描述过的产业区有惊人的相似之处，学者们遂将它们称为"新产业区"。其核心就是构建中小企业集群网络，依靠内源力量来发展区域经济。这为人们构建区域经济发展的增长极找到了有力的理论支撑。

在"新产业区"理论的影响下，进入 20 世纪 90 年代后产业集群的研究已成为地区或国家竞争力研究以及区域经济研究重要的前沿问题。研究内容主要集中在集群形成机制、集群特征、集群与创新、区域经济自立型发展模型，尤其是合作与竞争等方面。当时，美国哈佛商学院教授波特与同事对丹麦、德国、意大利、日本、英国和美国等十个国家进行了考察，根据对这十个国家的案例分析，将这些不断创新企业的竞争优势归结为两个变数和四个因素，即企业的战略结构、竞争对手和要素条件、相关及支撑产业、需求条件、机遇及政府，他将这些变数和因素称为"钻石系统"。他的产业群理论也被称为"竞争钻石"理论。波特认为，形成产业集群的区域往往从三个方面影响竞争：一是提高区域企业的生产率；二是指明创新方向和提高创新速率；三是促进新企业的建立，从而扩大和加强集群本身。产业集群一旦形成，企业数目达到关键的多数时，就会触发自我强化的过程，而新的产生集群最好是从既有的集群中萌芽。波特的竞争优势理论受到了一些学者的批评，认为竞争优势理论过分强调国家和地区政府在产业国际竞争中的作用，并把复杂的经济活动因素简单构造成四个基本要素，而且忽视了跨国贸易活动对"钻石模型"的影响。1998 年，波特在《哈佛商业评论》上发表的《企业群落与新竞争经济学》一文系统地提出了新竞争经济学的产业集群理论，并解释了产业集群的含义："集群是特定产业中互有联系的公司或机构聚集在特定地理位置的一种现象。集群包括一连串上、中、下游产业以及其他企业或机构，这些产业、企业或是机构对于竞争都很重要……最后，集群还包括了政府和其他机构——像大学、制定标准的机构、职业训练中心以及贸易组织等——以提供专业的训练、教育、资讯、研究以及技术支援。"●简单地说，产业集群实际上是产业通过聚集发展，在一定区域内形成产业链，发挥聚集效应。波特在 1990 年出版的《国家竞争优势》（*The Competitive Advantage*）一书中，对产业集群理论进行了经典的论述，使集群理论的研究进入了崭新的发展阶段，引起了西方微观经济学、产业经济学等学科对这一理论问题的深入研究，使产业集群理论的研究取得了一系列新的进展。他从企业之间竞争的角度研究产业集群，认为集群的形成是竞争的结果，竞争是产业集群形成的主要原因。企业间的合作与竞争促进了创新与发展，产业集群被看成是"充满合作的竞争的灵魂"。他采用新古典主义观点，讨论了竞争产业结构，即许多公司在同一产业领域竞争，增加了提升技术、最小成本、创新等技术压力。但是，在一个给定的产业和区域，一个简单的产业集中指数并不仅是公司间竞争程度是否合适的指示器，更是产业内的竞争风气。地理上集中在一个特定区域的生产以及提供具有类似产品和服务的企业，竞争可能更为激烈。在这种情况下，竞争领域扩大，产业集群逐渐形成，促进了产业集群的扩大。

● 王玉丰 . 中国新建本科院校转型发展研究：基于自组织理论的分析范式 [M]. 北京：教育科学出版社，2011.

　　美国经济学家克鲁格曼的"新经济地理学"理论对产业集群研究也产生了重要影响。他运用主流经济学建模手段来解释经济的区域问题，吸收了城市经济学、经济区位论等有关空间经济的传统思想，结合产业组织理论中有关不完全竞争和利益递增模型的最新进展，把空间思想引入正式的经济分析，试图建构空间经济的理论体系，创建"新经济地理学"，成为继马歇尔之后第一位把区位问题和规模经济、竞争、均衡等经济学研究的问题结合在一起的经济学家，并对产业集群给予了高度关注。他认为，经济活动的空间聚集与规模经济有紧密联系，能够导致收益递增，空间问题没有引起主流经济学家的正视是因为缺少精确模式分析报酬递增的假设。他从理论上论述了工业活动倾向于空间聚集的一般趋势，并阐明由于环境的限制如贸易保护、地理分割等原因，产业集聚的空间格局是多样的，特殊的历史事件将会在产业区形成过程中产生巨大的影响力。现实中产业的形成是具有路径依赖性的，而且产业空间集聚一旦建立起来，就倾向于自我延续下去。克鲁格曼的模型为自上而下的产业政策的制定提供了理论依据，产业政策有可能成为地方产业集聚诞生和强化的促成因素。

　　此外还有合作竞争学派，以香港大学商学院教授恩赖特（Michael Enright）为代表。他认为，合作意味着企业有更多的机会去共享资产、营销和技能培训等方面的好处，但企业还得进行竞争，因为在市场中将遇到许多国内外竞争者。对企业而言，合作就是在向竞争者提供有价值的专用信息；而对政策制定而言，就是在支持合作和激励竞争、促使经济增长之间的权衡问题。同波特的竞争理论相比，恩赖特的产业集群理论更多地包含了有关合作的思想。企业间既竞争又合作，成了产业集群模式的核心保障。企业间的这种合作，以有关经济活动的文化更新为基础。一是从微观层面上，这种依赖是可以研究和分析的，分析中的学习效应是可以传递和复制的；二是某一区位的社会文化品质和合作意愿，如团队劳动以及管理者和劳动者之间对立情绪的降低等；三是随着企业更多从供应商购入产品和服务，企业都很重视以信任为基础的相互联系、互惠关系、交换关系和社会网络联系。总之，合作竞争学派是从合作中的竞争角度研究产业集群的，强调合作中的竞争，在竞争中找到合作的思路和方法。

　　还有一种具有代表性的研究成果是"创新环境"理论❶。创新环境研究是20世纪90年代国际学术界创新研究的重点领域之一，最先是由欧洲创新环境研究

---

❶ 刘书瀚，白玲.校企合作应用型人才培养模式理论与实践 [M].天津：南开大学出版社，2014.

小组（GREMI）的学者们在研究欧洲高新产业区的过程中提出来的。他们先后提出了"创新环境""创新网络""集群学习"等概念，较为系统地阐明了产业集群内创新的条件和机制。创新环境，一是指本地化的网络结构，它是由物质资源和非物质资源组成的，可以降低企业经常的静态和动态的不特定性，并使各种行为主体之间在功能信息方面结成密切而稳定的关系；二是指企业外部的学习和内部的创新相结合，并以此来制定经营和创新战略的组织体集合。创新环境是"孕育全新过程的区域组织"，是对高科技和创新密集型中小企业集聚区的指代，与马歇尔的产业区有异曲同工之妙。环境是创新赖以进行的一个重要意境，是产业集群形成的社会支持系统。环境为创新提供了条件，创新的结果就会形成产业集群。通过创新环境把产业的空间集聚现象同创新活动联系到一起，使域内创新主体的集体效率和创新行为的协同作用得到强化，产业集聚可使群内企业共享单个企业无法实现的大规模生产、补助产业的专业化服务、专业化机构创造以及企业组织创新的好处。创新环境是企业进行创新的约束系统，是一个学习系统。这个学习系统有助于企业进行研究和创新，有助于企业生产新产品、提供新服务，并将这些新产品或服务成功地推向市场。创新网络则更注重集群内企业之间、企业与相关机构之间的相互联系、相互作用，正是这些中小企业之间的正式或非正式的交流、沟通与接触，才形成了有效的创新网络，从而使企业产生一种内生的创新力，推动着集群创新的不断发展。

职业教育被认为是与社会经济发展联系最为紧密、具有伴生关系的教育类型，社会经济发展特点和需求往往最先在这一类教育中得到反映，而产业集群理论在职业教育领域的拓展和应用就是一个鲜明的例证。产业集群理论既是专业群建设的理论依据，也可作为指导职业学校专业群建设实践的明镜。通过产业集群理论的学习与理解，我们可以清楚地看到，学校把性质相近、互为依存的专业个体合聚成群，能在竞争与合作的过程中，带来集聚、共生、协同以及衍生效应，获得强劲、持续的竞争优势，从而推动整个专业集群健康、有序、和谐地发展。产业集群理论对专业集群的形成机制、专业集群共存、专业集群发展、专业集群创新、专业集群合作与竞争等方面均具有重要的借鉴价值。

第四节 产教融合专业群的理论价值和实践意义

高职院校专业群建设实践是建立在产业集群理论基础之上，主动适应目前社会产业转型升级与发展变化的明智之举。其实践价值主要有几下几点。

一、有利于保持专业稳定性与灵活性，促进专业的可持续发展

高职院校现有的一个个专业实际上就是一个个教学实体组织，结构包括三大类，即专业生班级、专业教师组织（教研组）、专业教学基本条件（经费、教室、实训室、专业教学设施设备、图书资料等）。开设一个新专业或者原有专业的合并、调整，都涉及专业实体组织结构存亡。这就要求专业必须具有一定的稳定性，而这种稳定性也是保持专业历史传承、合理配置和教育资源的充分利用所要求的。也正因为如此，专业一经设置，学校一般不会轻易调整或停办。但是，在市场经济和学校与学校之间竞争日益激烈的背景下，学校只有培养出"适销对路"的人才，才能在激烈的竞争中占据一席之地，进而获得可持续发展。客观上要求学校在专业设置上具有一定的灵活性，以使学校能够及时地根据社会产业结构和行业、企业发展变化要求做出反应，调整人才培养定位与规格，提高人才培养的针对性。由此可见，高职院校专业设置既要保持稳定性又要不失灵活性，但这在实践操作中是两难选择，正确处理好两者关系，才能促进专业的可持续发展。集群式专业结构既有较高的稳定性，又具有相当的灵活性，符合专业对稳定性与灵活性的要求。

首先，从专业设置的稳定性看，学校根据相对稳定的地方经济产业结构以及行业企业人才需求特点进行专业集群式设置，把专业技术基础相近或相关、具有共同的专业基础课程和基本技术能力要求并能涵盖某一职业领域的技术或服务的若干专业，以某个核心专业为依托集聚在一起，使专业结构、人才培养模式与区域产业结构、人才需求特点相匹配，专业根基更加扎实，专业文化能够长期积累，从而保持专业的稳定性。例如，汽车运用与维修、汽车车身修复、汽车美容与装潢、汽车整车与配件营销可以集合成一个专业群。酒店服务与管理、旅游服务与管理、旅游外语、导游服务、会展服务与管理、中餐烹饪、西餐烹饪也可以形成一个专业群。

其次，从专业设置的灵活性看，学校在专业群的基础上，可以根据社会经济发展的需要灵活调整专业或专业方向，或增设新的专业与专业方向，或削减学生就业有困难的专业与专业方向，以此保持专业设置的灵活性。产业结构不断调整，新行业、新工种、新岗位不断涌现，学校专业设置也需要不断更新。专业群集聚了师资、实训等多方面的办学优势，具有滚动发展的功能，可以依靠原有的专业师资和实训基础，不断根据市场变化调整、拓展专业方向，以适应市场形势

的变化。比如，杨浦职业技术学校现代汽车专业群包括汽车运用与维修、汽车车身修复、汽车整车与配件营销三个专业，其中，汽车车身修复是上海市精品特色专业，也是本专业群的核心专业。专业群可以根据市场需要随时增设汽车美容与装潢专业，也可以对现有的三个专业进行调整。但无论怎样调整，包括专业教师、专业实训场地、专业设施设备、专业图书资料在内的专业办学基础都在，不会像传统的专业调整优化那样伤筋动骨，造成人力、物力、财力的巨大浪费，也不会造成教育质量的大幅波动，既保持了专业设置的稳定性，又有适应市场变化的灵活性，这就是专业群能保持旺盛生命力的秘诀所在。

二、有利于实现专业资源融通共享，促进专业的高效率发展

实践证明，一所学校如果教育成本高、教学质量差，必然缺乏竞争力。体现在资源的使用上，学校应力求达到各类教育资源互通共享，使有限的投入最大限度地发挥其应有的效用。在专业建设上也是如此。专业发展的高效率就集中体现在专业资源是否融通共享、共同使用。实施专业集群式设置，能有效地实现学校专业资源融通共享、有效利用。

如果学校不进行专业群建设，一味地追逐热门专业，将导致专业过于分散，无法形成合力，造成教育资源的浪费。同时，专业建设没有规划，处于无序发展状态，也难以推出新专业，促进专业的可持续发展。近些年来，随着高职院校办学规模的不断扩张，专业数量迅速增加，但在专业设置中存在着一定的无序性。例如，同一专业或相同专业，在不同的学校同时开设，甚至在某种程度上出现"抢"专业的现象，这极大地浪费了学校的教育资源，不利于专业的自身发展。

专业建设集群化，能降低教学成本的投入，促进专业高效率发展。专业集群式建设比分专业同时设置要节省更多的时间和财力。原有的单一性专业设置造成资源利用的专业分割，限制了专业的服务能力，专业建设难以得到产业界的有效支持与参与。这种方式的专业增加永远无法赶上市场变化的需求，却造成了资源的无谓损耗，更让需要长期积累的专业文化荡然无存，提升专业培养质量的要求难以成为现实。随着经济发展方式的转变、产业转型升级和市场化就业机制的逐步完善，这种矛盾冲突日益加剧。专业群中各专业相对集中，学校可将有限的资金集中投入到相关实训室，进行系列化建设，形成一个完整的先进的实训体系，所需的基础知识和专业基础技能基本是相近的，教学资源可以做到共享，从而降低建设成本和使用、维护成本，避免分专业建设时的重复、

分散和低水平层次建设，大大提高实践教学效果和增强实践教学的优势。此外，学校根据地方经济社会发展特点设置的专业群，一般说来是为主要产业提供技术支撑的，对专业技术人才的需求量也比较大，这客观上为学生实习的开展和动手能力的培养创造了条件，也为学生毕业就业提供了条件。反过来，专业群的智力集群也可以促进区域经济更进一步的发展，实现学校专业建设与社会经济的协调发展。

三、有利于形成"双师""多能"教学团队，促进专业复合型人才的培养

专业群人才培养的价值追求是"宽基础、多技能"，理想目标是培养复合型人才。专业群"共享平台＋专业模块＋综合实践"的课程结构模式要求教师必须"双师""多能"，每位教师要创造条件，既能胜任共享平台课程教学，又能胜任专业模块课程教学，还能指导学生的综合实践。这就从专业文化层面促使教师要多学习、多实践，做到"双师""多能"，这既降低了专业人才的储备率，提高教师的使用效率，又为专业群"宽基础、多技能"的复合型人才培养提供了智力支撑。没有教师的"双师""多能"，就不可能真正实现学生"宽基础、多技能"的培养。

现代生产和技术的综合化趋势不断增强，生产第一线的技术岗位内涵不断丰富，常常需要多学科的知识和多种技能，培养复合型人才已成为职业教育的发展方向。复合型人才培养必须要有相对应的有效课程体系的支持，专业群"共享平台＋专业模块＋综合实践"课程体系，正好可以支撑这种人才培养模式。

四、有利于提高专业人才的培养质量，促进专业品牌提升与创新发展

如上所述，集群本身具有专业化和创新性特点。一方面，集群中的各方共同集聚在一起，通过资源共享、优势互补，可以形成新的资源共同体，克服单方面独立创新资源不足的缺陷；另一方面，在集群运行中，各方存在着密切的互动，集群并不是封闭的组织，它通过与外部环境不断交换，吐故纳新，与时俱进，实现动态化的发展，从而促进深层次的整合创新。专业对于学校不仅可以集聚专业资源、增强与产业界的合作，更深远的意义还在于可以提高专业人才培养规格，强化学生的职业能力和发展能力。

首先，专业集群式设置可以提高专业人才培养的规格与质量。专业教育是高职院校培养的主要方式，专业建设能否紧跟经济社会发展的要求，决定了学校人才培养的规格与质量。20世纪后半期，科学技术出现了相互交叉、整体化

趋势。这些特征要求学校不仅要培养掌握一种技术的人才，而且要培养掌握更多技术和综合技术的人才；不仅要培养具有单一学科背景的人才，而且要培养具有交叉学科、跨专业背景的复合型人才。学校专业只有集群式设置，形成专业群，才能有效集聚相关专业教学团队协作，资源共享，优势互补，从而真正培养出创新性的复合型人才，提高专业人才的培养水平。

其次，专业集群式设置可以及时应对社会经济发展的需要，不断衍生发展出新的专业或专业方向。在专业群中，各专业一般以共同的学科背景为基础，相互之间既有分工，又相互依存，是一种融通共生的关系。这种关系可以促进专业间相互交叉与渗透，能根据经济社会发展的需要，及时调整专业方向，或者向相近、相关的专业渐进拓展，开辟出新的专业，使专业得到新的发展。

第四章　行业学院模式下地方高校产教融合专业群建设内涵

....

　　专业群是学校教育与产业联系的纽带，加强以零距离对接产业链、职业链、职业岗位群为核心的专业群建设，是学校教育改革的重要内容，对于进一步促进学校办出特色、提高教育教学质量、提升服务经济社会发展能力具有十分重要的意义。职业教育校企合作开放式育人平台是以学生为主体，以学校为主导，以与行业企业、高等院校深度合作而建立的运行机制为基础，具有鲜明开放性特征，适应各种不同类型专业群特点人才培养需要而构建的一种新型专业技能人才培养载体。本章就行业学院模式下地方高校产教融合专业群建设内涵进行详细的阐述和分析。

....

第一节　创建校企合作开放式育人平台

　　目前，我国职业教育改革和发展进入前所未有的崭新阶段，由校企合作、工学结合向纵深推进而引发的学校教育教学产生重大变革。在这一背景下，国务院发布了《关于加快发展现代职业教育的决定》（国发〔2014〕19号），对加快现代职业教育体系建设进行了总体部署，指出："加快发展现代职业教育，是党中央、国务院做出的重大战略部署，对于深入实施创新驱动发展战略，创造更大人才红利，加快转方式、调结构、促升级具有十分重要的意义。"要加快现代职业教育体系建设，深化产教融合、校企合作，培养数以亿计的高素质劳动者和技术技能人才；要推动专业设置与产业需求对接、课程内容与职业标准对接、教学过程与生产过程对接、毕业证书与职业资格证书对接、职业教育与终身学习对接，重点提高青年就业能力；要推进人才培养模式创新，坚持校企合作、工学结合，强化教学、学习、实训相融合的教育教学活动，推行项目教学、案例教学、工作过程导向教学等教学模式，加大实习实训在教学中的比重，创新顶岗实习形式，强化以育人为目标的实习实训考核评价；要积极推进学历证书和职业资格证书"双证书"制度。

　　由此可见，政府主导、行业指导、企业参与已成为国家职业教育的发展战略。当前，企业参与职业教育的国家制度还不健全，建立由地方政府、行业部门和产业骨干企业参与的职业教育集团（联盟）是政府主导、学校主动对接区域经济社会发展的有益尝试，但最终必须落实到专业群与具体产业的对接。以服务地方产业发展为目标，由专业群和行业、骨干企业组成的协作组织是职业教育集团（联盟）运作的核心机构。通过协作组织参与区域产业发展规划、制定专业群课程规划等，为产业企业参与职业教育奠定基础；通过协作组织联合开展技术攻关和研发，为产业转型升级提供服务；通过协作组织建立稳定的职业训练和员工培训场所，从而较好地解决师资、场所等教育教学资源问题。

根据杨浦职业技术学校的实践，我们认为从学校层面贯彻落实国务院《关于加快发展现代职业教育的决定》对职业教育改革提出的目标和要求，创建校企合作开放式育人平台非常重要。通过开放平台的创建，把专业群有关的人才培养资源及活动都整合到这个平台上来，实现教学资源共享，打造专业群人才培养优势，提高人才培养质量，形成特色品牌专业，进而用专业群的综合实力进一步提升与行业企业及高等院校合作的层次和水平，更加有效地与高等院校建立健全课程衔接体系。

一、以开放式育人平台为载体，以合作发展为主导，实现与行业企业互惠双赢互动式合作运行机制的新突破

首先，校企合作既是专业群建设取得成效的关键要素之一，也是校企合作开放式育人平台有效运转的重要支撑力量。然而，与传统的专业与企业之间点对点的校企合作不同，基于专业群校企合作开放式育人平台的校企合作更强调专业领域对应产业领域，具体说就是以学校的专业群对应行业中的企业集团或跨国大型企业，这样就能从一个更高、更宽的层面推进校企合作的深入。企业集团是现代企业的一种高级组织形式，是以一个或多个实力强大、具有投资中心功能的大型企业为核心，以若干个在资产、资本、技术上有密切联系的企业、单位为外围层，通过产权安排、人事控制、商务协作等纽带所形成的一个稳定的多层次现代经济组织。企业集团在结构形式上，表现为以大企业为核心、以诸多企业为外围的多层次的组织结构；在联合的纽带上，表现为以经济技术或经营联系为基础、实行资产联合的高级、深层、相对稳定的企业联合组织；在联合体内部的管理体制上，表现为企业集团中各成员企业既保持相对独立的地位，又实行统一领导和分层管理的制度，建立了集权与分权相结合的领导体制；在联合体的规模和经营方式上，表现为规模巨大、实力雄厚，是跨部门、跨地区甚至跨国度多元化经营的企业联合体。企业集团在社会经济中不断发挥着调节社会经济资源配置的作用。学校专业群如果能与相对应的企业集团建立校企合作关系，不仅有利于提升校企合作的广度和深度，更能引导校企合作朝着集约化方向发展，大大提高校企合作的效率和水平，增强校企合作的稳定性。基于专业群校企合作开放式育人平台，就是学校利用企业集团的技术信息和资源优势，企业集团利用学校的人才优势，满足企业集团员工队伍更迭需求，有的还可以承担企业集团的员工培训任务，或为企业集团的员工培训提供条件，或成为企业集团产品研发应用与推广基地，双方在此基础上创建开放式育人平台，并以平台为载体，联合职教集团，形成互惠合作机制。通过学校与企业集团的合作，引入"真题真做"的教学内容，推行"真实任务驱动下的任务（项目）化"教学方式，真正做到理实一体、学做合一。

其次，坚持以开放式育人平台为载体，以合作发展为主体，实现与行业企业互惠双赢互动式合作的不断深化。学校建成的专业群开放式育人平台，既是学校长期建设，尤其是与行业企业长期合作所取得的成果，也是学校与企业进一步合作的有效平台和载体。一个完全达标的开放式育人平台具备合作发展的明显优势。对外集聚了专业群所对应的相关行业企业所提供的用以指导学校专业人才培养的各种有效资源，包括行业企业的产品开发与设计、产品生产的技术标准与生产流程、产品生产的场地与设备信息、产品生产的工艺与技术信息、产品生产的岗位技术要求信息、生产产品的包装与市场推销信息、生产产品的售后服务（保养与维修）标准与要求信息、行业企业管理与技术骨干力量等，有的行业企业还直接向平台捐赠产品生产设备。因此，参与建设的行业企业对专业群开放式育人平台是有深厚感情的，即专业群通过开放式育人平台集聚了行业企业的人气。对内集聚了专业群自身的人才培养优势，如专业师资力量、专业人才培养课程及资源、专业教学实践场地、专业教学设施设备、专业人才培养管理制度以及作为行业企业潜在人力资源的学生。作为学校，尤其是学校的专业群完全可以在这个开放式育人平台上，从更高、更深的层面不断推进与行业企业的合作发展，并使之不断深化。一是利用这个平台，帮助行业企业开展岗前及在岗培训，提高员工的职业素养及技能水平；二是利用平台的专业环境与资源优势，开发、改进产品生产工艺流程或服务产品的服务流程；三是利用平台的场地、设施及人力资源，在确保安全的条件下开展新产品的研发；四是利用这个平台，对在校学生进行有针对性的专业培养，使这部分学生的培养实现与行业企业岗位要求的零对接，这是学校与行业企业合作发展的核心，既可以使学校专业群人才培养质量不断提高，又可以使行业企业一线人力资源长期获得稳定的有效补充，凡有战略眼光的行业企业在与学校的合作中最看好的就是这一点。当然，学校利用专业群开放式育人平台吸引行业企业参与，开展有效合作，还必须在行业领域中不断扩大影响力，注意发挥专业群的品牌效应，使其产生一种需求渴望。同时，利用自己专业群的独特优势，对行业企业的合作发展进行有效引导，使双方在需求点上更加合拍，这样的合作发展才有基础和生命力。还可以不断拓宽与行业企业的合作领域，丰富合作内容与形式。

再次，要以"双服务"为出发点，通过开放式育人平台的运行，在合作发展的基础上与行业企业实现互惠双赢互动式合作运行机制的新突破。如上所述，在开放式育人平台上，学校与行业企业围绕合作发展可以做的事很多。从学校的角度出发，最重要的就是通过这个平台做好"双服务"工作，即服务企业的人才需求，服务学生的职业生涯发展。"双服务"是学校与行业企业双方谋求合作发展的基石。要在"双服务"的基础上，着眼全局和长远，在合作运行机制上有新的突破。也就是说，学校在专业群开放式育人平台上，要牢牢把握好"双服务"这一运行轨迹，使合作不断深化，以量变求质变。比如，通过定向培养班、冠名班及产品生产工艺流程研发、企业产品孵化等项目合作，谋求双方利益的最大化。在此基础上，使以开放式育人平台为轴心的校企合作管理制度更加完善，运行机制更加稳定并更加富有效率，工作联系更加密切，双方合作的相互制约性更加刚性化，形成校企合作的新常态，这就是我们所说的"在合作发展的基础上与行业企业实现互惠双赢互动式合作运行机制新突破"的内涵所在。同时，学校要积极利用这种合作运行机制的新常态，吸引并引导行业企业发挥其独特优势，深度参与专业群发展规划人才培养方案制订、专业群课程教材建设、专业群课堂教学改革、专业群学习评价改革、专业群教学团队建设、专业群实践教学条件建设、专业群管理制度建设，行业企业变"客人"为"主人"，使专业群内专业设置、课程教材改革能跟上行业企业发展的时代步伐，真正体现行业企业对人才的要求。

二、以现代职业教育体系建构为契机，借助开放式育人平台的优势，架起与高等院校合作的桥梁

为加快发展现代职业教育，建设现代职业教育体系，服务实现全面建成小康社会目标，教育部、国家发展改革委、财政部等六部委发布了《现代职业教育体系建设规划（2014—2020年）》。规划提出"按照终身教育理念，形成服务需求、开放融合、纵向流动、双向沟通的现代职业教育体系框架和总体布局"，提出现代职业教育体系建设的四个维度，即职业教育的"层次结构、终身一体、办学类型、开放沟通"。根据这个规划，我国到2020年要形成适应发展需求、产教深度融合、中职高职衔接、职业教育与普通教育相互沟通、体现终身教育理念的具有中国特色、世界水平的现代职业教育体系，建立人才培养"立交桥"，形成合理教育结构，推动现代教育体系基本建立、教育现代化基本实现。

我国现代教育体系由普通教育、职业教育及继续教育三大体系构成。职业教育的层次结构包括初等职业教育、中等职业教育及高等职业教育。初等职业教育主要指各类职业院校、培训机构和用人单位内部开展的实用技术技能培训，通过这类培训使学习者获得基本的工作和生活技能。中等职业教育在现代职业教育体系中具有基础作用，主要为初高中毕业生开展基础性的知识、技术和技能教育，培养技能人才。中等职业教育是职业教育发展的重点，今后一个时期要总体保持普通高中和中等职业学校招生规模大体相当，维持现有的办学规模。高等职业教育层面，在办好现有专科层次高等职业（专科）学校的基础上，发展应用技术类型高校，培养本科层次职业人才。应用技术类型高等学校是高等教育体系的重要组成部分，与其他普通本科学校具有平等地位。要建立以提升职业能力为导向的专业学位研究生培养模式。总之，要系统构建从中职、专科、本科到专业学位研究生的培养体系，满足各层次技术技能人才的教育需求，服务一线劳动者的职业成长。

尤为值得一提的是，《现代职业教育体系建设规划（2014—2020 年）》特别提到要加强中等职业教育的础地位。一是要巩固提高中等职业教育。中等职业教育是公共服务体系的重要组成部分。将普及高中阶段教育重点放在中等职业教育。坚持以就业为导向办好中等职业教育，按照系统培养、全面培养、终身教育的理念，加强思想道德和职业道德教育，强化基础文化和体育、艺术课程，加强新技术教育和技能训练，为学生全面成才、持续发展奠定扎实基础。继续探索举办职业教育和普通教育融通的综合高中。二是要调整优化中等职业教育布局。全国各地区要根据本地产业、人口、教育实际和城镇化进程提出中等职业教育规划布局指导意见，指导各地从实际出发，逐步优化中等职业教育学校布局和专业。鼓励优质学校通过兼并、托管、合作办学等形式，整合办学资源；对定位不明确、办学质量低、服务能力弱的学校实行调整改造或兼并重组。推动各项要素、资源优化整合，逐步提高中等职业学校办学水平。

第二节　形成特色鲜明的专业园区文化

专业园区文化基于校园文化，但具有更鲜明的专业特色。专业园区文化的内涵非常丰富，按照一些学者的意见，专业园区文化应包括专业精神文化、专业物质文化、专业制度文化、专业职业文化、专业人文文化等。结合杨浦职业技术学校专业园区文化建设的实践，笔者认为专业园区文化包括物质层面的"硬文化"及精神层面的"软文化"。物质层面的"硬文化"是专业园区文化的载体，如园区物理空间环境条件和设施设备条件等。精神层面的"软文化"是专业园区文化的灵魂，如师生的职业理想、职业操守、职业技能、职业习惯、专业园区的管理制度及由此形成的师生精神面貌和园区文化气氛等。专业园区文化的核心是职业性。为此，专业园区文化必须突出职业理想、职业素养、职业技能，突出相关行业职业的指向性和学生专业学习的导向性。专业园区文化必须具有导向、约束、凝聚、激励等多种功能，应该是学生学习动力的发动机，是学生成长为职业人的催化剂。

一、行业企业文化是职业学校专业园区文化之本

行业企业文化不等同于专业园区文化，两者之间有明显的区别。这种区别主要表现在以下方面。一是主体区别。专业园区文化的主体是师生，教师是专业园区文化的主导者，学生是专业园区文化的接受者，他们同时也是专业园区文化的创造者；行业企业文化的主体是职工，他们既是行业企业文化的主导者，也是行业企业文化的创造者。二是作用不同。专业园区文化主要是熏陶感染学生，约束规范学生和教师的行为，潜移默化地影响学生成长；行业企业文化的作用主要是内聚力量、外树形象，是企业管理的黏合剂和催助器。三是目标不同。专业园区文化是引导学生自律与自励，最终达到学校的专业培养目标；行业企业文化是聚合人心，使企业不断自觉规范自己的行为，提升自身的社会形象，进而实现良好的经济效益。有人把企业文化与员工职业素养之间的关系形象地比喻成"大厦与脊梁"，从这个意义上说，专业园区文化异曲同工。目前，有些学校比较重视学生的专业知识传授与专业技能训练，而忽视了学生的职业精神、职业道德、核心价值观、团队协作、人际沟通、纪律服从意识等职业素养的培养。学校"硬文化"与"软文化"建设不同步，形成明显反差。一些学

校校园空间不断拓展，硬件设施不断增加，唯有"软文化"建设多年未得到提升，这种现象应引起学校管理者的高度重视。校园"硬文化"与"软文化"的不对称，形成了校园文化与企业文化的"两张皮"。由于校企文化对接缺乏整体设计和规划，导致对接企业文化的校园文化在组织、结构、机理、形式上都没有明晰的思路和样貌，使得校园文化被肢解，这些都应成为专业园区文化建设的警钟。陶行知说过："没有生活的学校是死学校"，我们可以把这句话异化为"没有文化的学校是死学校"。

学校的专业园区文化建设是学校专业教师及专业学生的一种文化自觉，缺乏这种文化自觉，专业园区文化就没有了黏性，没有了附和力，其导向、约束、凝聚、激励功能就会大大减弱。要将企业文化内化为学生的职业价值观、职业理想和职业追求，使学生养成务实、敬业的职业精神，使学校的专业园区成为学生"生活的花园""学习的乐园""成才的摇篮""职业人生的起点"。

二、专业园区文化对专业建设和学生职业成长的影响

专业园区文化对专业建设学生职业成长的影响主要体现在以下方面。一是有利于改变目前学校校园文化因趋同性强所导致的弱化专业特色的泛校园文化现象。由于许多学校的专业文化建设没有突出自己的专业特色，与兄弟学校的校园文化高度雷同，百校一个面孔，有的甚至与基础教育学校相比也没有明显的差异。二是有利于改变目前少数中职学校的校园文化向企业文化趋同的现象。少数学校对于企业文化过分迎合，在校企合作中导致校园文化建设出现"主体迷失"现象，造成校园文化过度企业化。专业园区文化具有鲜明的育人功能，学校在吸纳行业企业文化时应理性对待企业"利益至上"的理念，保持自己高雅、理性、轻松、快乐的文化品格，避免专业园区文化从一个极端走向另一个极端。三是专业园区文化具有强烈的导向性、约束性、规范性和陶冶性，能够形成一种良好的专业教育氛围，为师生的专业发展或专业成长提供原动力和支持力。一般说来，什么样的专业园区文化就会产生什么样的教育，什么样的教育就会产生什么样的教育效果，什么样的教育效果就会造就什么样的学生。这就是我们强调专业园区文化建设紧迫性的理由所在。

三、如何建设好专业园区文化

首先，建设好专业园区文化要全面贯彻落实教育部关于学校管理和专业建设的一系列制度与要求。近年来，教育部为了规范中等职业学校的管理行为，

引导专业建设工作的开展，先后制定了一系列中等职业教育管理制度建设的指导性文件，如《中等职业学校管理规程》《中等职业学校设置标准》《中等职业学校学生学籍管理办法》《中等职业学校专业目录》《中等职业学校专业设置管理办法》《关于加强中等职业学校校园文化建设的意见》《关于加强中等职业学校班主任工作的意见》《中等职业教育改革创新行动计划（2010—2012年）》《中等职业学校学生公约》等，为健全中等职业学校管理规范、强化素质教育、打造具有专业特色的校园文化、推动科学发展夯实了基础。制度文化具有导向、约束和规范作用，为专业园区文化机制建设提供了政策依据及发展方向的指引，是学校不断推进专业园区文化建设的重要保证。学校应自觉地把这些制度与要求融入专业园区文化建设，形成专业园区的系列管理制度，使专业园区的管理与运行规范有序。

其次，建设好专业园区文化要有清晰的目标定位。谈到目标定位，自然要提及"狮子哲学"。一只鼬鼠向狮子挑战，要同它决一雌雄。狮子果断地拒绝了。鼬鼠问："你害怕吗？"狮子回答："非常害怕。如果答应你，你就可以得到曾与狮子比武的殊荣，而我呢，以后所有的动物都会耻笑我竟和鼬鼠打架。"这只狮子无疑是明智的，因为它非常清楚，与鼬鼠比赛的麻烦在于即使赢了，对方仍然是一只鼬鼠。人们将此命名为"狮子哲学"。"狮子哲学"告诉世人目标定位对于一个组织或一个人都非常重要，因为它很清楚地告诉一个组织或一个人该做什么、不该做什么，知道将事情做好的价值所在。例如，杨浦职业技术学校专业园区文化建设的目标是通过实施园区文化建设，进一步创新专业文化建设内涵，形成鲜明的专业文化特征，以人文修养培育为底蕴，以建设优良校风、教风、学风为核心，以加强内涵丰富的专业文化建设为重点，以树立正确的世界观、人生观、价值观为导向，弘扬主旋律，突出高品位，重在建设，加强管理，和谐发展，彰显特色，为专业建设塑造专业精神、营造专业氛围，创建校园专业文化精品，最终打造与杨浦职业技术学校所设专业群相匹配的专业群文化体系，提升专业内涵，并借此对学生的职业成长发挥导向性、约束性、规范性和陶冶性作用。具体目标就是打造"四精"专业园区，即园区精群、专业精品、教师精教、学生精技。园区精群，即专业园区要开阔视野，开阔思路，改革创新，使专业群建设精致化；专业精品，即每个专业群要充分利用好自己的资源优势，建设1～2个精品专业；教师精教，即专业群的每位教师都要以"一辈子做教师，一辈子学做教师"的职业精神，不断提高自己的专业水平和教学水平，成为受学生欢迎的教学能手；学生精技，即各专业群培养出来的学生不仅要有高尚的职业品位，也要有精湛的技艺，走上岗位后能成为深受企业欢迎的工作能手。杨浦职业技术学校的专业园区文化建设目标就是聚焦于"四精"，并且在实践中做到锲而不舍。同时，学校还提出园区专业文化建设要以"为学校铸魂，为师生强本，为企业造血"为理念，挖掘专业德育因素和艺术元素，德艺融合，通过园区的空间文化环境建设和文化长廊建设，强化专业文化的张力，并将企业文化融入其中，使之转换成学校的教育力，实施学校品牌战略。要积极借鉴现代企业文化，使专业园区文化建设既符合职业教育规律，又具有专业特征和时代精神。鉴于专业园区文化内涵的丰富性，杨浦职业技术学校根据学校实际，把专业园区文化建设分为三个层面：第一层面建设的重点是建设专业园区空间文化环境，使专业园区形成富有专业特质的文化气息；第二层面建设的重点是行为习惯的养成及职业形象的塑造，将空间文化内容内化为师生的共同职业价值追求；第三层面建设的重点是以共同的价值追求为坐标建构和谐的人际关系，使学校的专业园区成为学生"生活的花园""学习的乐园""成才的摇篮""职业人生的起点"。

第一层面：建设专业园区空间文化环境，使专业园区形成富有专业特质的文化气息。专业园区空间文化环境建设主要包括公共活动区、办公区、教学区、专业技能实训区、宿舍区、后勤保障区等，具体空间环境有教师办公室、学生教室、实验实训室、走廊楼道、园区文化长廊、食堂等。教师办公室专业文化建设的主要内容：一是制度上墙，如教学环节质量标准、教师工作规范、教学事故处理规定等；二是办公桌椅的布局应整齐规范；三是专业理念氛围营造，如将提炼出的专业理念以比较醒目的形式张贴于室内显著位置；四是张贴体现专业理念、专业精神的格言警句；五是逐步采用专业标识色统一办公用品标识。学生教室专业文化建设的主要内容：一是张贴中外名人名言及体现职业特色的名句；二是专业介绍及班级文化展现；三是班级学生的一日常规要求及评比；四是社会、行业、学校等动态新闻。实验实训室专业文化建设的主要内容：一是实验实训设施按照企业真实工作环境和职业氛围进行布置；二是按行业标准张贴安全标语、生产流程、安全规程；三是主要产品介绍；四是张贴职业规范、岗位职责、工作守则、工作程序、工作标准等；五是张贴企业精神、专业精神的标语。走廊楼道专业文化建设的主要内容：一是张贴往届优秀毕业生及专业领域著名的技术能手、技能标兵的画像；二是行业的新技术、新工艺及发展趋势介绍；三是本专业的人才需求信息和趋势；四是专业发展历史和取得的主要成果；五是专业领域的名人格言警句；六是合作企业的简介等。园区文化长廊建设的主要内容：一是专业学习场所分布图；二是专业学习条件介绍；三是学生专业学习指南等。当然，走廊楼道专业文化建设与园区文化长廊专业文化建设共性比较多，很多建设内容完全可以互通。

第二层面：职业习惯的养成及职业形象的塑造，将空间文化内容内化为师生的共同职业价值追求。专业园区空间文化具有强烈的育人功能，富有鲜明的导向性、约束性、规范性和陶冶性，能为师生的专业发展或专业成长提供原动力和支持力，驱使师生培养并保持自己高雅、理性、轻松、快乐的文化品格。专业园区空间文化有潜移默化的作用，但学校管理者不能满足于这种"文化自悟"，还要通过运用计划、组织、领导和控制等管理职能，强化专业园区空间文化的育人功能。杨浦职业技术学校在这个层面的主要做法，就是将专业园区空间文化的内容转化为学生在校的一日常规，通过日复一日的检查评比，使之成为每个学生的一种行为习惯：一种常态化的专业园区现象，进而彰显学生对空间文化所体现的共同职业价值的追求。

第三层面：以共同的职业价值追求为坐标建构和谐的人际关系，使学校专业园区成为学生"生活的花园""学习的乐园""成才的摇篮""职业人生的起点"。以共同的职业价值追求为坐标建构和谐的人际关系，关键是要"营造人人皆可成才、人人尽展其才的良好环境……努力让每个人都有人生出彩的机会"。为此，杨浦职业技术学校不仅从理念上倡导"师生平等""生生平等"，还搭建各种平台，让不同性格、不同特长、不同学习成绩的学生在学校都有人生出彩的机会，以展示他们对共同职业价值的追求。

再次，建设好专业园区文化要依靠校企合作的不断深化。中职学校专业园区文化与企业文化对接涉及文化的本质特性，是一个漫长的进程，需要进行整体设计，制定中长期规划，需要企业和专业园区全员全程参与，避免文化的缺位。通过校企合作，把企业文化的精髓如职业精神、职业性格、职业习惯、职业形象等移植到专业园区。实训室是校园文化与企业对接最有效的连接点。实训室应具备产品生产和专业实训双重功能，应按照企业生产方式和管理模式安排学生实训，推进校企文化无缝对接，包括生产操作流程、安全标语、安全操作规程，让学生带上工具包、穿上工作服、凭胸卡进车间上岗，营造出真实的企业文化氛围。例如，杨浦职业技术学校在实训室推出了"光洁行动"，通过良好的校企融合的文化环境对学生进行职业性格、职业行为习惯、职业形象的塑造。

第三节 构建科学合理的专业群课程体系

专业群课程体系是一种基于职业能力培养的组合式模型，其理论基础是系统论和成组技术理论。专业群课程体系是专业群人才培养的重要支架，离开了与专业群人才培养目标相匹配的课程体系，专业群的人才培养就成了一句空话。课程体系是专业群培养目标的具体化，是实现专业群培养目标的载体，是保障和提高教育质量的关键。

一、专业群课程体系的构建

专业群课程体系根据专业所面向的职业领域，明确各专业之间的依赖关系，在职业教育理念指引下，基于相关职业领域、产业链、岗位（群）和操作过程，将同一专业课程的各个构成要素按照门类顺序进行组合排列，使各个课程要素在动态过程中统一指向专业培养目标实现的系统，采用"共享平台 + 专业模块 + 综合实践"的模式进行构建，最后形成公共平台与多个专业（或方向）彼此联系、相互渗透、共享开放的课程体系。也就是说，专业群课程体系以实践为导向，以职业领域中产业链上的岗位（群）和工作过程所要求的职业岗位能力为核心，遵循"任务引领，理实一体，做学合一"的教育理念，针对相关职业领域产业链上的岗位（群）的操作过程和要求进行设置，以突出工作技能在课程框架中的核心地位，而不再按照学科结构体系和学科逻辑体系来构建。课程构成要素的选择及门类排列顺序决定了学生通过学习将获得怎样的知识结构和能力结构。❶

"共享平台 + 专业模块 + 综合实践"作为一个开放的动态课程体系，是专业群课程模式的最大特色和亮点，体现了专业群内各专业或专业方向课程的整合与集成，进而实现宽基础、多技能、强素质的人才培养效果。专业群下的课程体系建设，为就业市场动态需求与专业内涵建设之间长期积累的矛盾提供了有效的解决途径，也比较有效地解决了传统的以单一专业为基础带来的课程设置的单一性与重复性，以及因人设课、专业同质化等困境。同时，为学分制实施、按专业大类招生（专业群招生）奠定了基础。这种全新的专业群开放动态

❶ 杨丽. 新建地方本科院校应用型人才培养模式的案例研究 [D]. 南宁：广西大学，2014.

课程体系尊重了学生自主学习的权利，可适应学生个性化需求，为学生提供多方面选择，因而成为创新型人才培养的新土壤。

1. 模块 A：共享平台

本模块是指专业群内开设的公共基础课和职业技术基础课，体现专业群内专业培养目标的共性要求，以实现培养规格的一致性，主要满足专业群所对应的职业领域中产业链上各工作岗位必须具备的基础知识、基本能力、基本素质的要求，起到夯实基础、提高学生的终身发展能力和职业迁移能力的作用。其中，公共基础课按照教育部的相关规定，分设于中职学段各个年级的各个学期，主要引导学生树立社会主义核心价值观，帮助学生掌握基本能力、基本知识、基本思维能力和基本技能，提高职业道德水平和科学文化素养，为专业知识的学习和职业技能的培养奠定基础，满足学生职业生涯发展需要，促进终身学习。职业技术基础课一般集中在一年级开设，不分专业或专业方向，以培养职业基础能力和基本素养为主。这类课程要在分析专业群内核心专业和相关专业的共性与差异性的基础上，开发专业群相同、相近课程，构建彼此联系、相互渗透、共享开放的专业平台课程，确保专业群教学的基础质量，体现新人才观要求。

2. 模块 B：专业模块

本模块根据专业群内不同的专业或专业方向而设置，以实现不同专业或专业方向学生的分流培养，凸显专业特色和岗位通用操作技能，主要满足专业群各专业或专业方向所对应的职业领域中产业链上的相关岗位（群）知识、技能和素质的要求，发挥强技能、宽口径及增强适应性的作用。这部分课程一般包括专业特定技术模块、专业拓展模块，主要集中在二、三年级开设。专业特定技术模块被称为强技能的"一招鲜"课程，主要定位于第一次就业的定向技能教育，以解决第一次就业的适应问题；专业拓展模块主要服务于学生专业技术的深化与提升，帮助他们学会处理工作岗位上一些比较复杂的问题，以利于他们工作职位的升迁。学生在修完平台职业技术基础课程之后，可以根据就业需要自选某个具体的专业模块进行学习，最后进行专业毕业实习，接受上岗前的综合职业训练。当然，有需要的学生可以跨专业模块学习，满足多技能的学习要求。通过专业模块课程对接基于相关职业领域、产业链、岗位（群）和操作过程的相关专业和专业方向，重点解决专业群人才培养与行业企业人才需求的"最后一公里"问题，使学生具备快速上岗能力及专业发展能力。

3. 模块 C：综合实践

本模块课程也被称为全程式实践教学体系，包括体验式实践、单项实训、综合实训、顶岗实习四个阶段。四个阶段由分到合，由简单到复杂，由模拟到真实，层层推进，主要培养学生专业知识和技能的综合运用能力。这一模块的课程形式比较灵活，可以是依托校内实训基地的实训、依托校外实训基地的工学交替，可以是接受各种技能大赛集训，也可以是承接企业产品加工的生产性实践教学，最重要的是到校企合作单位进行毕业顶岗实习，系统接受专业知识与技能综合运用的实战性训练。通过这些不同形式的专业教学实践，使学校的专业培养真正做到与实际工作岗位零距离对接，学生能灵活运用所学知识与技能，并初步积累一些工作经验。

二、专业群课程体系的开发原则

根据杨浦职业技术学校专业群课程开发的实践，我们认为，职业院校专业群课程体系开发应把握好以下原则。

（一）满足学生职业生涯发展要求

学生是专业群课程学习的基本群体。为此，在进行专业群"共享平台＋专业模块＋综合实践"课程体系开发时，必须确立学生对课程学习的主体地位，服务于学生职业生涯发展，不仅要考虑满足学生的第一次就业需求，更要有利于学生职业迁移能力和职业发展能力的提高，为学生的终身发展打好基础。要以尊重学生个体兴趣为出发点，设计多元化的课程目标，学习内容或单元应有助于学生探究性学习和自主学习，创造学生参与学习活动的条件，体现学生参与的要求，充分发挥学生的独立性、主动性、创造性，让学生独立完成任务，敢于尝试，勇于创新，充满自信，最终帮助学生真正掌握知识与技能，学会应用知识与技能的方法，升华综合职业素养。

（二）满足企业岗位人才要求

专业群"共享平台＋专业模块＋综合实践"课程体系开发应遵照技能型人才成长规律，对接相关职业领域中产业链上的不同岗位的工作流程、技术规范及要求，突出学生职业能力的培养。在课程体系框架构建上，要从原来单纯针对某一职业岗位、获取单一专业知识和技术、适应单一岗位要求的人才培养目标，转向"一专多能"，适应同一职业领域产业链上的多个不同岗位要求。在进行课程设计时，要遵循理念教学为实践技能服务，按照应用性原则整合专业群课程内容，坚持"任务引领""做中学"，打破学科体系性，避免学科体系课程之间的重复，真正做到岗位需要哪些知识就传授哪些知识，岗位需要什么技能就训练什么技能。要从专业群课程体系的整体架构上将顺课程结构关系，把落脚点放在强化学生的专业基础和拓宽学生的专业面上，增强他们的适应能力及职业发展潜力。为了有效实现这种对接，学校应诚邀企业人员参与课程体系的开发，把企业新技术、新工艺、新方法、新知识、新设备、新材料及时带进学校，充实到课程内容教学过程中。课程平台、课程模块和综合实践课程都要突破传统的学科知识系统性、完整性的束缚，使课程整体具有较强的岗位适应性、技能针对性，并与企业人才标准衔接。

（三）满足职业化与差异化要求

根据培养目标的职业岗位发展需要，遵循职业能力形成的规律，构建以技术应用能力形成为中心、以实际项目为载体、以职业文化和职业素质为底蕴的模块化课程体系。同时，建立以服务为宗旨、以就业为导向的课程生成机制，主动响应市场和社会的需求，适应区域经济的转型升级。专业群"共享平台＋专业模块＋综合实践"课程体系结构要依据专业定位，突出专业特色，着力配置区别于兄弟学校同类专业群的专业或专业方向性课程，通过差异化竞争策略获取专业群的快速发展，更好地满足区域经济社会发展对人才的需求。

（四）满足开放性和动态调整要求

专业群"共享平台＋专业模块＋综合实践"课程体系必须是开放的，根据行业企业工作岗位的发展变化及学校课程教材改革的新要求，对课程结构和内容不断进行优化调整，在此基础上做到既注重内存课程存量资源的整合和有效利用，又注意外生性变量和增量课程资源的开发和组合，以期获得课程整体资源的效率最大化和质量最优化，通过课程体系的开放性，不断探求课程生成和课程利用规律。

实践证明，专业群作为一个专业人才培养系统，在专业资源数量、质量不变的前提下，不同的组合形式将导致不同的整体运行效益，专业群内不同课程资源的组合也将形成不同的人才培养质量。专业群为区域经济的特定产业集群提供人才支撑和智力支持，因而专业群内各专业的工种对象是相同的，其典型职业的工作过程是相似的，由此导致课程结构的相似性。构建专业群"共享平台＋专业模块＋综合实践"课程体系，可以统一各专业人才的基本知识与素质标准，增强不同专业课程体系之间的兼容性，同时对课程平台进行适当的模块化和方向化，以适应不同专业、不同方向的人才培养要求。可见，专业群"共享平台＋专业模块＋综合实践"课程体系是解决当前专业群建设瓶颈的有效途径。

三、专业群课程体系的设计技巧

专业群"共享平台＋专业模块＋综合实践"课程体系设计必须建立在翔实的市场调研及合作企业深度参与的基础之上，并应遵循从整体到局部、从体系到课程、从课程到资源、从资源到课堂教学、从师资到教学管理，按照共享平台—专业模块—综合实践的程式分级设计。

（一）以产业链、岗位（群）分析为基础，确立能力要求

深入企业实际岗位（群）进行调研，在专业群专家委员会指导下，确定专业群的专业结构、所对应的职业领域、群内各专业的设置及培养目标；对专业所覆盖的职业领域或职业岗位群的工作职责进行分析，以确定岗位（群）所需要的基本能力；对基本能力进一步放大和分解，得到最小的操作单元和单元内所有具体的以完成典型工作任务为中心的职业活动，确定职业所需要的专项能力及操作技能。

（二）开展课程体系总体设计，形成开放式课程结构体系

"共享平台＋专业模块＋综合实践"课程体系按照专业群的建设要求进行整合，立足专业群所对接产业链的岗位（群）职业技能和岗位适应能力培养，实现课程资源共享的最大化。我们已进入了以知识和运用为重要特征的时代，知识、技术、产品的更新速度越来越快。因此，"共享平台＋专业模块＋综合实践"课程体系必须是开放式课程结构体系，以确保课程的可持续发展。一是要追踪行业企业的发展变化，形成动态优化的专业群课程开发机制；二是要将封闭的学校一元化开发模式转变为学校、行业、企业及其他社会力量参与的多元化开发模式；三是要主动适应行业企业由于新技术、新工艺、新方法、新知识、新设备、新材料的运用所产业的岗位变化，及时调整课程结构与课程内容；四是要根据行业企业新技术、新工艺、新方法、新知识、新设备、新材料的运用标准，加强"双师型"教学团队和实践教学基地建设，确保其能够适应新课程实施的要求。

（三）合理设计课程结构，体现职教课程教材改革的新理念

目前，上海职业教育课程改革的新理念就是"任务引领、理实一体、做学合一"，这个理念的核心是理论与实践有机融合。课程结构设计主要包括职业能力目标设计、课程内容结构设计及职业素养目标设计。首先，在设计职业能力目标时，应从学生"能做什么"或"会做什么"的角度进行思考，不要从学生应掌握的知识的角度去思考。职业能力目标应包括动作技能和心智技能两方面。动作技能和心智技能的主要区别：动作技能中身体动作的成分较多，如熟练拆装汽车变速器、制作蛋糕、餐厅摆台等；心智技能中智力活动较多，如判断汽车发动机故障、设计网页、设计主题宴会接待方案、设计旅游团接待计划等。不管是动作技能还是心智技能，都是能力的表现形式，课程目标中要有清晰的表述。要使课程目标结构化、序列化，使课程真正成为学生职业能力和职业素养建构的阶梯。其次，在设计课程内容结构时应紧紧围绕职业能力形成条件和过程展开，按照能力形成对知识、技能和态度的需要以及能力形成的环节进行组织。课程的内容结构不仅要与职业能力建构一一对应，也要与学生学习的心理结构相关联，同时还要考虑教学过程结构，即遵循学习动机与学习能力形成的发展规律，将相关的知识、技能、态度进行整合，最后形成能胜任某一具体工作岗位的综合职业能力。课程内容结构设计是课程结构设计中最复杂、最关键的环节。如果说课程目标结构设计建构起了课程的骨架，那么课程内容结构设计则为课程铸造了血肉。再次，在职业素养目标设计时，要紧贴学生职业态度和习惯如安全意识、规范意识、环保意识等的培养，职业素养目标的描述不能太笼统、太宽泛，要具体，有针对性和可测性。

（四）设计课程教学策略，引导课程教学行为

根据课程特点和目标要求，系统规划好课程教学策略，如学生主体地位的构建策略、任务引领的策略、理论与实践相融合的策略、激励创新策略、职业品质融入专业教学的策略等，确定教学模式，设计教学环境，对课程采用的教学方法、教学手段和教学媒体要提出明确的建议，将"任务引领、理实一体、做学合一"的课改理念落实到教学设计。要紧贴岗位实际生产过程，改革教学方法，倡导启发式、探究式、讨论式、参与式教学，积极开展项目教学、案例教学、场景教学、模拟教学等不同教学方式的探讨。同时，设计与"任务引领、理实一体、做学合一"的课改理念相匹配的课程考核方式。对课程资源及教学条件提出具体要求，确保教学基础能力能够满足课程实施的要求。要围绕专业群内的核心专业与相关专业，以企业技术应用为重点，建设涵盖课程设计、课程内容、课程实施、课程评价的数字化专业教学资源库。以现代信息技术为支撑，开发虚拟工厂、虚拟车间、虚拟公司等，作为实践教学和技能训练的有效补充，提高教学效益。同时，系统开发课程教学所需的教学项目文体库、题库、企业案例库、教学案例库、课程视频库、课程动画库、课程图片库、课件库、元器件库、仿真实训平台、电子指导书等课程资源。例如，杨浦职业技术学校开发的"调酒大师"多媒体课件，就是对课程资源开发的一种有效突破。本课件利用虚拟现实技术手段进行设计与开发，环境逼真，交互功能强，具有良好的应用价值:第一,为学生自主学习营造良好环境。目前,中职校酒吧服务课程的教学与学生的技能训练只能在学校的实训室中完成,学生因受到场地、调酒用品等限制不可能进行调酒实训。而"调酒大师"多媒体课件能突破学生学习的时空和地域限制,在互联网上实现自主学习,为学生营造良好的学习环境。第二,为教师课堂教学提供信息化支持。目前,酒吧服务课程的多媒体课件多为授课教师自制,相对比较简单,交互性不强,推广使用的价值也不高。而"调酒大师"课件就创建了一个集交互操作、成绩反馈、模拟体验、指导教学于一体的生动活泼的教学场景,突出虚拟现实技术真实、交互的特点,为教师的课堂教学提供有力支持。

近几年,杨浦职业技术学校对专业群课程开发进行了多样化探索。学校开发的创意设计专业群课程体系实施后,教师们都觉得该体系比较典型地体现了专业群"宽基础、多技能、强素质"的课程优势,这种优势是单一性专业时代无法实现的。

四、专业群课程体系的有效实施

专业群"共享平台+专业模块+综合实践"作为一种全新的课程体系,实践过程中对学校教育教学管理、教学团队和实习实训条件的要求也是全新的,主要有以下几方面内容。

(一)整合专业建设主导力量,形成专业群建设组织运行构架

专业建设主导力量主要包括专业群负责人、专业带头人和课程负责人。专业群负责人组织课程开发及专业间的协调与联系,专业带头人和课程负责人负责专业和课程的方向把握并组织落实。学校要对他们有清晰合理的工作定位和职责分工,形成由专业主任主导的专业群建设组织运行构架,确保专业群建设工作能够按照计划有序平稳推进。

(二)实施集约化教育教学管理,形成无界化的专业园区管理模式

要按照专业群的要求进行师资和教学资源的配备,淡化传统意义上教学团队及教学资源的专业"专属性",以专业群课程团队方式组建教学队伍,以专业群课程平台配备教学资源。例如,组建思想政治课程教学团队、身心修养课程教学团队、专业核心课程教学团队、专业方向课程教学团队、专业拓展课程教学团队,分别承担相应课程模块的开发与实施。在具体实施中,教学团队成员根据实际需要可以交叉安排,每学期进行动态调整,类似于一人多岗,彻底打破传统意义上教师专业"专属性"的界限。包括教学实践基地、实训室在内

的教学资源的配置要打破以专业为核心的条块分割、缺乏系统性和低效率利用的实践教学条件建设模式，以专业群课程体系这个大平台为中心进行配置。行业企业作为专业群建设的战略资源，原则上不具体分配到课程平台，从整个专业群统筹安排，以体现行业企业在专业群建设中的主导作用。

（三）建设"大综合＋小项目"实践教学支持体系

基于群内各课程平台的实践教学基地建设应尽可能采用与企业共建的形式，以提高项目建设的有效性，降低项目建设成本，并确保设备设施的充分利用，形成具有组合性、校内校外互补性、开放性与共享性，能满足课程平台的实践教学需求，能随时支持其他课程平台教学需求，面向专业群的实践教学大平台。实践教学基地既要适应各专业职业功能定位，又要符合专业群共享的要求。按照专业群对应的产业领域和技术领域构建实践教学资源体系。在校内，建立由专业群所在技术领域的基础性实践教学基地或实训室、职业领域生产性实践教学基地、专业专门化方向实践教学基地或实训室组成的综合化实践教学基地。开发符合实践教学基地或实训室设备特点和功能的，而不是以专业为基点的小型化实训项目，提高实训项目的适应性和可选性。校外实践教学基地的选择要与专业群技术领域密切相关，生产性实践教学项目的开发要具有小型化和专门化项目的特点，顶岗实习项目安排应突出综合性应用的功效。

（四）深入开展项目教学实践性探索

项目教学是围绕工作岗位实践，强调从实际工作中选取项目（任务）或根据工作实际设计任务，以项目（任务）为载体整合相关的专业知识、技能和态度，按照完成任务的基本线索组织教学内容和开展教学活动。项目教学强调"理实一体、做学合一"，使学生保持积极的学习状态，让学生在完成项目（任务）的过程中主动建构理论知识，接受基本工作技能、方法和素养的训练，发展综合职业能力。推广项目教学法就是要突破传统的以学科为中心、以教材为中心、以教师为中心的"三中心"课堂教学模式，通过项目（任务）的完成，以获得成就感来催化学生内心的学习动机，激发学习兴趣，是专业群教学应该大力推广的一种教学模式。

项目教学随着推进，已经由原来课堂教学的突破上移到课程标准、教材、专业人才培养方案的突破，形成了一个项目教学体系。但项目教学作为一种模式与方法，最关键的还是课堂教学。杨浦职业技术学校在课堂教学实践中对项目教学进行了比较深入的探索，尤其是学校通过所承担的上海市精品特色专业、上海市精品课程、上海市特色示范校项目建设开设的40多节示范课，就项目教学特征、项目教学过程以及项目教学法实践中应注意的几个问题基本形成了共识。这些问题实际回答了一线学校教师所关心的项目教学像什么、是什么和怎么做的问题。

项目教学法实践中应注意的问题：

（1）悉心设计好项目（任务）。项目（任务）必须完整、真实、典型，必须与职业能力结构相匹配，符合学生的认知水平，所包含的过程和要素能准确而全面地反映课程学习内容，有利于举一反三，促成教学目标的实现，不能"为了项目而项目""为了活动而活动"❶。

（2）把项目（任务）贯穿于教学全过程。项目（任务）是教学活动的载体，教学活动一定要围绕任务而展开。项目（任务）教学过程一般由任务导入、任务准备、任务实施、任务评价、任务拓展五个部分组成。其中，任务导入是基础，任务准备是过渡，任务实施是核心，任务评价是关键，任务拓展是锦上添花。任务导入主要包括任务提出、任务分析，任务分析主要是分析完成任务的思路、具体步骤、知识点和技能点；任务准备包括完成任务的计划、应具备的相关知识、操作要求及工具使用等；任务实施包括组织、分工、活动形式与内容等；任务评价包括反馈评价、分析点评，特别是要总结完成任务的思路与方法；任务拓展主要是引导学生学会迁移，拓展职业视野。

（3）注意学生工作逻辑思维方法与发散性思维方法的训练。一节课有没有灵魂，就看其是否注意学生工作逻辑思维方法与发散性思维方法的训练。项目（任务）教学相对于传统的学科型教学，已经使知识体系碎片化，如果在教授学生完成项目（任务）时不注意加强对学生的工作逻辑思维方法与发散性思维方法的训练，那么培养出来的学生就不具有终身学习和发展的能力，也缺乏再就业和职业晋升的能力，这是应当避免的。

（4）评价要到位，方式方法要恰当。项目（任务）教学宜采用形成性评价与诊断性评价相结合，以形成性评价为主，也就是要关注学生在课堂学习中知识与技能的生成过程以及职业习惯的养成。

---

❶ 张建锋.中等职业学校产教融合模式研究[D].郑州：郑州大学，2015.

第四节　培养"双师""多能"专业群教学团队

专业群建设关键是师资队伍建设，而师资队伍建设的重点是"双师""多能"专业教学团队的培养。

"双师型"教师的专业化过程是教师个体由非专业到专业的自我蜕化的过程，在这个发展过程中最重要的是专业知识的积累、技能的提高和职业素质的完善。但是，应该用什么样的标准去衡量专业教师，世界各国都在探讨，尤以美国最具代表性。职业教育教师专业标准所要求的是从事专业教学工作必备的知识、能力与素质。对此，美国联邦政府及各州政府都制定了相关标准，最值得推介的是美国国家专业教学标准委员会（NBPTS）批准实施的《生涯与技术教育标准》（*Career and Technical Education Standards*，CTE）和得克萨斯州颁布的《中等技术教育教师专业标准》。

《生涯与技术教育标准》划分了八大类教师专业标准，分别是农业与环境类，产业、营销和创业类，生产和工程类，艺术和通信类，家庭消费类，卫生服务类，社会服务类，技术教育类。该标准基于"帮助学生成长"的核心理念，由 4 个一级指标、13 个二级指标、43 个三级指标构成体系。一级指标包括营造有利于高效学习环境的能力、促进学生学习的能力、推动学生向工作岗位过渡的能力和通过专业发展改善教育质量的能力。这些指标基本涵盖了一个优秀的职业教育教师所应具备的知识、能力和素质。

"营造有利于高效学习环境的能力"有 4 个二级指标：①在学生知识方面，教师关注学生学习成长，对于学生多样化需求有清晰认识，能够通过多种手段提升学生学习满意度；②在专业知识方面，教师需要掌握本专业基本知识，同时需要掌握本专业核心知识，能够将本专业知识与其他专业知识整合起来，用于教学过程；③在学习环境方面，教师能够控制课堂教学全过程，设置情境化教学与合作式学习环境，构建民主开放的学习氛围；④在多样化环境方面，教师能够营造多样性的环境，保证学生充分得到学习机会，为学生未来多样化的工作做好准备。

"促进学生学习的能力"有 2 个二级指标：①促进学生专业学习方面，教师采取方法设计参与性活动，将技术类课程与学术类课程有机整合，以此来促进学生对于专业知识的学习；②在评价方面，教师要采用科学的评价方法，获取学生相关信息，让学生了解自己的学习情况，同时教师能够掌握学生信息，帮助学生学习进步。

"推动学生向工作岗位过渡的能力"有 3 个二级指标：①在工作准备方面，教师要为学生创造机会了解工作场所文化，了解工作需求，提高学生就业能力，帮助学生进行职业决策；②在平衡生活角色方面，教师需要指导学生学会平衡自身多重角色，引导学生管理好自身；③在社会发展方面，教师要引导学生形成正确的价值观，培养学生创新精神与合作精神，促进学生道德成长。

"通过专业发展改善教育质量的能力"有 4 个二级指标：①在反思性实践方面，教师需要不断学习，多方收集信息，反思自己教学实践的有效性，并能够采取措施不断完善教学实践；②在合作方面，教师需要与同事、企业和其他机构合作，拓宽学生学习渠道，帮助学生顺利向工作岗位过渡；③在教育改革方面，教师与专业团队合作，促进专业知识发展，推动学习变革；④在与家庭、与社会关系方面，教师需要与家庭、社会合作，加深对学生的了解，鼓励家庭参与教育实践活动。

得克萨斯州颁布的《中等技术教育教师专业标准》由七大项组成：①理解技术教育的理念；②理解技术教育的性质；③理解技术与社会之间的相互关系；④掌握技术课程及技术课程设计；⑤掌握技术运用、维护和影响；⑥系统掌握交流、制造、组装、能量、力学、运输、生物技术、计算机运用的知识；⑦掌握教学发展和设施管理。每一个项目又分为教师需要知道什么和教师应该做什么两个部分。

一、《中等职业学校教师专业标准（试行）》

我国教育部为了促进中等职业学校教师专业发展，建设高素质"双师型"教师队伍，根据《中华人民共和国教师法》《中华人民共和国职业教育法》《中华人民共和国劳动法》，特制定了《中等职业学校教师专业标准（试行）》（以下简称《专业标准》），明确提出中等职业学校教师是履行中等职业学校教育教学工作职责的专业人员，要经过系统的培养与培训，具有良好的职业道德，掌握系统的专业知识和专业技能，专业课教师和实习指导教师要具有企事业单位工作经历或实践经验并达到一定的职业技能水平。《专业标准》要求中等职业学校教师要树立师德为先、学生为本、能力为重、终身学习的基本理念，达到以下标准要求。

1. 职业理解与认识

（1）贯彻党和国家教育方针政策，遵守教育法律法规。

（2）理解职业教育工作的意义，把立德树人作为职业教育的根本任务。

（3）熟悉所教课程在专业人才培养中的地位和作用。

（4）掌握所教课程的理论体系、实践体系及课程标准。

（5）掌握学生专业学习认知特点和技术技能形成的过程及特点。

（6）掌握所教课程的教学方法与策略。

（7）具有相应的自然科学和人文社会科学知识。

（8）认同中等职业学校教师的专业性和独特性，注重自身专业发展。

（9）注重团队合作，积极开展协作与交流。

2.对学生的态度与行为

（1）关爱学生，重视学生身心健康发展，保护学生人身与生命安全。

（2）尊重学生，维护学生合法权益，平等对待每一个学生，采用正确的方式方法引导和教育学生。

（3）信任学生，积极创造条件，促进学生的自主发展。

3.教育教学态度与行为

（1）树立育人为本、德育为先、能力为重的理念，将学生的知识学习、技能训练与品德养成相结合，重视学生的全面发展。

（2）遵循职业教育规律、技术技能人才成长规律和学生身心发展规律，促进学生职业能力的形成。

（3）营造勇于探索、积极实践、敢于创新的氛围，培养学生的动手能力、人文素养、规范意识和创新意识。

（4）引导学生自主学习、自强自立，养成良好的学习习惯和职业习惯。

4.个人修养与行为

（1）富有爱心、责任心，具有让每一个学生都能成为有用之才的坚定信念。

（2）坚持实践导向，身体力行，做中教、做中学。

（3）善于自我调节，保持平和心态。

（4）乐观向上，细心耐心，有亲和力。

（5）衣着整洁得体，语言规范健康，举止文明礼貌。

5.教育知识

（1）熟悉技术技能人才成长规律，掌握学生身心发展规律与特点。

（2）了解学生思想品德和职业道德形成的过程及其教育方法。

（3）了解学生不同教育阶段以及从学校到工作岗位过渡阶段的心理特点和学习特点，并掌握相关教育方法。

（4）了解学生集体活动特点和组织管理方式。

6. 职业背景知识

（1）了解所在区域经济发展情况、相关行业现状趋势与人才需求、世界技术技能前沿水平等基本情况。

（2）了解所教专业与相关职业的关系。

（3）掌握所教专业涉及的职业资格及其标准。

（4）了解学校毕业生对口单位的用人标准、岗位职责等情况。

（5）掌握所教专业的知识体系和基本规律。

7. 教学设计基本要求

（1）根据培养目标设计教学目标和教学计划。

（2）基于职业岗位工作过程设计教学过程和教学情境。

（3）引导和帮助学生设计个性化的学习计划。

（4）参与校本课程开发。

8. 教学实施

（1）营造良好的学习环境与氛围，培养学生的职业兴趣、学习兴趣和自信心。

（2）运用讲练结合、工学结合等多种理论与实践相结合的方式方法，有效实施教学。

（3）指导学生主动学习和技术技能训练，有效调控教学过程。

（4）应用现代教育技术手段实施教学。

9. 实训实习组织

（1）掌握组织学生进行校内外实训实习的方法，安排好实训实习计划，保证实训实习效果。

（2）具有与实训实习单位沟通合作的能力，全程参与实训实习。

（3）熟悉有关法律和规章制度，保护学生的人身安全，维护学生的合法权益。

10. 班级管理与教育活动

（1）结合课程教学并根据学生思想品德和职业道德形成的特点开展育人和德育活动。

（2）发挥共青团和各类学生组织自我教育、管理与服务作用，开展有益于学生身心健康的教育活动。

（3）为学生提供必要的职业生涯规划、就业创业指导。

（4）为学生提供学习和生活方面的心理疏导。

（5）妥善应对突发事件。

11. 教育教学评价

（1）运用多元评价方法，结合技术技能人才培养规律，多视角、全过程评价学生发展。

（2）引导学生进行自我评价和相互评价。

（3）开展自我评价、相互评价与学生对教师评价，及时调整和改进教育教学工作。

《专业标准》突出了对"双师"素质的要求。针对职业学校教师"双师"素质评定缺乏标准的问题，突出职教教师专业理论与职业实践相结合、职业教育理论与教育实践相结合的特征，要求教师既要具备普通教育教师的职业素质，又要具备相应行业人员的职业素质，能够实施理论教学与技能训练，指导学生实训实习。针对教师实践能力与产业技术进步脱节的问题，要求教师了解产业发展趋势和工作岗位要求，跟进技术进步和工艺更新。针对教师生产实践经验不足的问题，要求教师为企业提供技术支持、员工培训、业务咨询等社会服务。针对学生实训实习组织松散、学生权益屡受侵害的问题，在专业能力维度中专门增加"实训实习组织"内容，明确教师职责，要求专业课教师和实习指导教师全程参与指导学生实训实习，保护学生合法权益和人身安全。

教育部要求各地教育行政部门、中等职业学校师资培养培训院校（机构）、中等职业学校要把贯彻落实《专业标准》作为加强教师队伍建设的重要任务和举措，认真制订工作方案，精心组织实施，务求实效。一是各级教育行政部门要将《专业标准》作为中等职业学校教师队伍建设的基本依据。根据中等职业学校教育改革发展的需要，充分发挥《专业标准》的引领和导向作用，深化教师教育改革，建立教师教育质量保障体系，不断提高教师培养培训质量。制定中等职业学校教师准入标准，严把教师入口关；制定中等职业学校教师聘任（聘用）、考核、退出等管理制度，保障教师合法权益，形成科学有效的中等职业学校教师队伍管理和督导机制。二是开展中等职业学校教师教育的院校要将《专业标准》作为教师培养培训的主要依据。重视中等职业学校教师职业特点，加强专业建设，深化校企合作；完善教师培养培训方案，科学设置教师教育课程，改革教育教学方式；重视教师职业道德教育，重视职业实践、社会实践和教育实习；加强从事中等职业学校教师教育的师资队伍建设，建立科学的质量评价制度。三是中等职业学校要将《专业标准》作为教师管理的重要依据。制定中等职业学校教师专业发展规划，注重教师职业理想与职业道德教育，增强教师育人的责任感与使命感；开展校本研修，促进教师专业发展；完善教师岗位职责和考核评价制度，健全中等职业学校教师绩效管理机制。四是中等职业学校教师要将《专业标准》作为自身专业发展的基本依据。制定个人专业发展规划，爱岗敬业，增强专业发展自觉性；大胆开展教育教学改革，不断创新；积极进行自我评价，主动参加教师培训和自主研修，逐步提升专业发展水平。

在这里比较系统地介绍《专业标准》，是因为到目前为止，这是国家教育行政管理部门出台的一个最具权威、最具操作性的重要政策，是学校培养专业教学团队的基本依据。

二、"双师型"教师的定义与表述

对于"双师型"教师，学术界有不同的表述，归纳起来主要有以下几种：一是认为"双师型"教师等同于"双职称"教师，即教师除获得教师职称外还需要取得相关的行业职业技术职称；二是"双师型"教师等同于"双证"教师，即具备教师资格证和职业技能证；三是"双师型"教师等同于"双能（双素质）"教师，指既具有作为教师的职业素质和能力，又具有技师（或其他高级专业人员）的职业素质和能力的专业教师；四是"双师型"教师等同于"双融合型"教师，既强调教师持有"双证"，又强调教师"双能力"。

无论学者们对"双师型"怎样界定，有一点是肯定的，即"双师型"教师培养的关键是提高专业教师的职业实践能力。专业教师职业实践能力的提高可以通过多种途径得以实现，如参加全国及地方各级各类教师培训基地组织的境内外在职进修、下企业顶岗实习或带职锻炼等，让教师亲临工作岗位，熟悉行业的工作流程和工作任务，提升专业知识和实践操作能力，不断积累实际岗位工作经验。同时，与企业进行深度合作，加强校内教师队伍的建设，建立有效的校外兼职教师队伍。把实际工作情境、任务、案例带入课堂，把实际岗位所需的知识和技能传授给学生，让教师的教与学生的学更切合岗位实际。

从实践上看，目前各省市对"双师型"的认定标准都有些差异，比较具有代表性的标准是把"双师型"教师等同于"双职称"教师。其中，多数省市对教师职称均要求在中级以上，这种规定其实有违"双师型"教师队伍建设的初衷。但是，有些省市出台的"双师型"教师认定标准比较接地气，获得基层学校的好评。例如，重庆市教育局出台的《重庆市中等职业学校"双师型"教师认定标准（2011年修订版）》，把"双师型"教师与教师职称相对应，具体分为初级、中级、高级，值得推广。现将该标准转录于下。

重庆市中等职业学校"双师型"教师认定标准（2011年修订版）

一、初级"双师型"教师

初级"双师型"教师必须同时具备以下两个条件。

（1）具有中等职业学校教师任职资格（含实习指导教师任职资格），取得助理讲师职务，遵守国家中等职业学校教师职业道德规范。

（2）具有与所教专业相关的执业资格，或非教师系列初级及以上专业技术职务任职资格，或中级工及以上职业资格。

说明：执业资格认可行业主管部门管理评审颁发的证书，或通过国家考试取得的证书，其与所申报专业大类的相关性由评审专家组合议决定。非教师系列专业技术职务认可省级（含直辖市）人力资源和社会保障部门评审颁发的证书，其与所申报专业大类的相关性由评审专家组合议决定。职业资格认可两种证书，一是省级（含直辖市）人力资源和社会保障部门鉴定颁发的证书（具体证书目录及与所申报专业大类的相关性见附件），二是市级"双师型"教师培训颁发的相关行业证书（须同时提交培训结业证书）。下同。

二、中级"双师型"教师

中级"双师型"教师除同时具备两个必备条件外，还应具备以下拓展条件之一。

（一）必备条件

（1）具有中等职业学校教师任职资格（含实习指导教师任职资格），取得讲师职务，遵守国家中等职业学校教师职业道德规范。

（2）具有与所教专业相关的执业资格，或非教师系列副高级以上专业技术职务任职资格，或高级工及以上职业资格。

（二）拓展条件

（1）参加市级职业技能大赛获得三等及以上奖项，或参加国家级职业技能大赛获得三等及以上奖项，或指导学生参加市级职业技能大赛获得三等及以上指导教师奖项，或指导学生参加国家级职业技能大赛获得三等及以上指导教师奖项（以市职教技能大赛办公室颁发的证书或出具的证明为据）。

（2）参加市级"双师型"教师培训，取得高级工及以上培训合格（结业）证书。

（3）在企业生产、建设、管理、服务第一线累计有两年以上专业工作经历或坚持每两年到企业进行不少于两个月的专业实践。企业工作经历由学校主管部门出具证明；企业专业实践由学校和企业同时出具证明或由市职业教育行业协调委员会联络办公室出具证明。

（4）参研市级以上职业教育科研课题（含国家级职业教育科研课题子课题），以结题证书为据。

（5）获得市级或国家级科技进步奖或发明奖或获得专利，以证书为据。

三、高级"双师型"教师

高级"双师型"教师除同时具备两个必备条件外，还应具备以下拓展条件之一。

（一）必备条件

（1）具有中等职业学校教师任职资格（含实习指导教师任职资格），取得高级讲师及以上职务，遵守国家中等职业学校教师职业道德规范。

（2）具有与所教专业相关的执业资格，或非教师系列副高级及以上专业技术职务任职资格，或技师及以上职业资格。

（二）拓展条件

（1）参加市级职业技能大赛获得二等及以上奖项，或参加国家级职业技能大赛获得三等及以上奖项，或指导学生参加市级职业技能大赛获得二等及以上指导教师奖项，或指导学生参加国家级职业技能大赛获得三等及以上指导教师奖项（以市职教技能大赛办公室颁发的证书或出具的证明为据）。

（2）参加市级"双师型"教师培训，取得技师及以上培训合格（结业）证书。

（3）在企业生产、建设、管理、服务第一线累计有两年以上专业工作经历或坚持每两年到企业进行不少于两个月的专业实践。企业工作经历由学校主管部门出具证明；企业专业实践由学校和企业同时出具证明或由市职业教育行业协调委员会联络办公室出具证明。

（4）参研市级以上职业教育科研课题（含国家级职业教育科研课题子课题）。以结题证书为据。

（5）获得市级或国家级科技进步奖或发明奖或获得专利。以证书为据。

在上海市特色示范校建设项目创建之前，杨浦职业技术学校"双师型"教学团队比较弱，专业群与专业群之间发展非常不平衡。例如，旅游烹饪专业群由于办学历史比较长，专业规模比较稳定，"双师型"教师已经达到50%，在上海市及全国中职学生技能大赛、上海市职业教育教学法大赛中连续获得第一名、第二名的好成绩，同时完成了多项上海市教委的教育科研课题，教学团队的整体实力比较强；现代汽车专业群近年专业规模拓展快，新进专业教师多，虽然都从相关专业的大学毕业，专业理论基础扎实，也有一定的企业工作经历，具有较强的专业技能操作能力和良好的职业素质，但是在教育领域还是新人，在教学实践中需要一个探索和积累过程，受教师职称的限制，这个专业群的"双师型"教师比例只有20%。针对学校专业群"双师型"教师整体偏低及发展不平衡的现实，依据上海市特色示范校建设的要求及学校专业群"双师型"教学团队建设的需要，杨浦职业技术学校提出了"双师""多能"型教学团队建设的目标。何谓"多能"？"多能"主要是对专业教师提出的要求，每位专业课教师既能胜任共享平台课程教学，又能胜任专业模块课程教学，还能胜任综合实践课程教学。"胜任"是有条件的：首先，每位专业课教师或通过职业资格证考试或通过企业轮岗实践，达到相关课程的任教资质；其次，每位专业课教师要通过试讲，证明自己具有承担相关课程任教的能力。

在厘清"双师""多能"内涵及标准的基础上，杨浦职业技术学校决定从个体和群体两个层面推进。个体层面主要以服务专业群人才培养为目标，侧重"双师型"教师的内涵建设，使"双师型"教师具备较好的专业教学能力与素质，具有较扎实的专业理论基础和专业实践工作经历（经验），具备专业技能操作能力与职业素质，能将专业实践能力身体力行地传授给学生，同时具有能承担专业群共享平台或专业方向专业模块及综合实践等多门课程的教学资格和教学能力，基本条件是达到"教师中级职称 + 中级以上行业技术职务（或职业资格）"要求。群体层面以建构科学合理的"双师"结构为目标，主要突出"双师型"教师队伍整体结构性建设，既有专职教师又有兼职教师，既有来自专业院校的毕业生及兄弟学校的专业教师，又有来自相同行业企业的专业技术人员和能工巧匠等，围绕"共享平台 + 专业模块 + 综合实践"课程体系，按照专业群的教学需要，把相关教师组合成若干教学团队，坚持"专、兼、聘"和"老、中、青"相结合，充分发挥群体效应。同时，引入科学的竞争机制，建立一套比较完善的科学运行机制，在师资的调整、组合、考核、培养、任用过程中发挥激励作用，并制定了《杨浦职业技术学校师资队伍建设实践能力提升行动计划》。

当然，在推进教师"双师""多能"提升的同时，也不能忽略教师的基本素质和能力。全球畅销教师用书《如何成为高效能教师》作者之一、美国教育界公认的最佳培训项目"FIRST 教师培训体系"创始人、美国教育专家黄绍裘在对近千位北京市中小学校长进行培训时讲到，对学生成绩影响最大的因素是教师效能，仅仅依靠项目和资金投入并不能直接带来教师效能提升，必然要通过专业化的教师培训。他提出，高效能教师有三大特质：第一是积极期望，在课堂教学过程中以语言、态度、表情等各种关怀与行动方式鼓励学生；第二是课堂管理，高效能教师不会简单地用纪律来约束学生，而是通过"程序"和"惯例"管理学生，通过"一致性"文化引导学生自我控制和自我管理；第三是掌握课堂，高效能教师不需要大喊大叫、发号施令，他们知道如何设计课程来帮助学生进步，如何创建一份有效的作业，如何评估学生的进步❶。由此可见，教师的高效能都是来自教师的职业性，教师的基本素质和能力至关重要。所以，在进行"双师""多能"专业教学团队建设的过程中，要注意把教师职业的基本素质和能力也融合进去，使培训内容更加丰满和完善，避免"双师""多能"专业教学团队培训中出现人为偏差，造成教师职业本能的缺失。

经过两年的努力，杨浦职业技术学校专业群"双师""多能"教学团队发生显著变化，各专业群都基本形成了以专业带头人为核心、骨干教师为引领、"双师"素质教师为主体的校企互聘的专业教学团队，建立了专业群教学团队的组织架构，包括专业群主任、专业群教务主任、专业带头人、骨干教师、专业教师。专业群主任成为专业群建设的核心，能够负责组织专业群规划、课程开发、资源配置以及各专业间的协调关系。专业群主任不仅具备扎实的专业基础，还要在专业和学术上有一定的造诣，能及时掌握行业发展信息，判断发展趋势，同时应具备良好的协调沟通能力以及相当的领导力。专业群教务主任作为专业群教学活动的组织者和协调者，能够负责专业群课程的教学实施、教学管理及日常教学事务的处理，维护正常的教学秩序。专业群教务主任既懂得教育学、教育管理学，熟悉专业群课程体系及课程标准，又具备良好的协调沟通能力以及组织指挥能力。专业带头人基本成为教师队伍中的教学骨干和学术权威，能够指导和从事专业建设和教学研究，除具有高尚的职业道德素质和严谨正派的学风外，还有突出的专业研究方向，并取得具有一定学术水平的教学和科研成果，能组织和带领青年教师进行专业建设，在专业建设和专业群之间的协作中起到统领、表率作用。骨干教师是专业群团队的中坚力量，具有较丰富的教学经验、突出的教学能力和优秀的科研能力，并取得一定的研究成果，能起到一定的示范和带动作用。专业教师是专业群教学的基本力量，在专业带头人的指导和骨干教师的带领下，按照教学计划，依据课程标准，认真完成日常教学任务。专业教师能熟悉并理解课程教学理念，熟悉并研究课程内容，了解相关行

---

❶ 贺金玉.地方本科院校协同创新与协同育人模式研究[M].山东：山东大学出版社，2013.

业企业的发展动态，了解学生的学习水平和学习状态，教学方法手段运用娴熟，做到教书育人。

此外，杨浦职业技术学校专业群教学团队的结构更加合理，有一支稳定的由行业企业专业技术人员和能工巧匠组成的兼职教师队伍，学校各专业群"双师型"教师比例平均达到 65%，且取得了非常显著的教学业绩。

第五节　建设开放共享的实践教学基地

开放共享的实践教学基地是专业群体系中的重要组成部分，是专业群建设不可或缺的重要工作。各专业群开放共享的实践教学基地要紧紧围绕专业群内各专业的核心技能，形成整体化的实践教学体系，实现实践教学资源共享，使专业群内各专业实训场馆和设施设备得到最大化的利用。

基于专业群的开放共享实践教学基地建设要求树立集群理念，做好实践教学体系的整体设计，要按照专业群对应的产业领域和技术领域构建实践教学资源体系。开放共享实践教学基地包括校内及校外两部分，完整的实践教学体系应覆盖体验实习、单项实训、综合实训、生产性实训、顶岗实习等各实践阶段。专业群建设从某种角度可理解为以专业建设为核心的资源整合活动，其重要意义体现在可以发挥集群效益，优化有限的课程资源投入与配置，实现群内各专业资源的整合与共享。因此，基于专业群的开放共享实践教学基地建设要树立集群理念，从资源整合与共享的角度对实践教学体系进行整体设计，通过整体设计确保群内资源共享、专业化分工、一体化发展，实现专业群竞争力的整体提升。

基于专业群的开放共享实践教学基地建设要求树立效率与效益意识，做好实践教学功能设计。实践教学建设要尽可能采用与企业共建的形式，以提高项目建设的有效性，降低项目建设成本并确保设备设施的充分利用，具有组合性、校内校外互补性、开放性与共享性，满足"共享平台 + 专业模块 + 综合实践"的实践教学需求，既要适应各专业职业功能定位，又要符合专业群共享的要求。在校内，建立由专业群所属技术领域的基础性实践教学基地或实训室、职业领域生产性实践教学基地、专业专门化方向实践教学基地或实训室组成的综合化实践教学基地，提高实训项目的适应性和可选性。校外实践教学基地建设要与专业群技术领域密切相关，生产性实践教学项目的开发要具有小型化和专门化项目的特点，顶岗实习项目安排应突出综合性应用的功效，防止学生成为实习企业的廉价劳动力。实践教学基地教学功能要与专业群课程体系相配套，与教学任务（项目）相衔接，以有助于专业群每一个专业或专业方向职业能力培养目标的实现，从使用空间到使用时间都要把共享性充分考虑到位，避免出现"好看不好用""好看不能用"的尴尬❶。

一、基于围绕工作链和职业岗位群的建设要求，做好实践教学过程设计

与专业教学的基础知识由浅入深、工作对象由简单到复杂、实训内容由单一到综合相对应，专业实践能力训练先开展基础能力训练，再开发专项能力训练，最后开发综合能力训练。在这一过程中，实训项目的设计要前后关联、相互衔接，最终实现职业能力由初级到高级、由不熟练到熟练、由不自然到自然的渐次提升，覆盖所对应行业企业的工作链和职业岗位群。因此，可以把专业的实践教学过程抽象为一根链，这根链贯穿于专业实践能力培养的始终，从而构建起全程式实践教学模型。由于专业群是多个专业的集合，因而专业群实践教学链不是单一的链，而是由多根链组成的复合型实践教学链。顶岗实习（毕业实习）既是实践教学过程设计的重点，也是实践教学过程设计的难点，涉及相关政策法规，在设计及工作推进过程中，应与企业、学生、家长、教师充分沟通，形成规范化操作流程，并在学生进入实习企业之前以协议的形式实施。

二、基于专业群开放共享实践教学基地的差别化特征，做好共享项目与差异项目设计

分散的单一专业实践教学基地或实训室建设过程中，每个专业均从自身专业培养目标出发，开发出涵盖基础能力训练、专业能力训练和综合能力训练的实训项目。当分散的专业集聚为一个专业群时，为发挥集群优势，就要对原有分散、相互不关联或关联度不大的实训项目依据专业群的建设目标进行整合与优化。一方面，根据专业群内各专业工程对象相同、技术领域相近的特性，开发出面向专业群内所有专业的基础能力训练项目，构建共享的基础能力训练环节，同时要开发出可供专业群内相关专业共享的专项能力和综合能力训练项目，以突出专业群内实训资源的共享性。另一方面，充分考虑专业群各专业的差异

---

❶ 胡建，谭伟平. 优化知识强化能力内化素质：新建地方本科院校应用型人才培养模式研究 [M]. 广东：世界图书出版公司，2013.

化与独特性，从满足单一专业个性化职业能力培养的需求出发，开发出针对特定专业或专业方向的实训项目，构建专项能力和综合能力训练环节，体现专业群内各专业或专业方向技能实训的差异性。

三、基于专业群开放共享实践教学基地建设紧跟行业企业技术进步的要求，建立动态的实践教学体系调整机制

随着区域经济发展与转型升级及市场需求的变化，专业群面向的产业链上的职业岗位群技术也会相应发生变化。如果实践教学基地建设不随着这些技术进步进行调整，其教学功能与功效就会随之丧失，实践基地设施设备与技术标准就会与行业企业现状脱节，训练出来的人才显然无法满足需求。因此，在开放共享实践教学基地建设过程中一定要有"紧跟"意识，主动适应职业岗位群与专业的教学变化需求，建立起动态的实训教学体系调整机制，对设施设备进行及时更新，从技术标准、操作流程、实训环节、实训模块与实训项目设置方面进行相应调整，甚至还可以重新设计专业群实训体系的结构与组成。即便职业岗位群与专业群未发生明显变化，也需在实践教学实施过程中检验、审视相应实训环节的效果，决定是否需要做相应的调整。要努力探索校内生产性实践教学模式，与生产型企业多渠道合作，使学校专业群成为相关企业产品的孵化基地，真正实现校内实践教学企业化，从更高层次实现校企合作的共赢。

第六节　创建优质共享专业教学资源库

教学资源是有效开展课堂教学的前提与基础，在信息化时代的今天，教学资源显得尤其重要。课堂教学中，教学对象千差万别，教学情境千姿百态，教学内容丰富多彩，教学过程变动无常，这一切都使教学呈现出多姿多彩的面貌。有学者提出通往优质教学的主要途径"是课堂教学资源的优化，表现为教学逐渐树立起资源的意识和观念"。可见，教学资源对提高课堂教学效率与质量的影响力越来越大，是中职学校开展专业课教学的基本条件。教学过程中教师是否提供与课程内容相匹配的资源、是否有效地利用这些资源，学生通过对这些资源的学习是否更扎实、更深入地了解和理解所要掌握的知识与技能，已经成为教学评价的重要观察点。

目前，学术界对教学资源有各种定义。2015年1月19日，通过"中国知网"

搜索，以"教学资源"为关键词的研究成果有 29 244 项，说明教学资源在教育领域已引起广泛重视。因此，从专业群层面如何开展教学资源建设是一个重要课题。基于对专业群资源的整合性认识，笔者认为利用信息技术优势，创建优质共享专业教学资源库是专业群资源整合的应有之义。所谓专业群共享型专业教学资源库，是基于云储存或云计算平台实现教学资源整合与共享的一种方式，即将音频、视频、图片、动画、案例、课件、习题、网络信息、仿真软件及虚拟实训室／实验室整合到专业群共享资源平台，成为直接为专业教学活动服务并支持教学活动顺利开展的"途径"和"载体"。它充分发挥网络技术对专业课程的支持优势，实现了计算机网络与专业教学资源的有效整合，给学生的学习和教师的教学带来了极大便利。它既反映了教师对教学资源的认识和教学方法手段的提升，也反映了教师对现代信息技术的驾驭能力，体现了教师教育理念以及学生学习方式的变化。

一、基于云储存或云计算的共享教学资源体系架构

在利用云储存或云计算平台之前，学习资源种类复杂、系统平台开发以及专业的独立性，导致各专业教学资源的开发完全出于满足本专业的需要，从而使教学资源处于一种零散的状态，各教学资源系统之间缺乏关联，容易形成信息孤岛。此外，各教学资源系统功能较为固定、可扩展性差，往往不能满足专业不断发展的要求，造成内容模块重复开发，导致教学资源整合系统面临教育资源浪费和开发周期过长等问题，对实现资源优化配置产生了障碍。

基于云储存或云计算的共享教学资源体系架构，是满足专业群教学活动的需要、避免软件重复开发、整合有效资源和提高软件开发速度的有效方法。云计算主要是指对数据进行分布式的处理以及进行网格式的计算发展，透过数据网络将比较庞大的数据计算处理程序自动化地分拆成无数个比较小的处理子程序，然后交给庞大计算系统中的多部子服务器，经过一系列的计算和分析，再将处理后的结果回传给计算用户。互联网的发展为教学资源实现云存储的现代架构模式提供了技术支撑，并对数据存储层、数据管理层、数据服务层以及数据应用层起到了促进的作用，从而逐渐形成了统一管理和统一服务的教学资源整体式云存储系统。这样就可以对教育资源进行合理的利用，同时为专业群内部自建云存储系统提供了强有力的依靠。

杨浦职业技术学校对云存储也有一个认识过程，特别是对所存资源的安全性在较长时期内都有质疑的声音。其实，从技术角度看，这种担心与质疑是多余

的，因为云存储拥有安全的副本备份机制。每一块教学资源数据都有很多备份存储在各个节点中，数据的加密安全技术可以有效地保证存储在云存储中的教学资源数据不会受到未授权的用户访问，通过重重数据的备份以及容灾技术可以保证云存储的数据不会发生丢失现象，从而保证云存储的自身存储安全以及稳定。即使在云存储中的某一个节点发生错误，整个教学资源的完整性也不会受到影响。可见，云存储具有非常高的安全可靠性。为此，学校通过构建虚拟化应用管理架构，将服务器、存储设备均置于学校数据中心机房内，并充分利用现有资源，使用虚拟化技术将计算、存储和网络资源集中，形成统一的资源池，向全校师生用户发布虚拟桌面，进行统一管理和动态弹性分配。

硬件资源层是云平台的硬件基础，包括服务器、存储设备以及交换机等。云平台管理引擎将物理硬件资源虚拟化成一个高可用数据中心。云存储管理引擎、云桌面管理引擎、云应用管理引擎则构建相应的存储云、桌面云和应用云。逻辑资源层是由管理引擎从数据中心中创建的逻辑资源，是组织成池的方式。访问入口层是存储云、桌面云、应用云入口访问对应的逻辑资源，统一入口可访问所有逻辑资源。访问设备层包括台式机、便携式电脑、客户端、平板电脑、智能手机等，可以安装 Windows、Linux、Android、Mac OS、iOS 等操作系统。

（一）虚拟化桌面

桌面是指用户的整个计算环境，包括操作系统、驱动程序、应用程序、软件补丁、配置数据、用户喜好和代码文档等。用户在台式机、便携式电脑等个人计算机上搭建自己的操作环境，也就是传统本地桌面。但是，这种 IT 架构带来了很多挑战，如访问和管理等。

云桌面管理引擎通过虚拟化技术，允许将多个物理服务器虚拟化成一个高可用的数据中心，进而在数据中心中创建各种类型的虚拟机。某些虚拟机可以作为虚拟服务器，以利于将财务系统、学校各应用系统、数据库等原生系统转移到虚拟化环境，从而大大提高服务器利用率；某些虚拟机可作为虚拟桌面，用户可以随时随地连接到自己的虚拟桌面，使用其中布设好的计算环境。

虚拟化桌面平台当前提供的主要功能包括数据中心管理、集群管理、网络管理、宿主机管理、存储管理、虚拟机管理、模板管理、映像管理、虚拟机池管理。

管理员登录云桌面管理引擎，创建独立桌面或共享桌面，并分配给各个用户。最终，用户可以使用台式机、便携式电脑、瘦客户端、平板电脑甚至智能手机等登录云桌面管理引擎，查看分配给自己的云桌面，并通过网络连接协议远程访问和使用云桌面。

（二）虚拟化应用

在使用个人计算机进行工作时，需要运行应用程序对数据进行访问和处理。目前，应用程序必须安装在本地，这种传统的应用交付方式会增加程序管理上的麻烦、存储空间上的浪费以及病毒感染的风险。另外，对于某些有版权使用限制或者有特殊硬件要求的软件来说，在本地安装运行无疑是行不通的。

通过虚拟化应用技术，用户无需在客户端本地安装应用程序，传统的应用程序平台兼容问题、程序管理问题、版本维护问题、病毒感染问题等均迎刃而解。此外，用户运行云应用，可以选择自动挂载本地客户端的驱动器或者自己在存储云中的数据，从而很方便地对数据进行处理。目前，云应用实现架构涉及集群、服务器、应用程序、管理应用、用户等。

云应用管理引擎能够将部署在应用服务器上的应用程序，在服务器范围或集群范围内发布为云应用，并将这些云应用交付给最终用户。云应用管理引擎支持发布物理服务器或者虚拟服务器上的应用程序，还支持发布 Windows 操作系统或者 Linux 操作系统中的应用程序。

用户登录云应用管理引擎的用户入口，即可查询授权给自己的所有云应用。授权用户可以直接运行这些云应用，如同运行本地应用程序一样。

（三）虚拟化存储

当前云存储技术快速发展，人们获得大量存储空间的免费网盘已经是很普遍的现象。但在日常工作中使用公有云盘，敏感数据存储在第三方服务器上，处于企业控制之外、IT 管理制度之外甚至是国家之外。这些都是潜在的数据泄露和信息安全风险，很可能会带来巨大的危害。

虚拟化存储管理引擎可以帮助企业搭建自己的"私有云"，为每个用户分配一个云存储空间。用户可以通过浏览器访问云存储空间的文件，可以实现客户端与云存储空间的数据同步，也可以将云存储空间挂载为客户端的一个磁盘，直接编辑其中的文件。这就不必像其他网盘一样，必须先将文件从云存储下载到客户端进行编辑，然后再上传到云存储中。

此外，云存储管理引擎可以让用户安全地在互联网上分享自己的文件，也可以建立一个共享的文件夹，方便所有被授权的人向其中上传文件，或者协同编辑某个文档，以便进行快捷访问、快速分享、协同工作等。

使用台式机、便携式电脑、瘦客户端、平板电脑、智能手机等，都可以通过浏览器访问用户的云存储空间，执行上传、下载、查看、分享等操作。

1. 通过同步客户端接入

虚拟化云存储同步客户端是一个安装在电脑上的桌面程序，配合云存储管理引擎使用，当前支持 Windows、Mac OS X 以及各种 Linux 发行版。这个客户端可以实现以下功能：①在电脑上指定一个或多个目录，将其中的数据同步到云存储服务器；②总是确保同步最新的文件，不论它位于电脑上还是云存储服务器。

通过同步客户端，对主机上任何已同步文件的改变将被自动应用到云存储服务器的文件上。

同步过程保持两个不同仓库中的文件相同。在同步时，如果文件被添加到一个仓库，它将被拷贝到另一个同步仓库；如果一个文件在一个仓库中被改变，这个改变被扩散到任何同步的其他仓库；如果一个文件在一个仓库中被删除，它将在另一个仓库中也被删除。这是同步和文件备份的主要不同之处，备份系统并不删除文件和文件夹，除非显式删除。

在同步过程中，客户端周期地检查两个仓库的改变，这个过程被称作同步运行。在两次同步运行之间，本地仓库被文件系统监视进程进行监视，如果有文件被编辑、添加或删除，就立即开始一轮同步运行。

2. 通过移动客户端接入

云存储安卓客户端是一个安装在安卓设备上的应用程序，配合云存储管理引擎使用。这个客户端可以实现以下功能：①在安卓设备上浏览云存储服务器中特定账号下的内容（文件和文件夹）。②将安卓设备中的文件上传到云存储服务器的特定账号下。

3. 将云存储挂载为本地磁盘

无论在客户端还是在云桌面，无论使用台式机、便携式电脑、平板电脑还是智能手机，都可以将云存储挂载为本地磁盘。

4. 客户端接入

管理员可以从任何管理控制台登录到虚拟机服务器执行管理任务，例如创建桌面或桌面池、制作模板等。用户可以使用台式机或便携式电脑来访问云桌面，也可以部署瘦客户端来访问云桌面。

用户可以通过台式机、便携式电脑、瘦客户端、平板电脑和智能手机等接入云平台。台式机、便携式电脑和瘦客户端通过交换机与虚拟机服务器部署在同一个局域网，平板电脑和智能手机等移动设备则通过无线路由器接入。

（四）虚拟化服务器

云主机即虚拟化服务器，可以便捷地进行虚拟服务器资源申请、管理、监控、快速部署应用，并根据需求动态弹性扩展资源，为学校各应用系统提供高可靠的虚拟服务器。

云桌面管理引擎通过虚拟化技术允许将多个物理服务器虚拟化成一个高可用的数据中心，进而在数据中心中创建各种类型的虚拟机。某些虚拟机可以作为虚拟服务器，以利于将各应用系统、数据库等原生系统转移到虚拟化环境，从而大大提高服务器利用率。

（1）服务器整合。通过将多个工作负荷合并到单个硬件平台上，从而降低设备损耗、服务器运行和冷却的电力消耗，并减少服务器所需空间。

（2）正常运行时间最大化。通过划分工作负荷，可以防止一个应用程序影响另一个的性能或导致系统崩溃。甚至不稳定的老旧应用程序也可以在安全的、独立环境中运行。

（3）有效的服务器维护。在尽量不影响运行的前提下，灵活地在物理服务器之间转移工作负荷，无需中断服务即可完成计划的服务器维护工作。

（4）简化设置。可以加速工作负荷资源的添加，并从硬件获取进程中分离出来。在高级虚拟化环境中，自身即可提供工作负荷要求，从而导致了动态资源分配。

根据杨浦职业技术学校数字化校园建设的实践，笔者认为，基于云储存或云计算的专业群共享教学资源体系建设，一是要解决好专业群共享资源平台架构，二是要利用专业群共享资源平台整合教学资源，三是要形成群内教学资源共建共享的运行机制。

二、专业群共享资源平台架构

教学资源整合系统分为 WEB 层、服务层、服务组件层、数据访问层和数据层五层。

（一）WEB 层

WEB 层是系统提供的与用户进行交互的界面，由表示层和控制层组成。WEB 层是基于 MVC 框架进行设计，由 JSP/HTML、Servlet 实现。用户通过 WEB 层向系统进行数据请求，并在 WEB 层输入相应的请求参数，返回结果也是由 WEB 层表示。

（二）服务层

服务层是系统业务逻辑的封装实现，主要包括课程资源服务、精品课程资源服务、系统其他服务，通过服务组件的封装，形成可访问的服务模块，便于业务流程的实现。

（三）服务组件层

在服务层中实现的服务组件是粗粒度的服务模块。在服务组件层中，各服务模块被细化为细粒度的服务，以实现某项功能。在该层需要调用 SOA 架构中涉及的 SOA 组件，融合不同系统的教学资源，通过封装实现数据交互的接口。而对于新开发的教学资源模块，则利用 SDO 进行数据库的访问。

（四）数据访问层

数据访问层提供与底层数据的访问交互。在与数据进行交互的接口封装与服务组件中，实现服务组件通过调用组件对数据层进行访问。

（五）数据层

数据层为系统进行数据资源的存储和管理，为系统提供数据进行交互。系统的功能结构是在对用户分析和系统功能分析的基础上设定的，教学资源融合系统主要分为个人管理、系统管理、资源管理、资源浏览、资源统计五个模块，其中资源管理和资源浏览是教学资源融合系统的关键功能，并且重点关注资源利用。

三、利用专业群共享资源平台整合教学资源

依据专业群人才培养目标，整合群内所有教学资源（分学习指导、演示文稿、教学录像、案例库、试题库、实训与实习资源、常见问题解答、文献资料八大类）。

教学资源的优化配置应遵循优效、公平及平衡的基本准则。在教学资源的配置中，支持教学活动开展所需要的主客观要素均能成为教学资源的来源，其中教师在教学资源配置中是最具能动性的主体，采用专业群和教师组成的混合型资源配置方式是较为合理的路径选择。教学资源的配置效益与教学品质的提升密切关联。

但是，在现有单一性专业背景下的数字化教学资源建设只着眼于本专业的教学需要，使用率比较低，一旦该专业被调整或关闭，这些教学资源就失去其使用价值，如果继续保留，就会变成"僵尸"。与实践教学体系建设一样，基于专业群背景下的教学资源建设通过整合，相近专业师生都可以开展共建共享。这种基于专业群的教学资源明显更具稳定性，使用效率也明显提高。即使创办新专业，由于专业属于专业群的范畴，专业领域乃至岗位（群）也有相似之处。所以，利用专业群共享资源平台整合教学资源，通过共享明显提高教学资源的使用价值，使教学资源的生命力大为增强。以教师备课为例，若没有专业群教

学资源平台，教师备课缺乏教师之间的协作，更缺乏教研室之间的协作。通过教学资源平台，这种"老死不相往来"的局面自然就被打破了，沉淀在资源库中的教案不断得到激活和有效利用。

四、形成专业群教学资源共建共享的运行机制

所谓专业群教学资源共建共享的运行机制，就是群内各种教学活动在教学系统的整体架构下，建立教学资源的保障性机制、动力性机制与调节性机制，即通过有效的激励手段，使教师持续保持参与专业群教学资源建设的兴趣，用蚂蚁搬家的精神不断为专业群教学资源库添砖加瓦，不断积累专业群教学资源库的使用方法，充分发挥群内各专业（专业方向）课程教学资源作用和价值，形成教学合力，优化教学效果，形成新的、具有良好协同性的教学生态系统，以实现专业群的教学目标。具体做法包括以下几方面。

（一）制定教学资源库建设标准，确保专业群共建共享无障碍

专业群教学资源库平台的构建主要从教学资源的采集、发布、使用三个层面展开。为此，应制定教学资源库的分类、功能、标准、规范，以及教学资源制作的技术要求和资源质量评价的指标体系，所有教学资源只有达到这些标准与技术要求，通过系统审核后才能上传。同时，应根据专业群的特点，对各种来源的教学资源进行标准化分类整理，便于群内各种教学资源的检索与查询。还要统一资源门户，实现无缝对接，防止教师重复上传资源。同时，通过即时通信、数据开放、应用开放和移动应用平台，向全体师生提供一站式服务，以确保专业群共建共享无障碍。

（二）充分利用教学资源库的功能优势，整合专业群内外各种资源

整合、辐射是教学资源库在功能上的最大优势。社会产业结构的升级换代、行业企业岗位技术与岗位要求的变化、学生学习方式的转变，要求教学资源库的功能和内容不断更新。所以，在资源平台建设和维护过程中，要吸引行业企业专家、技术能手、教育专家深度参与，充分发挥专业带头人和骨干教师的作用，不断整合专业群内外各种资源，及时更新教学资源库的内容，调整和扩充教学资源库的功能，使其更有效地服务于专业群的专业教学活动。

（三）成立教学资源建设团队，建立具有活力的长效激励机制

教学资源库建设属于学校的一项基础性建设工程，不仅需要资金持续投入，更需要建设人员的持续投入，以使教学资源库建设方案优化、资料收集、编辑制作、学习指导、信息资源管理等保持长期性和不间断性。为此，必须建

立具有一技之长，由行业企业专家、技术能手、教育专家、专业带头人和骨干教师组成的教学资源建设团队，并建立和不断完善教学资源建设激励机制，充分调动参与建设人员的积极性与创造性，保证专业群共享资源平台有效运行。

（四）在体制和机制上落实责任部门，统一规划与协调管理

杨浦职业技术学校的做法是把教学资源库建设责任落实到教务处，学校科研室进行指导，信息中心提供技术支持。责任部门不仅要做好教学资源库的建设与维护，还要引导教师强化资源意识。在教学设计中充分利用好教学资源库中的资源，在教学过程中开展基于教学资源库的多层次的教学互动，这就从组织上为教学资源库的运行、更新与发展提供了可靠的保障。

第七节　建立科学合理的管理运行机制

管理运行机制是指一个社会组织单位（国家、地区或经济社会单位与部门）管理系统的结构、功能及其运行机理，包括引导和制约决策，以及与人、财、物等相关的活动的基本准则及相应制度，是决定管理功效的核心因素。管理机制一经形成，在相应的组织内部就会按一定的规律、秩序，自发地、能动地诱导和决定组织的行为。但是，机制是由组织的基本结构决定的，只要改变组织的基本构成方式或结构，就会相应改变管理机制的类型和作用效果。中等职业学校专业群管理运行机制应包括学校专业群建设指导委员会指导下的学校专业群建设管理运行机制、各专业群建设运行机制、常规教学管理运行机制、各专业园区管理运行机制四大部分。

专业群管理是一种内运动过程，因此建立专业群运行的制约机制非常重要。制约机制的形成，一要靠制度，二要靠督查反馈，即从管理上要形成封闭性回路系统。如果封闭性回路系统没有建立，管理上的制约机制就成了一句空话。专业群建设是一个系统工程，在组织框架、人事安排、岗位责任制度、待遇薪酬等方面应该有系统的制度性安排，对制度的执行要有及时的反馈，这样才能使专业群建设按照人才培养方案及建设实施方案的要求，处于可控的有序运转状态，保持专业群的可持续发展。

学校专业群建设管理运行机制在组织结构上一般包括专业群建设指导委员会和专业群建设工作领导小组。专业群建设指导委员会主要由校长、行业企业专家代表和专业带头人等组成，主要职责是对学校的专业群布局、结构优化调整、发展方向及改革重点等提出意见。专业群建设工作领导小组一般由校长牵头，由分管教学校长、专业部（群）、教务处、科研处、学生处、市场部等相关部门负责人组成，主要职责是根据专业群建设指导委员会提出的意见，对学校专业群建设进行决策和工作部署。学校教务管理等相关部门具体负责落实学校有关专业建设的决策意见，全面组织实施专业群建设工作，如牵头制定学校专业群建设指导意见，建立并不断完善学校专业建设管理制度，组织协调各专业群开展市场调研，制订专业群建设实施方案、专业群人才培养方案及专业群建设成果评估方案。

各专业群建设运行机制主要包括课程教材建设运行机制、校企合作运行机制、师资队伍建设运行机制等。专业群层面应建立相应的专业群建设专家委员会或专业群教学指导委员会，指导本专业群的建设与发展，聚焦课堂教学，深入开展教学内容、方法与手段的改革。专业群在专家委员会或教学指导委员会的指导下，科学制订专业群建设实施方案及专业群人才培养方案或专业群教学实施方案，借此确定专业群人才培养目标及人才培养规格，构建专业群人才应具备的能力（技能）结构体系及与之对应的课程结构体系，明确包括校企合作、师资队伍建设、教材及课程资源建设、教学条件建设等在内的专业群建设思路及建设举措等。按照专业群建设实施方案及专业群人才培养方案要求，抓好师资队伍建设、课程资源建设和教学条件建设，积极主动地推进工学结合、校企合作，扎实开展课程教材及课堂教学方法手段与评价方式的改革，不断提高人才培养质量。专业群主任是专业群的关键，学校应加强培养。专业群主任应阶段性深入行业企业调研和实践，要利用一切可能的机会参加行业的各种业务活动，及时了解行业企业的发展变化，并且具有先进的教育理念，具备扎实的专业功底和专业教学功底，协调好各种关系，能够带领本专业群教学团队建设好本专业群，并取得显著的教育教学效果，培养出受行业企业欢迎的合格的专业技能人才。

常规教学管理运行机制关键是建立以课程组织为基础的专业群教学管理机构，主要职责是推进专业群日常教学工作的开展，保持专业群内正常教学秩序。从相近专业资源集聚到培养模式改革，最终体现在专业群内专业相互关联的课程组织，与职业发展阶段相对应的不同课程门类是构成专业群课程师资团队的基础。核心专业是专业群建设的重中之重，通过核心专业把握专业群发展方向，协调专业（方向）设置及课程资源，建设优秀教学团队，组织专业群职业领域基本工作任务和课程建设。专门化方向是群内最活跃的教学组织单位，以此为基础的课程团队是专业群发展的主要力量，依据产业发展和市场需求，持续更新课程内涵，引导学生进入发展方向，并将其带入更高的职业发展阶段。专业群之间的资源并非完全独立，以资源联系为纽带的教学管理组织单位需要协调群间资源的共享，并为学生选择专业学习方向提供服务，为专业群内生发展提供良好环境。传统常规专业教学管理模式下一般都建立了稳定的专业教研组，而专业群以平台和模块课程教学为中心组建教学团队，虽然没有传统模式那样稳定，但教学团队有了更多的交流机会，这其实非常有利于教师教学能力和水平提高。这些都是专业群常规管理人员应该树立的基本理念和掌握的基本知识，要在此基础上制订专业群的教学计划，并按计划组织开展教学活动和教研活动，协调好各个方面的关系，确保专业园区教学活动正常、高效地开展。

专业园区管理运行机制从组织架构上看比较简单，一般都由学校行政或总务科室总体负责，由其统一派驻专职人员，按照学校相关管理制度实施，以确保专业园区有安全、整洁、有序的生活环境，保证教学和生活必需品、餐饮及水电的正常供应，做好园区设施设备的保养与维修，等等。近年来，各校进行了引入社会专业化服务的尝试，有很多成功的案例值得推广。

第五章　行业学院模式下地方高校产教融合专业群运行机制

相较于普通高等教育对资源的需求状况，高职教育的发展对人力、财力、物力等方面有更高的要求。但是，现有高职教育资源投入难以满足高职院校对办学资源的需求，出现了供不应求现象，高职院校办学质量和水平难以提高。为此，高职院校应在提升自身人才培养质量的基础上，积极主动争取得到政府及相关部门的重视，吸引政府在制度及资源投资方面的支持。同时，高职院校应全面优化学生生源、办学质量、学生就业率等，提高学校声誉和吸引力。一方面，争取得到银行的低息贷款、社会的专项资金支持及社会民间机构的投资等；另一方面，吸引更多资金雄厚的行业企业、行业协会等通过资金投入、设备投入、人才投入、吸收学生实习实践等多种形式参与到高职教育产教融合中，以此形成高职院校的良好发展态势，实现生源质量的提高、办学效益的提高、学生就业率的提高、学校信誉的提高、投入资金的增长这一良性循环。

第一节　群内专业动态调整机制

高职教育产教融合涉及高职院校、行业企业、政府、行业协会、劳动力市场等多方利益主体，在构建高职教育产教融合运行机制的过程中，需要综合考虑多方因素，实现多方主体间利益的共赢，促进产教融合高效、有序地开展。笔者主要从办学主体、教学质量及资源投入三方面探究高职教育产教融合运行机制有效运作的对策措施。从办学主体出发，高职院校要结合自身发展现状和特色，要坚持教育学原则，构建健全的自组织机制；从教学质量出发，高职院校要契合劳动力市场需求，注重培养质量原则，构建健全的人才供求机制；从资源投入出发，高职院校要发动地方政府、行业企业、行业协会及社会机构和团体等多元主体的积极性，遵循市场发展规律原则，构建灵活的资源调控机制。其中，健全的自组织机制为高职教育产教融合的发展提供了基础，健全的人才供求机制为高职教育产教融合的发展提供了动力，灵活的资源调控机制为高职教育产教融合的发展提供了保障。

一、坚持教育性原则

"教育性"最早于1806年由德国教育学家赫尔巴特提出。他认为在教育教学中，教学与道德两者缺一不可，应将两者有机结合到教育中，应遵循教育性教学理论。在高职教育产教融合中，教育教学的关键在于对"教育"的理解和把握。人是教育的对象，教育的本质是一种培养人的活动。产教融合作为高职教育的一种办学模式，仍需遵循教育的本质属性，需坚持教育性原则。所谓教育性原则，是指从事高职教育及在高职教育产教融合过程中，教育工作者除需有意识地对受教育者完成知识传授、技术技能培养外，应承担培养受教育者综合素质及通用能力的职责。

高职教育需要与行业企业开展产教融合的重要原因在于实现技术技能型人才的培养，满足行业企业、劳动力市场对人才的需求。在高职教育产教融合运行过程中，坚持教育性原则的目的在于防止以纯粹的职业技术技能训练代替高职教育。教育与训练具有本质的区别：教育注重人在精神层面的转变，重在育人；训练注重人在技能层面的提升，重在练技。坚持教育性原则要防止简单地把人工具化为机器。训练学生短期、单向的职业技能，无助于学生适应未来职业发展所需能力的培养。因此，在高职教育产教融合过程中，要建立科学合理的教育教学质量评定体系，出台量化通用能力及综合素质能力测评的标准，且通用能力及综合素质能力占据一定的比例。此外，需要有一支高素质、高技能、高水平的"双师型"师资队伍，要求"双师型"教师既要具有广博精深的理论知识、较强的动手实践能力，又要具有高尚的人格、较强的育人意识和能力，保证教育性功能的有效发挥，确保教学质量的提高。

二、注重培养质量原则

质量是组织机构、体制机制等事物发展的根本前提和动力。菲利浦·克劳士比认为质量是指符合要求，而不是主观和含糊的"好"或"卓越"等，应当用客观的"符合与否"作为判断质量的标准。在评价事物质量时，涉及符合性、适用性及经济性三个层面。符合性是指事物是否符合相关质量标准，适用性是指满足用户使用目的的程度，经济性是指事物或产品的性能情况。在高职教育产教融合过程中运用质量原则，用符合性、适用性及经济性三个层次去检验产教融合人才培养质量情况。用符合性检验人才培养与市场用工需求间的匹配程度，用适用性检验所培养人才是否适应行业企业相应岗位具体工作，用经济性检验人才将创造的经济效益情况。在高职教育产教融合中，注重培养质量原则包括注重高职院校自身人才培养质量和产教融合培养质量。高职院校人才培养质量影响着产教融合培养质量。

以广东省为例，高职教育人才培养与市场用工需求间存在较大差异的原因包括以下两方面：一方面，广东省作为产业经济发展迅速、产业转型升级较快的地区，其技术技能更新迅速，行业企业要求人才不仅要具备较高技术技能，而且要具备不断学习和提升自身技术技能的能力。高职教育作为以育人为本的教育活动，培养周期较长，难以跟上行业企业的更新速度。另一方面，受社会文化及历史传统因素影响，高职院校的认可度不高，学生生源质量不高。在一定程度上，由此形成的学习氛围不强，学生缺乏内在学习动力、外在学习氛围，导致高职院校人才培养质量难以提高。高职院校只有提高教育教学质量、提高毕业生社会影响力，才能提高自身社会地位，吸引行业企业参与积极性，提高高职教育产教融合合作深度。

此外，高职院校注重产教融合质量的原则不仅体现在高职院校自身专业设置、教学层面、管理质量等微观方面，还体现在高职院校在宏观上将产教融合办学模式提高到一定层次，合理开发和运用高职院校自身与行业企业的优势资源，提高为高职院校学生、行业企业、政府及社会经济发展服务的能力。同时，不能不顾实际，盲目地与企业合作，为了产教融合而产教融合。高职院校要避免片面追求合作行业企业的数量、合作的规模以及合作的速度等短视行为，应在保持自身优势资源、提高自身质量的同时，注重提高与行业企业、商业协会以及培训机构等多方主体合作的质量及合作的深度，注重与地方政府、行业企业、商业协会等主体形成互利共赢，注重可持续和长远发展，注重兼顾社会效益和经济效益的合作关系。

三、遵循市场发展规律原则

毋庸置疑，高职教育的发展与产业经济的发展密切相关。高职教育的发展源于经济社会的发展需求，又推动着经济社会的前进与发展。我国相关职业教育法中曾提出，要建立健全适应市场经济发展需求的高等职业技术教育制度，使市场性成为高职教育的天然和必然属性。同时，高职教育人才培养是否具备市场性、是否符合市场发展需求，成为评判高职教育教学质量的标准之一。当前，我国实行社会主义市场经济，要求高职教育的人才培养活动置身于市场环境中。因此，在高职教育产教融合过程中，需要遵循市场发展的规律，确保高职院校培养的毕业生与行业企业的人才需求相适应。高职教育作为一种教育类型，应保持自身的相对独立性和特殊性，确保所培养的毕业生是具备创造价值的人力资源，而不能被简单地等同于普通的资源或商品。这不仅直接关系到毕业生能否符合市场需要、能否为企业创造价值、能否促成产教融合的持续发展，也关系到毕业生就业情况、职业生涯发展状况以及高职院校自身的生存状态与发展前景。

为提高高职教育产教融合的质量，高职院校必须遵循市场规律，密切联系行业企业，了解行业企业的发展动态、技术瓶颈、人才需求等状况。作为高职教育产教融合合作主体之一的行业企业受诸多主客观因素的影响，包括行业企业内产品生产和社会服务、政府相关政策法规等，企业参与产教融合热情不高。为吸引企业的参与、赢得发展资金，高职院校应主动与行业企业靠近，在改善自身人才培养质量的基础上，争取提高企业参与高职院校产教融合的积极性和主动性，承担更高的产教融合潜在风险，承担更多的产教融合任务和职责。此外，从市场性出发，高职教育产教融合的发展过程应是高职院校与行业企业等多元主体间资源的相互利用和相互依赖的过程。高职院校与行业企业等多元主体间应基于互补性稀缺资源，形成互利互惠、相互依赖、共同发展的良性动态互动关系。因此，高职院校应在行业企业等多元主体利用和依赖高职院校设备与学生等优势资源的同时，对企业、商业协会、政府等相关部门的优势资源加以利用，如利用人力资源与社会保障局的统计数据，借助第三方机构分析劳动力市场人才需求情况、高职院校人才与市场需求间的匹配情况，预测未来人才需求情况，等等，实现产教融合质量的提高，实现合作关系的持久开展，实现"产""教"的共同发展。

第二节　校企合作协同育人机制

由于高职教育的特殊性及资源投资主体的多样性和灵活性，在高等教育产教融合过程中，需要构建灵活的资源调控机制。一方面，经济的发展形势要求高职教育面向市场，并根据市场的发展及需求情况，调整高职院校办学定位、办学层次及教学模式等，拓宽高职院校资金来源渠道。另一方面，高职教育具有相对独立性和特殊性。首先，影响高职院校办学的因素不仅有市场需求和市场竞争，还有政治、法律、文化、历史传统等多种非竞争因素。其次，高职教育人才培养主要定位于培养适应于劳动力市场及企业发展需求的人才。适应性是高职教育人才培养的主要特性之一，但是，作为特殊产品的人，其价格和供求不具备普通产品的灵敏性和精确性，其需求价格与供给价格难以用简单的标准进行评判。最后，行业企业对人这一特殊人力资本的期望更高，随着产业经济的发展，企业不仅要求人力资本具备普通的生产和再生产能力，更注重人力资本具备创造和开发能力。产业经济发展迅速，对人才技术技能的需求变化快。高职院校对人才的培养不仅要考虑与当前劳动力市场需求相契合，还要为未来产业发展将产生的需要做必要储备。这些因素均会影响到政府、行业企业、行业协会、银行等主体对高职院校资源投入的稳定性，影响高职教育产教融合持续、稳健的发展。在高职教育产教融合运行中，需要构建灵活的资源调控机制，具体可从以下几方面着手。

一、以政府为主导构建资源调控机制

在高职教育产教融合资源调控机制的构建过程中，政府应发挥主导作用，联合行业企业、高职院校、行业协会等共同研究和构建有利于高职教育产教融合持续开展的资源调控机制。高职教育人才培养的主要任务之一是培养技术型、技能型及操作型专门人才。因此，政府应发挥主导作用，积极推动企业参与高职教育产教融合。首先，政府应积极推动行业企业以设备投入、场地投入、资金投入等形式参与到高职教育产教融合中，出台相关政策条例，确保行业企业对高职教育产教融合资源投入的稳定性和可持续性。其次，政府应加大对高职教育产教融合过程中资源的监督监管和指导。政府应主导成立资源监管和指导委员会，委员会成员可由政府相关部门负责人、行业企业产教融合负责人、相关产业经济界专家、高职院校相关负责人等组成。委员会通过提意见、参与及监督监管的形式，参与到高职教育产教融合资源使用中，确保资源使用的公开、公正和高效，继而提高行业企业再投资资源的可能性和积极性。最后，政府可通过对行业企业相关工作岗位人员进行培训，出台降低或减免企业税等优惠政策激发行业企业投资高职教育产教融合的积极性。

二、以企业为辅助构建资源调控机制

在高职教育产教融合资源调控机制的构建过程中，应充分发挥"产""教"主体之一的行业企业的力量，协助政府部门发挥其宏观主导作用。首先，行业企业应协助政府，协同高职院校、行业协会，拓宽高职教育产教融合资源来源渠道。行业企业作为经济活动体，对资源来源和投资有更丰富的实践经验和更科学的认识。行业企业协助作用的发挥，有利于解决高职教育产教融合资金来源问题。其次，行业企业应协助政府，协同高职院校、行业协会，统筹规划高职教育产教融合运行中资源的使用和管理，借鉴企业资金运转模式，丰富产教融合中资源的使用和管理办法，协助政府出台相关管理条例办法，实现资源的高效利用。最后，行业企业应协助政府，协同高职院校、行业协会以及社会机构和团体，建立多渠道高职教育产教融合经费筹措机制。以合作企业为代表，以经费投入等方式参与到产教融合中，同时动员其他企业开展高职教育产教融合的积极性，实现多主体参与办学、参与教育投资。

三、以市场为导向构建资源调控机制

人才培养与劳动力市场用工需求间关系的实质是高职院校人才培养与劳动力市场需求间的供求关系。市场经济的核心是利用价值规律及供求关系以获取经济效益。高职教育产教融合运行机制的行为主体包括政府、高职院校、行业企业、学校学生以及其他需要技术服务的用人单位等，又涉及包括学生生源市场、劳动力市场及技术市场在内的三个主要市场。在高职教育产教融合运行中，各主体、各市场间关系错综复杂，各主体间利益需求不尽相同，各市场间资源供求关系不平衡。因此，要实现高职院校与市场需求间的平衡，就要做到高职院校资源与市场资源的平衡。这就需要构建以市场需求为导向的资源调节机制，有效处理行业企业与高职院校间利益冲突和矛盾。一方面，根据市场发展现状，调整高职教育产教融合运行中现有资源的配置。高职教育产教融合的发展需要根据现有劳动力市场对某类人才的需求程度，增加或减少人才培养的规模和数量，并随之适当增加或减少该类人才培养的资源投入。另一方面，根据市场未来需求情况，调整高职教育产教融合运行中资源的配置。高职教育产教融合应根据未来企业将产生的人才需求情况，新增或取消某些专业的人才培养，并随之增加新增专业所需硬软件设备及资金的投入，逐步减少或转移被取消专业的硬软件设备和资金投入，提高资源的经济效益和利用率，提高高职院校办学质量。

第三节　共建共管行业学院机制

自组织机制是指作为主要办学主体之一的高职院校，在与社会大环境进行物质与信息交换过程中，通过产教融合等内在子系统的相互协调作用，自行调整高职院校内部结构，提高其适应经济社会、劳动力市场发展需求的能力。随着劳动力市场经济的不断发展与成熟，现有高职教育教学模式所培养的人才难以满足产业经济发展对人才的需求，这要求高职院校主动适应产业经济的调整

与发展，不断调整内部结构，如优化专业设置、完善课程结构、调整人才培养方案等，以保持与社会经济发展的平衡。通过高职教育产教融合，高职院校能更高效地了解劳动力市场对人才类型的需求情况、产业发展对人才技术水平的要求等。因此，高职院校在与行业企业构建产教融合合作关系时，应在市场的宏观调控下，不断适应市场形势，建立起适合自身发展需要的自组织机制。要使自组织机制在高职教育产教融合运行中发挥重要作用，应从以下几方面着手。

一、根据产业发展，优化专业设置

产业的不断调整和发展必然导致对人才类型、人才层次需求的不断调整。高职教育产教融合合作目标之一是降低高职院校人才培养与劳动力市场需求间的不相匹配度。这就要求高职院校有一个有序健全的自组织机制，以优化和调整其专业设置。首先，要求高职院校根据产业发展需要，确定其教育模式和培养目标，以区域经济龙头产业以及产教融合合作企业、行业协会等为引导设置专业。其次，专业的设置与调整要充分考虑地区相关产业的职业岗位群的发展和需求情况。最后，专业的设置、调整与优化要"宽窄并存"。高职院校不仅要设置针对性强、专业化程度高的"窄"的专业，还要考虑拓宽高职院校专业口径，设置更"宽"的专业，加强高职院校的适应性。

二、根据职业标准，完善课程体系

课程体系在高职教育的发展中起着举足轻重的作用，是人才培养的基础环节，是实现高职院校人才培养目标的前提和基本条件。高职教育专业课程内容与职业标准对接是我国提出的"五对接"之一，可见专业课程体系的重要性。同时，高职教育产教融合的发展。需要完善这一对接，实现高职院校课程内容与合作行业企业职业标准的对接，实现高职院校所培养毕业生与企业工作岗位的无缝对接。因此，高职院校需要根据行业企业职业标准，构建高职院校课程体系。首先，高职院校课程的设置要以就业为导向，根据相关专业对应行业企业岗位需求，有针对性地设置课程内容。其次，高职院校课程应根据市场用工需求，设置毕业生职业能力的培养目标，保证课程内容具有一定的先行性特征。再次，高职院校课程设置要以培养应用型人才为主要目标，提高实习实训课程的比例。最后，高职院校需要及时调整和更新课程内容，提高学生职业能力培养的针对性。

三、根据市场需求，提高办学灵活性

劳动力市场对人才最直接的需求是毕业生能实现由学习向工作岗位的直接转变，实现学生与员工的无缝对接。简而言之，企业需要能直接上岗工作的"成品毕业生"。同时，随着高职院校专业设置与企业职业分工的细化，劳动力市场对高技能人才培养提出了更高要求。目前，部分高职院校的教学仍重理论、轻实践，这一教学形式与我国提出的高职教育教学过程要与企业生产过程相对接的实际需求不相符，不利于学生实际动手操作能力的培养，不利于高职院校毕业生由学习向工作岗位的转变。因此，要根据市场需求，改革现有教学法，加强项目教学法、任务驱动教学法等实操性强的教学方法的应用，提高学生动手实践能力。此外，适时适量安排学生参与产教融合合作企业的实际生产过程，让学生接触到真实的企业生产环境，以利于学生到员工的转变。借助产教融合办学模式，发挥高职教育办学灵活性，有针对性和指向性地面向就业市场需求培养人才，适当调整人才培养模式、教学方法等。

第四节　大类招生与转专业机制

从教学质量出发，高职院校应契合劳动力市场现有及未来将产生的用工需求情况，构建动态的人才供求机制。实现高职教育人才的"供"与劳动力市场用工的"求"的供求平衡是高职教育产教融合的重要目标之一。供给与需求是产教融合的两个基本要素，实现供需平衡是产教融合有效运行的基本条件，也是实现市场经济有效运行的重要基础。高职教育人才供需涉及两个不同的层面，即社会经济发展需求与高职院校发展需求，两者分属于不同层面的不同组织，应协调两者间供需关系。基于现代发展观，在高职教育产教融合的过程中，要充分、合理地发挥计划经济这只"有形的手"进行调节。同时，需要在产教融合过程中根据市场经济发展现状，建设并运用动态的人才供求机制，确保高职院校人才培养与劳动力市场需求间的供需平衡。因此，在高职教育产教融合过程中，高职院校应联合行业企业、政府、行业协会等共同研究市场需求，构建科学合理的动态人才供求机制，满足社会经济发展对高职教育人才的需求。在高职院校产教融合动态供求机制的构建过程中，应注意做到以下几点。

一、基于学生生源市场构建供求机制

考虑生源市场需要充分考虑高职院校学生的来源，生源市场是高职教育产教融合运行机制中不可或缺的重要组成部分。随着普通高校数量的增多、普通高校学生的扩招以及计划生育实施以来适龄学生人数的减少，高职院校生源市场竞争日益加剧。同时，越来越多的民办和公办高职院校对外公开其招生信息，增加其招生途径，增加了学生和家长对高职院校专业设置、教学质量等的知情权，学生在择校时有了更多的自主性和可选择性，加剧了各高职院校间激烈的生源争夺战。由于学生和家长将高职院校毕业生就业质量作为择校的重要参考因素之一，就业率高的高职院校在招生竞争中毋庸置疑拥有更多的优势。因此，提高就业率成为诸多高职院校的主要办学目标之一，就业率甚至成为高职院校办学成败的标准和生命线，影响着各高职院校的竞争、生存和发展。为此，高职院校需要通过产教融合，面向生源市场，积极开展形式多样的学历与非学历教育，提高高职院校就业率和就业质量，提高高职院校毕业生就业竞争力，提高高职院校综合竞争力。

二、基于劳动力市场构建供求机制

在高职教育毕业生劳动力市场中，学生所学专业、掌握技能、综合素质、就业能力等因素会影响用人单位对其需求与否；同时，用人单位的发展前景、薪资待遇、工作环境以及学生对用人单位的期望等会影响学生是否选择该用人单位。这直接构成了用工市场和人才培养市场间的供需关系，即高职院校毕业生在就业市场中寻求合适的工作岗位，劳动力市场则根据自身发展需要及供求情况，调配生产、服务等行业中的人力资源配置。此时，就业及劳动力市场的供求情况会产生一定的信号，包括价值需求信号、人才需求信号及未来可能产生的人才需求信号等。这些信号会影响准备就读的学生及其家庭对专业和院校的选择，间接推动高职院校办学的优化和调整。总而言之，供给与需求间的相互协调与平衡，会影响高职院校的招生规模和学费水平。高职院校要根据用工需求情况，借助动态人才供求机制动态调整人才培养目标、方向和规模等，提高高职院校人才培养的适应性。因此，高职院校在产教融合过程中，需要充分重视劳动力市场需求及变化情况，准确了解市场用工需求信息，以此指导高职院校的办学定位、办学规模、专业设置、教学模式及课程体系等，提高高职院校竞争力。

三、基于市场需求预测构建供求机制

高职教育产教融合动态人才供求机制构建的目标之一是实现准确预测未来市场的需求情况，提高高职院校人才培养与市场需求的契合度。产业经济发展和更新迅速，而高职教育人才培养具有较长的周期性，这就要求高职院校对市场未来人才需求情况有较准确的预测，并以此为依据设置和调整人才培养的方向、目标、规格等，而与市场需求适应与否也决定了高职教育人才培养是否有效。因此，作为因市场需求应运而生的高职教育，如何对市场人才需求情况进行准确的分析和预测至关重要。在对地区劳动力市场进行预测分析时，需要了解一、二、三产业门类情况以及各产业在本地经济发展中的比重情况，还需分清主导产业、支柱产业、劣势产业及夕阳产业间的区别与联系。同时，要对区域主导和支柱产业未来发展趋势进行动态分析，充分考虑科技进步与市场竞争等影响因素。

第五节　专业认证专业评估机制

产教融合是发展高职教育的有效形式之一，通过依托政府、高职院校、行业企业、行业协会、社会机构及相关团体，整合多方主体间优势资源，创新高职教育人才培养模式，培养适应市场发展需要的人才。高职教育产教融合起步较晚，存在一些问题，如企业参与积极性不高、办学主体间职责不清、高职院校教学质量不高、高职院校间发展资源不均衡等。

一、产教关系的定位与类型

（一）产教关系形成的动因

在产教关系中，"产"通常指"产业"，包括第一、二、三产业；"教"通常指"教育"。在高职教育产教融合中，"教"通常只指"高职教育"，将"产"与"教"两个分属不同部门和组织的事物联系在一起，形成产教关系。随着产业的发展，教育需要与产业、劳动力生产相结合。具体而言，一方面，现代化产业的发展以及产业转型升级，迫切需要具备更高技术技能的人才；另一方面，高职教育需要确保其所培养人才与劳动力市场需求相匹配，确保学生毕业后能较好地就业，有较好的发展前景。为此，"产"与"教"均有了解彼此需求和发展目标的

需要，两者的密切联系有利于实现两者的共同发展。❶

（二）产教关系的定位

由于高职教育产教融合中"产"与"教"涉及两个相对独立的部门和组织，"产"与"教"的融合不会产生一个新的部门或组织。因此，如何定位"产"与"教"的关系，影响着高职教育产教融合能否开展、开展程度的层次以及开展时间的长短。在高职教育产教融合中，"产"是指行业企业合作的目的在于通过与高职教育的合作，解决技术难题，引导技术创新，满足技术技能型人才需求，实现经济效益最大化。"教"是指合作的目标和出发点在于通过与行业企业的合作，解决学生实习实训及就业问题，更新高职院校教学实训设备，了解劳动力市场对人才类型的需求情况，确保学校教育教学与社会发展需求相匹配，实现高职院校育人价值和学校的长远发展。可见，"产"与"教"均有各自的合作目标，其关系不能笼统地定位于产业发展或高职院校发展中某一单一目标，需要兼顾两者的共同利益和发展需求。

（三）产教关系的类型

产教关系可根据不同的分类方式分为不同类型，高职教育产教融合的产教关系按产权关系、实施场所、管理体制和功能角度等进行分类。首先，按产权关系划分，分为校企联合型、校企合一型、产校合一型、混合型和集团化型。其中，校企联合型是指高职院校与行业企业在产权关系上仍保持相对独立性；校企合一型由高职院校自身办学，产权归学校所有；产校合一型由企业自身办学，产权归企业所有；混合型由多方主体共同投资建设，产权分散；集团化型由具有独立法人资格的高职院校、行业企业、职业培训机构等相关单位间以合同或共同出资等形式组成。其次，按实施场所划分，可分为校内结合型、校外结合型和社会实践结合型三类。再次，按管理体制划分，可分为产教合一型、产教分离型以及专业产业一体化型。最后，按功能角度划分，可分为技能培养型、项目开拓型和创业型。当前，在高职教育产教融合发展过程中，产教关系难以简单地按某一单一类型去划分，应结合产权关系、实施场所、管理体制和功能角度四种分类方式进行分析。以中山职业技术学院的专业镇产业学院运行模式为例：按产权关系划分，其属于混合型，由专业镇政府、行业企业、中山职院、行业协会等多方利益主体共同投资建设，产权分散；按实施场所划分，

---

❶ 顾永安.应用本科专业集群——地方高校转型发展的重要突破口 [J].中国高等教育，2016(12): 25.

其属于校外结合型；按管理体制划分，其属于产教分离型；按功能角度划分，其兼具技能培养、项目开拓和创业教育功能，并以技能培养为主要目的，可划分为技能培养型。

二、产教融合中专业认证专业评估机制的意义

高职教育产教融合的开展取得了一定的成效，对高职教育的发展、产业的发展均起到了一定推动作用。其成效评估可归纳为以下几点。

（一）变革了高职院校办学模式

首先，办学规模的扩大。高职教育产教融合的开展，通常会在高职院校内、企业内或产业园区内建立合作机构或部门，高职院校因此拥有更多校内或校外实训基地，扩大了高职院校办学范围。以中山职业技术学院为例，专业镇产业学院的开展使其办学规模不断扩大，现已新增校舍近 6 万平方米、引进 20 多家企业进驻学校。

其次，办学体制的创新。高职教育产教融合的开展使办学主体由原有高职院校这一单一主体变为由政府、行业企业、高职院校、行业协会等多方主体协同投资共建，多元主体间逐渐探索和发展股份制和混合所有制。以中山职业技术学院为例，已与 200 余家企业深度合作，组建 8 个市级应用技术研究所，选派 80 多名教师作为省、市级科技特派员，服务地方经济与社会发展，实现了办学体制的转变，提高了其办学灵活性和实用性。

最后，管理机制的形成。高职教育产教融合的有效运行离不开管理体制机制的构建和创新。以中山职业技术学院专业镇产业学院为例，产业学院现已构建董事会（或理事会）领导下的院长负责制管理体制，形成了推动产业学院有效运行的管理架构，并不断探索构建产教融合的长效运行机制。

（二）提高了高职教育教学质量

高职教育产教融合的运行有效缓解了高职院校企业兼职教师聘请难、学生实习实践难、教师技术提升难等问题。根据麦可思公司制作的年度数据，2013年，广东省内用人单位最满意的高职院校排名中，中山职业技术学院排名第二；广东省高职院校内对母校总体满意度排名中，中山职业技术学院排名第四；广东省内高职院校毕业生就业现状满意度排名中，中山职业技术学院排名第七；在毕业生就业稳定度排名中，中山职业技术学院排名第八。中山职业技术学院的四项主要指标均位于全省前列。中山职业技术学院在人才培养方面取得了突出成效，专业镇产业学院模式发挥了重要作用。产教融合的运行对提高高职教

育教学质量所起的作用归纳为以下方面。

首先，技术技能的提升。借助高职教育产教融合合作平台，高职院校对行业企业有更大的吸引力，能引入更多的工作项目。在参与实际工作项目的过程中，教师与学生能得到真实和专业的训练，技术技能得到全面提升。同时，高职院校教学与时俱进，了解行业企业的发展现状，准确定位自身发展目标和方向，及时调整教育教学内容和方法，提高教育教学质量。

其次，实习质量的提升。高职教育产教融合的发展为高职院校实习生提供了更多可供选择的实习实训单位、更多实力强大的合作企业、更多拥有前沿科技的实习实训平台等，有效提升了高职院校学生实习质量。以中山职业技术学院为例，将产业办在专业镇产业学院园区内，确保了学生既生活在学校内，又能感受浓厚的产业氛围，有利于学生形成产业的初步认识。在专业镇产业学院实习，较大程度地保证了学生所学专业与实习岗位内容的相关性。2014 年，中山职业技术学院产业学院学生实习对口率高达 84%，学生实习质量显著提升。

最后，就业质量的提高。高职教育产教融合的发展成效之一是拉近了高职院校与行业企业间的距离，学生有了更多接触企业真实生产和服务环境的机会。在实习实践过程中，行业企业与学生对工作、岗位、人才进行双向选择，部分学生直接留在企业，其余未留在企业的学生对工作和岗位有了更明确的认识，能有效提高学生的就业质量。以中山职业技术学院服装专业为例，借助于沙溪纺织服装学院的共同培养，2014 年服装专业毕业生就业率达 100%，专业对口率达 80.6%。

（三）提高了资源的转化率

高职教育产教融合发展促进了政府、高职院校、行业企业、行业协会及教育培训机构等多方主体间优势资源的共享，变革了高职院校办学和教学模式、提高了教育教学质量，提高了资源转化率，促进了产业和地区（如专业镇）的发展。

在促进产业发展方面，一方面，高职教育产教融合通常会在产业园区内开展合作，拉近了高职院校与行业企业的空间距离，加快了校企双方的信息沟通，加强了技术产品的设计和研发，为产业的技术创新和转型升级提供了技术和理论支撑。另一方面，通过产教融合，高职院校对企业人才需求有准确的了解，有更具针对性的人才培养，包括明确培养规模及质量、明确教育教学模式、明确专业的调整与优化方向、明确课程内容及安排、明确实习实训目标和实现途径等，使高职院校培养学生更契合企业的发展需求，实现学生由学校到工作的

无缝对接，减少企业再培训所需的人力物力，促进产业快速稳健发展。❶

在促进地区发展方面，高职教育产教融合的开展推动了地区经济、教育、文化等方面的全面发展。以中山职业技术学院专业镇产业学院为例，第一，产业学院带动了当地产业的发展，带动了当地消费、饮食、住宿等方面的经济发展。第二，促进了专业镇教育培训的开展。专业镇产业学院通过举办面向社区居民的培训项目，带动其他培训机构项目培训的积极性。第三，引领和培育专业镇社区文化。专业镇产业学院借助中山职业技术学院的文化优势，发展积极向上的专业镇文化。产业学院在潜移默化中提升了专业镇社区品质，促进了专业镇的全面发展。

---

❶ 陈小虎."应用型本科教育"：内涵解析及其人才培养体系建构[J].江苏高教，2008(1): 6.

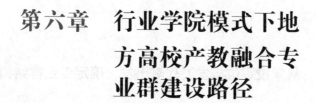

第六章　行业学院模式下地
　　　　方高校产教融合专
　　　　业群建设路径

地方高校在确定定位时重点要"准"。既要脚踏实地，实事求是，又要高瞻远瞩，具有战略眼光；既不能好高骛远，盲目攀比，又不能妄自菲薄，不求进取。只有紧跟时代的步伐，主动适应区域产业发展和行业企业人才的需求变化，才会有新思维、新理念、新战略、新方法，并据此创新，才能打造成品牌学校。本章就行业学院模式下地方高校产教融专业群建设路径进行详细分析，分为四个方面进行论证：从学校定位与发展战略出发，确定专业群结构布局；服从服务区域经济转型发展，制定专业群建设规划；创立现代职教人才培养联盟，拓展专业群发展空间；形成"六位一体"动态评价体系，监控专业群建设质量。

第一节 从学校定位与发展战略出发，确定专业群结构布局

学校定位与发展战略和专业群结构布局作为职业学校专业群建设决策中的重要议题，相互之间具有严密的逻辑关系。学校有什么样的定位就有什么样的发展战略，有什么样的发展战略就有什么样的专业群结构布局。进行专业群结构布局决策时，不但要考虑外部市场的需求变化，而且要明晰学校的定位和发展战略，即把专业群布局与结构优化调整作为体现学校定位、实现学校发展战略的具体途径。

一、学校的定位

所谓"定位"，《辞海》的解释是"在对工作进行加工或测量时，使之取得正确位置的过程"。学校的定位是学校办学目的、地位、质量、作用、实力、水平、效率、效益、竞争力、理念及发展潜力的综合体现。学校定位是一个立体的概念，一个包括诸多要素的系统。职业教育属于类型教育，职业学校的建设与发展需要形成清晰的定位。解决学校的定位，本质上是解决学校的内涵发展问题。职业学校的定位主要包括发展目标、办学类型、办学规模和层次、人才培养规格、师资队伍、办学条件、办学特色等方面，在此基础上确定学校发展的战略目标。

（一）以科学发展观为指导

科学发展观所追求的发展，不是片面的发展、不计代价的发展、竭泽而渔

式的发展，而是全面协调可持续的发展，是又好又快的发展。全面是指学校各个方面都要发展，要注重发展的整体性；协调是指学校各个方面的发展要相互适应，要注重发展的均衡性；可持续是指学校发展进程，尤其是专业发展进程要有持久性、连续性和稳定性，要注重当前发展和长远发展的结合。以科学发展观为指导，就是在决策中要做到统筹兼顾，即总揽全局、重视基础、兼顾各方、统筹谋划、综合平衡，把立足当前和着眼长远相结合，把全面推进和重点突破相结合。这些都是学校定位决策中应遵循的基本原则和方法。

（二）以学校的使命为准则

《中华人民共和国职业教育法》指出"职业教育是国家教育事业的重要组成部分，是促进经济、社会发展和劳动就业的重要途径"，确定了建立以初中为重点的职业教育体系。《国务院关于加快发展现代职业教育的决定》（国发〔2014〕19号）中指出："要牢固确立职业教育在国家人才培养体系中的重要位置，以服务发展为宗旨，以促进就业为导向，适应技术进步和生产方式变革以及社会公共服务的需要，培养数以亿计的高素质劳动者和技术技能人才。"随着职业教育改革的深化，构建现代职业教育体系已被提上政府的议事日程，总体目标是形成"适应需求、内部衔接、外部对接、多元立交"的具有中国特色、世界水准的现代职业教育体系。正如《国务院关于加快发展现代职业教育的决定》所指出的，要加快构建现代职业教育体系。统筹发展各级各类职业教育，引导一批普通本科高等学校向应用技术类型高等学校转型，加强职业教育与普通教育沟通，积极发展继续教育，打通从中职、专科、本科到研究生的上升通道，为学生多样化选择、多路径成才搭建"立交桥"。职业教育是国家教育事业的重要组成部分，职业学校的使命就是要适应技术进步和生产方式变革以及社会公共服务的需要，培养数以亿计的高素质劳动者和技术技能人才。完成这些重要使命，是确定学校发展定位的基本准则。

（三）以学校的基础为起点

一所学校的基础是其发展的前提或起点。职业学校经过长期发展，各自在校园校舍、设施设备、师资队伍、学校管理、校企合作都有不同的基础。以上海市为例，近年来，各校在师资队伍建设、职教集团建设、校企合作方面取得了重要突破。这些工作的推进和成果的取得不仅进一步夯实了全市职业学校的发展基础，还把全市职业学校办学水平推向了一个新的台阶。

（四）以学校的潜力为前景

学校的潜力就是学校在某些方面已有一定的能量积蓄、尚待发掘的潜在能力和力量，如专业发展的潜力、师资力量的潜力、校企合作的潜力、实训场地及设施设备使用的潜力、校园容积率的潜力等。学校在确定自己的定位时，应深入分析潜力，善于从学校的潜力中发现学校的发展前景。理论上，当学校的潜力与学校外部市场需求形成新的匹配时，就可能变成学校发展新的前景。潜力不会自动转换为前景，需要学校管理者及时洞察，捕捉外部市场的需求变化，充分挖掘学校的潜力，适时调整学校的定位。

二、学校的发展战略

学校的发展战略是学校在一定时期内的发展方向、发展速度与质量、发展着力点的一种选择。学校的发展战略基于学校的定位。在某种程度上，学校的发展战略直接受制于学校的定位，即有什么样的定位就有什么样的发展战略。以杨浦职业技术学校为例，学校的定位就是以服务为宗旨，以促进就业为导向，适应区域现代服务业和创意设计产业企业技术进步、生产方式变革以及区域社会公共服务的需要，培养高素质劳动者和技术技能人才。基于这样的定位，学校近年的发展战略是以上海市特色示范校建设为契机，形成汽车车身修复、中餐烹饪"双核"专业架构，扩大与之相关的专业类别，带动高星级酒店服务、动漫两个专业建设的全面升级，使学校人才培养质量得到全面提高。学校在行业中的影响力进一步扩大，社会声誉有明显提升。

三、学校的专业群结构布局

专业是指职业学校根据工作岗位的素质、技术要求而划分的学业门类，也指高等学校或中等专业学校根据社会专业分工的需要设立的学业类别。所谓学校的专业群结构布局，就是学校办多少个专业群，这些专业群在校园空间如何安排，以及根据区域经济的发展和行业企业人才的需求变化，不断对已经形成的专业群结构布局进行优化调整。

经过长期努力，我国的职业学校对专业建设已经积累了一套比较成熟的经验，但对专业群建设比较陌生，如何进行专业群结构布局成为尚待解决的新课题。

与专业结构布局相比，专业群结构布局要求学校决策者有更宽的视野、更长远的发展规划、更大的资源整合魄力、更高效的管理措施、更具深度的校企合作。专业群结构布局决策如果失误，对学校造成的损失将是一般意义上的专业结构布局失误造成的损失的数倍。因为专业结构布局失误造成的损失往往是学校某一发展点上的损失，而专业群结构布局决策失误造成的损失肯定是学校发展中某一片的损失。因此进行学校专业群结构布局决策时必须建立在充分论证的基础上，不能采用"拍脑袋"的简单方式。

（一）要有更宽的视野

专业群结构布局决策时要尽可能扩大自己的视野，注意全面掌握相关信息，进行多角度分析。分析中既要看到学校的发展现实基础，又要看到学校的发展潜力；既要看到学校专业建设的成功之处，又要看到专业建设的问题所在；既要看到外部环境有利的方面，又要看到外部环境的不利因素；既要看到相关行业企业的发展前景，又要看到相关行业企业发展的风险。要以产业群和职业岗位群分析为依据，确立专业群布局及群内专业架构。

（二）要有更大的资源整合魄力

专业群结构布局必须建立在学校现有资源整合之上，包括相似相关专业的整合、课程教材的整合、教学组织的整合、教学空间环境的整合、教师资源的整合、教学资源的整合、校企合作的整合等。没有经历这些资源整合过程，或者没有建立在这些资源整合基础之上，专业群建设肯定流于形式，结果是有其名无其实。

（三）要具有更高效的管理措施

从教学管理的角度看，专业群建设是对传统专业建设管理的一种超越，是对学校传统教学管理的一种挑战。原来的专业建设管理主要由专业部（组）负责，学校教学管理部门负责指导与协调。转入专业群建设以后，专业建设管理更多统筹到专业群层面，管理的层次更高，范围明显扩大，学校教学管理部门负责指导与协调的着力点更集中，责任也更大。这就要求学校必须对原有的一整套教学管理制度进行梳理和调整，进一步强化管理制度的执行力，实现教学管理的高效率。

（四）要有更具深度的校企合作

建立在单一性专业基础上的校企合作，是一个专业与若干企业之间的合作，点比较分散，层次较低；建立在专业群基础上的校企合作，是一个专业群对应一个产业群及若干产业集团，由于双方手中集聚了更多的资源，也更容易吸引对方，合作的兴趣更大，合作的广度和深度更容易拓展，双赢的结果更容易实现。当然，这些有利因素需要学校去挖掘与利用。

第二节 服从服务区域经济转型，发展制定专业群建设规划

经济转型不是社会主义社会特有的现象，任何一个国家在实现现代化的过程中都会面临经济转型的问题。即使是市场经济体制完善、经济非常发达的西方国家，其经济体制和经济结构也并非尽善尽美，现存经济制度也在向更合理、更完善的经济制度转型，存在从某种经济结构向另一种经济结构过渡的过程。本节以杨浦职业技术学院为例，阐述区域经济转型背景下的职业学校专业群建设规划。

一、区域经济的转型发展

经济转型或经济转轨是指一种经济运行状态转向另一种经济运行状态，是一种资源配置和经济发展方式的转变，包括发展模式、发展要素、发展路径等转变，是一个国家或地区的经济结构和经济制度在一定时期内发生的根本变化。经济转型是经济体制的更新，是经济增长方式的转变，是经济结构的提升，是支柱产业的替换，是国民经济体制和结构发生的一个由量变到质变的过程。[1]

我国从"九五"计划开始提出了经济转型问题，而后经济转型成为改革的持续热点，并把经济增长作为衡量改革成败的标准。上海市按照中央要求，加快推进"四个率先"，加快建设国际经济、金融、贸易和航运中心，致力创新驱动、转型发展。在互联网和新经济不断兴起的背景下，市场主体不断创新业态和模式，应用新技术实现新发展。上海提出以"四新"——新产业、新业态、新技术和新模式推动上海经济转型发展。新产业是指以新科学发现为基础，以新市场需求为依托，引发产业体系重大变革的产业。例如，互联网产业就是给世界产业体系带来巨大冲击和变革的新产业。新业态是伴随信息等技术升级应用，从现有领域中衍生叠加出的新环节、新活动。例如，在移动通信、卫星定位等技术发展之后，汽车服务带动出导航、车载信息、车联网等新增值服务；移动互联网领域随着移动终端的普及推出位置服务应用；社会经济领域海量数据挖掘分析形成大数据应用服务；互联网企业介入银行核心业务形成互联网金融等。新技术不是简单的产品技术或实验室技术，而是指可实际推广、替代传

---

[1] 光红.校企合作创新的演化博弈分析[J].科技管理研究，2007(8)：5.

统应用和形成市场力量的新技术，如 3D 打印、物联技术、云计算、储能技术、页岩气技术、机器人、M2M、高温超导材料、有机发光二极管、智能驾驶、可穿戴设备等。新模式是以市场需求为中心，打破原先垂直分布的产业链及价值链，实现重新高效组合，如制造业与服务业融合、制造业平台化、平台经济、联盟经济等。

"四新"的基本特点：一是四个"新"相互渗透，如某些新领域本身就是新技术应用后形成的新模式或新业态，部分新模式、新业态大规模发展后，引起产业体系根本性变革产生新产业。二是随着最新技术、模式等突破应用，"四星"内容和形态将不断变化。三是跨界融合特征显著，如制造业和服务业融合，跨界、异业联盟发展迅速，等等。四是"四新"往往渗透到传统产业改造提升的各个环节。五是更加依赖有利于创新的宽松氛围，需要鼓励创新、容忍失败、减少规制的基础环境。六是呈现轻资产化，以知识智力资产的开发和转化应用为核心，依赖核心人才团队建设。

上海市政府提出要深入把握"四新"发展特点和趋势，确立"四新"发展导向，合力营造有利于"四新"萌芽和发展的环境氛围，采取鼓励、保护、培育、引进、扶持等多种手段共同推进"四新"发展，推动形成符合市场导向的"四新"内生增长机制。

第一，拓宽培育促进"四新"发展的渠道。支持战略性新兴产业领域积极培育"四新"，通过制造业能级提升催生"四新"，通过传统产业改造对接"四新"。

第二，优化"四新"发展的市场化支撑体系。开展支持"四新"推广应用的重大项目，推进面向"四新"的投融资机制创新。要创新"四新＋基地＋基金"的载体建设模式，聚焦重点领域，细分产业链，吸引一批"四新"企业形成集聚优势。

第三，完善涵盖"四新"的企业服务及扶持体系。将"四新"企业纳入全市服务企业机制覆盖范围，探索将"四新"企业纳入高新技术企业认定范围，促进财税金融等扶持政策转型；将研发、应用等纳入项目支持条件，推动政府部门带头采购云计算等较成熟的"四新"产品及服务；推动营改增向支持"四新"方向完善。

第四，转变政府公共服务和行业管理方式。深入推进政府信息资源公开、数据开放和共享应用，为"四新"企业发展创造开放的市场条件。探索推广负面清单管理。原来政府管理方式以正面清单为主，现在探索应用负面清单管理的方式，为创新创业企业发展营造更大的市场空间。

经历创新驱动、转型发展，上海市的业态悄然发生变化。以服务业为例，"十一五"期间，上海市继续坚持"三、二、一"产业发展方针，推进产业结构战略性调整，服务业规模不断扩大，能级不断提升，服务业结构和空间布局不断完善，以服务经济为主的产业结构逐步形成。"十一五"期间，服务业增加值年均增速达到12.3%，高出全市生产总值增速1.1个百分点；服务业增加值占全市生产总值的比重从52.1%提高到57.3%，年均提高约1个百分点；服务贸易进出口总额年均增速达到26.4%，占全国服务贸易进出口总额比重从21%提高到28.9%；服务业吸引外商直接投资实际到位金额占全市外商直接投资实际到位金额的比重从62.1%提高到79.4%；服务业固定资产投资占全社会固定资产投资的比重从68.7%提高到72.7%；服务业从业人员占全市从业人员比重保持在53%以上。其中，文化创意产业呈持续增长态势。一批国家文化产业基地、80个创意产业集聚区和15个文化产业园区吸引了8 200多家文化创意企业。2010年2月，上海市成功加入全球"创意城市网络"，被联合国教科文组织授予"设计之都"称号。

上海市按照"市场化、产业化、信息化、社会化、国际化"的发展方向，加快构建以支柱服务业为主体、新兴服务业为引领、社会服务业为基础的发展模式不断创新的服务业发展体系，努力打造"上海服务"品牌。

做强创意设计产业。加强传统经典或老字号产品与现代时尚元素的结合，推动具有自主知识产权的本土创意产品走向世界。围绕机械装备、时尚消费品、建筑装饰等重点领域，打造集原创策划、交易展示和品牌运营于一体的创意设计产业链。

文化创意产业集成了文化、创意、科技、资本、制造等要素，以人的创造力为核心，以文化为元素，以创意为驱动，以科技为支撑。"十二五"期间，上海重点发展媒体业、艺术业、工业设计业、时尚产业、建筑设计业、网络信息业、软件业、咨询服务业、广告会展业、休闲娱乐业等领域。

提升传统旅游业。提高旅行社服务专业化水平，加快标准化建设。优化旅馆业结构，加强与国际知名酒店集团合作，发展会议型、度假型、精品型旅馆，打造品牌旅行社和饭店集团。振兴旅游餐饮品牌，引进国际品牌旗舰店，加强旅游纪念品开发。

培育新兴旅游业。利用大型制造业企业集聚的优势，大力发展工业旅游。借助国际知名的演出、节庆和赛事活动，积极发展文化体育旅游。利用丰富的教育和医疗资源，加快发展求学和医疗旅游。加快发展邮轮和养生度假旅游，大力发展生态休闲和农业旅游。

《上海市汽车产业"十二五"发展规划》提出，上海市汽车产业的布局按照制造业和服务业联动发展、区域配套协调、功能高效整合、资源合理配置的原则进行，原则上新增项目向产业基地集聚，产业升级、技术改造、新能源汽车发展等方面的政策资源原则上向产业基地集聚。要支持大型专业汽车服务企业的发展，创立国内知名品牌。上海市汽车产业"十二五"发展的具体功能定位之一是成为我国信息化和现代汽车服务业创新引领区。

汽车产业的快速发展催生着汽车销售和维修产业的不断发展，作为汽车销售和维修主渠道的4S店在上海市已超过48家。《上海市汽车产业"十二五"发展规划》指出，上海市的汽车服务业发展潜力还未完全释放，车联网等信息服务业尚在起步阶段。

职业学校要从区域经济、产业结构、产业链等外部技能型人才需求出发，对学校的专业进行调整、优化和创新，构建符合该区域经济、产业结构、产业链发展要求的专业群。杨浦职业技术学校正是基于以上产业信息资讯及相关专业的发展基础，重点制定了现代汽车、旅游烹饪、创意设计三个专业群建设规划。

二、现代汽车专业群发展规划

现代汽车专业群以汽车车身修复专业为龙头，以汽车维修与运用、汽车整车与配件营销专业为两翼。通过两年的建设，杨浦职业技术学校以打造汽车车身修复品牌专业为目标，带动专业群整体实力的提升，力争将汽车车身修复专业建设成为上海领先、国内一流、国际享有一定声誉的品牌专业，依托各级、各类大赛提升教育教学质量，在引企入校、创新人才培养模式等方面发挥示范作用。建设思路是回应杨浦区汽车服务业的发展需要，发挥专业群的集聚优势，贴紧汽车行业最新岗位要求，继续深化"全程工学结合"人才培养模式改革。结合学校实际，吸纳国际水平汽车车身修复专业教学标准成果，制定现代汽车专业群人才培养方案，完成专业群核心课程和数字化教学资源库的开发。外引内培，建立满足理论实践一体化教学需要的"双师""多能"教学团队。继续深化校企合作，共建校内外实践基地。将汽车车身修复作为专业群的重点建设专业，实施人才培养方案优化、课程建设、信息化管理系统建设、实训中心建设，带动专业群共同发展。建设举措主要有以下几方面。

（一）创建校企合作开放式专业群育人平台

按照学校专业群建设指导意见中"四个一"的要求，即建立一个合作教育基地、聘请一批行业专业技术人员作为兼职教师、开拓一批实习就业通道、设立一套校企合作创新机制和课程孵化机制，创建开放式专业群育人平台，开发专业群内学生学习指南，使其成为学校汽车专业人才培养的支柱和服务社会的链接点。

为培养技能高超的汽车专业人才，按照"一站式"设想，建立和完善具有专业群特色的校企合作、工学结合运行机制。汽车专业群将继续加强与卡尔拉得公司和上汽集团等国际国内汽车知名品牌企业的合作，贴紧汽车行业最新岗位要求，在专业群内深化工学结合、校企合作人才培养模式。同时，打造汽车车身修复高端品牌特色，成立企业参与的教学质量监督委员会。

（1）拓展校企合作，建设学校、行业、企业三位一体的育人平台。① 挖掘现有资源。整合校内实训设施设备，规范教育教学常规。② 深化校企合作。与上汽集团建立合作教育基地，建立规范有序的校企合作运行机制。③ 加强教学师资。聘请 3～5 位行业技术人员作为稳定的兼职教师。④ 开辟就业通道。瞄准汽车制造厂、汽车销售 4S 店、汽车维修企业 3～5 个新的就业通道。

（2）制定专业群人才培养方案。聘请国内外汽车行业专家入驻，组建汽车专业群建设指导委员会，参与汽车专业人才培养的各个环节。同时，对内部与外部两个市场进行深入调研，在此基础上制定现代汽车专业群建设方案和现代汽车专业群人才培养方案，开发现代汽车专业群学生学习指南，使开放式专业育人平台的作用得到有效发挥。

（3）打造汽车车身修复高端品牌特色班。为深化与国际名企的合作，践行人才培养模式改革，现代汽车专业群将重点打造汽车车身修复专业"卡尔拉得"冠名班 1 个。通过校企合作培养，使该班学生具备国际先进技术，能熟练操作国际先进汽车车身修复设备，能阅读简易的英文维修手册，尖子学生能在世界技能大赛中脱颖而出。90% 以上的学生能获得汽车维修钣金工初级工证书，70% 的学生能获得中级工证书，50% 的学生能获得国际知名企业认可的职业资格证书。

（二）推进课程教学改革

（1）构建专业群课程体系。着眼本专业群的实际，重点突出专业群的职业链结构，针对专业群的技术领域和基础知识趋同性的特点，合理构建专业群的课程体系。按照学校专业群建设指导意见要求，在"平台＋模块"的基础上，根据本专业群的特点，构建具有"宽平台、活模块、多方向、重实践"特色的专业群课程体系。

（2）优化课程内容。按照企业工作岗位的职业能力要求，根据工作岗位的实际情况选取或设计工作任务，并以工作任务为中心选择和组织课程内容，开发校本化的专业课程教学标准。

（3）开发校本教材。依照岗位需求，校企双方共同开发安全防护、车身损伤评估等八门专业课程的校本教材，形成生动活泼的现代汽车专业群系列校本教材。为适应汽车维修行业国际化以及规范化的发展趋势，特别开发安全防护专业双语教材，将最新的行业要求和世界技能大赛相关要求融入教材，填补上海市乃至全国在这一领域的空白。

（4）建设精品课程。在"车身金属件整形修复——车身门板修复"精品课程建设工作组的领导下，按照信息化标准认真做好精品课程各项建设工作。建设过程中充分利用企业、行业和高等院校资源，编写"车身金属件整形修复——车身门板修复"精品课程的教学设计、课程标准、教案等文本资料，制作数字化教学资源如 PPT 课件等，开发技能鉴定试题库，丰富精品课程内容，提升课程层次，如期通过课程评审，在市级精品课程网络平台上完整呈现"车身金属件整形修复——车身门板修复"课程。同时，在市级精品课程建设的引领下，完成"安全防护""车身永固件修复（一）"两门校级精品课程的建设。

（5）建设教学资源库。按照教学资源库的技术规范要求，充分发挥计算机应用的专业优势，以精品课程资源为基础，建立并完善有汽车专业特色的教学资源库。积累安全防护、车身损伤评估等专业核心课程教学素材，包括电子教案、PPT 课件、习题、案例、图片、视频等，初步建成汽车车身修复专业数字化教学资源库。开发"车身非永固构件拆装"仿真教学软件。

（三）建设"双师""多能"教学团队

通过专业群的校企共建，着力打造一支"双师""多能"师资队伍。利用职教集团平台，加强专业群校企合作深度建设，积极引进专家、名师、技师等能工巧匠作为兼职教师，提升"双师""多能"教师的数量与质量。

（1）深入企业实现岗位轮转式锻炼。① 实施汽车 4S 店挂职锻炼计划，相关中高职院校汽车专业进修、拜师学艺计划，促进专业带头人的成长。② 向上汽集团、卡尔拉得等先进企业派驻教师进行高端技能训练，提升教师的实际动手能力，增加对当前行业先进技术的了解，更好地开展日常教学工作，并进行适当的研发工作。

（2）专业群相近课程领域的专业培训。① 根据各类职业技能大赛的特点，抽调经验丰富的指导教师和技术过硬的外聘专家组成金牌教练队伍，全面提升学校职业技能大赛指导水平。② 开展教学改革实验、观摩研讨、教学总结反思、课改专题研讨等多种形式的教育教学研究和科研活动。中青年教师尤其要积极参与科研，在教学中研究，在研究中教学，在科研实践中锻炼自己的能力，成就自己的进步，提高科研能力。

（3）加强教师自我发展，完成"双师""多能"的教学团队培养。① 完善专业教师考取专业技术资格证奖励制度。加大鼓励力度，鼓励专业教师考取相关的技术等级证书和专业培训证书，对获得证书的教师给予经费支持。② 为每门项目课程配备一位行业专家担任顾问。一位专业教师与一位行业专家结对，努力提升教师"双师"素质，争取"双师型"教师比例达 50% 以上，把"双师型"教师队伍建设落到实处。③ 建立中原校区汽车工作室，聘请上海市优秀汽车专业教师入驻学校，把工作室打造为大师技能展示、高端师资培养、高级技能培育的场所。通过带徒传技，推广名师的教育教学、技能带赛等经验，促进师徒制人才培养模式的创建。

（四）建设开放共享的实践教学基地

按照"四位一体"和"四个中心"的要求，进一步强化专业群开放共享的实践教学基地的功能。

（1）建成现代汽车实训中心。根据专业人才培养的实际需求，结合各专业课程体系，加快汽车维修、钣金、营销实训中心的建设，加强实训中心的运行和管理。在实训中心中引进企业项目，建立模拟的教学环境，培养学生的专业技术能力。

（2）编写完成部分基本技能训练操作规程，完善运行管理制度，健全并规范实训教学文件。

（3）扩大社会服务功能。开展在职技术人员的继续教育培养和待岗人员的岗前培训，进行汽车维修、钣金和营销的专业技术培训。开发面向学校、企业和社会的专业培训课程，每年对社会提供技术培训 600 人次以上。

三、旅游烹饪专业群发展规划

旅游烹饪专业群以中餐烹饪与营养膳食专业为龙头，以高星级酒店运营与管理、旅游服务与管理专业为两翼。建设目标是以制定旅游烹饪专业群的人才培养方案为突破口，以专业园区的文化建设和平台建设为抓手，完成特色示范校的专业群的建设任务。根据学生的不同特点，积极推进人才培养模式改革，着力构建有利于"双素质"技能型人才培养的课程体系，开展上海市教育课程与教学改革项目"双证融通"改革试点工作，着力打造"双师"结构的专业教学团队，全面提升师资队伍战斗力，以中餐烹饪与营养膳食专业为专业群的核心，着力创建旅游专业群，立足杨浦、面向全市，通过两年的建设，把本专业群建设成为师资一流、课程教学合理、德技兼顾的精品专业，在上海市同类专业中发挥引领示范作用。建设思路：围绕杨浦区旅游服务行业的发展特点，确立"精品化"的专业发展定位；优化人才培养方案，深化校企合作、工学结合人才培养模式；推进理论实践一体化课程教学改革；通过各类培训，促进师资队伍建设；优化实训功能，形成集约化管理制度，提高人才培养质量；并通过中餐烹饪与营养膳食专业的建设，带动旅游烹饪专业群在共享课程、信息化管理方面的建设。具体建设举措如下。

（一）提升专业整体水平

建立旅游专业群建设专家指导小组，指导并有效落实专业群发展各项工作。以中餐烹饪与营养膳食专业为龙头，带动高星级饭店运营与管理、服务与管理等专业发展，形成旅游专业群有活力的良好局面。

（1）完成专业群的人才培养方案。本专业培养的人才将在餐饮行业就业，这些餐饮业的新生力量对食品安全的理解、对未来的食品安全工作有着重大的影响。根据学校的实际情况，制定专业群人才培养方案，编写相关文本集，强化食品安全的相关文件、操作标准等，包括专业教学标准、人才培养方案、课程标准。

（2）建设专业园区的育人平台。① 准备与金茂集团建立合作教育基地。② 聘请3～5位行业技术人员作为稳定的兼职教师。③ 瞄准五角场、东外滩、北外滩开拓3～5个新的就业通道。④ 以金茂集团合作基地为载体，建立专业群的孵化机制。

（3）建设专业园区的文化。① 以"马踏飞燕"旅游标志作为专业文化的标志。② 在园区内建设技能展示长廊，内容包括技能结构、岗位结构、专业建设成果和学生专业学习指南。③ 园区内学生统一穿着专业服装。

（4）管理运行。按照学校专业群教学文本规范要求，以实践教学基地为重点，制定具有园区特色的"专业群教师岗位职责""专业群主任工作职责""专业群教务主任工作职责""专业群教务员岗位职责"等。

（二）改革课程内容

着眼专业群的实际，重点突出专业群的职业链结构，针对专业群的技术领域和基础知识趋同性，合理构建专业群的课程体系。按照指导要求，在"平台＋模块"的基础上，形成"共享平台＋专业模块＋综合实践"三段式开放的课程体系要求，根据专业群的特点，具体构建小平台、大模块的专业群课程体系。❶

（1）优化课程内容。按照岗位工作任务的职业能力要求进行课程设置，根据工作岗位的实际情况选取或设计工作任务，并以工作任务为中心，选择和组织课程内容。在此基础上，初步完成一门专业课程教学标准的制定，编写学校本教材。

（2）完成"烹饪原料鉴别与选用"精品课程建设。在"烹饪原料鉴别与选用"精品课程建设工作组的领导下，按照信息化标准认真做好精品课程各项建设工作。建设过程中充分利用企业、行业和高等院校资源，编写"烹饪原料鉴别与选用"精品课程的教学设计、课程标准、教案等文本资料，制作数字化教学资源如 PPT 课件等，开发技能鉴定试题库，丰富精品课程内容，提升层次如期通过评审，在市级精品课程网络平台上完整呈现"烹饪原料鉴别与选用"课程。

（3）建设专业教学资源库。按照教学资源库的技术规范要求，充分发挥计算机应用的专业优势，以精品课程资源为基础，建立完成专业群的教学资源库。① 建设若干专业教学资源包，建成包括教研参考资料、电子教材、在线测评资源等在内的专业教学资源库。② 鼓励教师多使用录播实训室，通过即时的回放和点评，让教师更好地对学生技能训练活动进行指导，同时建成专业群系列课程录像资源。

（4）探索旅游专业群内关联教材的共建共享。构建"专业共享＋个性方向"的专业群课程模块，开发专业群共享课程"走近旅游行业"（名称暂定）的课程标准，为专业群发展奠定共同的基础。编写专业群共享课程"走近旅游行业"的校本教材，为专业群发展奠定课程教材载体支持。共享课程的校本教材由专业群各专业教师共同组成编写组，对内容进行协调确定。

（三）建设"双师""多能"教学团队

通过专业群的校企共建，着力打造一支"双师""多能"师资队伍。利用职教集团平台，加强专业群校企合作深度建设，积极引进大师、名师、技师等

---

❶ 刘奎武.专业群"校企融合五对接"人才培养模式的研究与实践 [J].职业技术教育，2015(5): 4.

能工巧匠作为兼职教师，提升"双师""多能"教师的数量与质量。

（1）进企业实现岗位轮转式锻炼。① 采用酒店挂职锻炼计划，相关高职院校烹饪、旅游相关的专业进修，拜师学艺计划，促进专业带头人的成长。② 向东郊宾馆、上海大酒店等高星级酒店派驻教师进行高端技能训练，提升教师的实际动手能力，增加对当前行业先进技术的了解，更好地开展日常教学工作，并进行适当的研发工作。

（2）专业群相近课程领域的专业培训。① 根据各类职业技能大赛的特点，抽调经验丰富的指导教师组成金牌教练队伍，全面提升学校职业技能大赛指导水平。② 开展教学改革实验、观摩研讨、教学总结反思、课改专题研讨等多种形式的教育教学研究和科研活动。中青年教师尤其要积极参与科研，在教学中研究，在研究中教学，在科研实践中锻炼自己的能力，成就自己的进步，提高科研能力。

（3）教师自我发展，完成"双师""多能"的教学团队培养。① 完善专业教师考取专业技术资格证奖励制度。加大鼓励力度，鼓励专业教师考取相关的技术等级证书和专业培训证书，对获得证书的教师给予经费支持。② 为每门项目课程配备一位行业专家担任顾问，一位专业教师与一位行业专家结对，努力提升教师"双师"素质，争取"双师型"教师比例达80%以上，把"双师型"教师队伍建设落到实处。③ 建立胡玉娟名师工作室，聘请酒店内的知名大厨入驻学校，把工作室打造为大师技能展示、高端师资培养、高级技能培育的场所。通过带徒传技，推广名师的教育教学、技能带赛等经验，促进师徒制人才培养模式的创建。

（四）建设开放共享的实践教学基地

按照"四位一体"和"四个中心"的要求，依托培训处，充分发挥大师工作室的作用，进一步强化专业群三个基地（学生实践基地、职工培训基地、技能考核鉴定基地）的功能，填补企业产品研发与推广基地的空白。

（1）建成旅游实训中心。根据专业人才培养的实际需求，结合各专业课程体系，加快旅游实训中心的建设，加强实训中心的运行和管理，申报第八十三国家职业技能鉴定所中式面点技能鉴定项目。在实训中心引进企业项目，建立模拟的教学环境，培养学生的专业技术能力。

（2）编写完成部分基本技能训练操作规程，完善运行管理制度，健全并规范实训教学文件。

（3）扩大社会服务功能。开展在职技术人员的继续教育培养和待岗人员的岗前培训，进行中短期烹饪、面点、餐厅、客房专业技术培训。开发面向学校、企业和社会的专业培训课程，每年对社会提供技术培训 600 人次以上。

四、创意设计专业群发展规划

创意设计专业群以动漫游戏专业为龙头，以美术设计与制作、计算机应用专业为两翼。通过两年的建设，以服务学生为中心，以培养应用型技术人才为目标，以专业群育人平台驱动专业群内相关专业发展。创新人才培养模式；以行业企业岗位需求出发，优化人才培养方案；构建科学合理的课程体系，优化"共享平台 + 专业模块 + 综合实践"的开放动态课程体系结构；培养"双师""多能"教学团队；通过建立开放共享的实践教学基地，完善工学结合机制，加强校企合作；创建共享型教学资源库；建立适合专业群的教学管理运行机制。基于园区专业群文化建设，以动漫游戏专业为龙头，以相互渗透、相互关联的专业脉络，带动专业群共同发展。

（一）具体建设目标

（1）树立新的教育教学理念。以学校动漫游戏专业、美术设计与制作专业、计算机应用专业组建创意设计专业群，形成集群式的教学管理，实现资源共享，加强专业群园区专业文化建设，形成特色。

（2）创建专业群育人平台。针对专业群内三个专业进行企业、行业调研。提升校企合作水平，形成校企共赢的局面。

（3）优化专业群人才培养方案。根据专业群前期建设，充实完善专业群调研报告，根据"平台 + 模块"的基本结构重新梳理整合专业群人才培养方案；编写专业群学习指南，以学生为本，使其明确学习范围、要求、职业能力、职业发展前景等。

（4）建设专业群课程体系。寻求专业群内各专业的共同点，形成创意设计专业群共享专业核心课程。同时，专业群内开展项目化教学改革尝试，以四门课程为试点，在考核方式和教学成果展示等方面进行改革，其中"FLASH 动画制作"是专业群内动漫游戏专业、计算机应用专业同设的模块专业方向性课程，可作为纽带将项目化教学改革渗入专业群。另将增设专业群内他类专业课程作为专业拓展课程，全面提升学生的多方位能力。

（5）建设专业群师资队伍。美术专业教师通过拓展课程带教计算机专业学生提高美术设计、美工能力，计算机专业教师通过专业核心课程和方向性课程带教美术专业学生提高计算机应用水平。教师参加各类各级培训，向"双师""多能"提升。群内教师间相互学习，相互弥补技能、知识的不足。

（6）建设专业群开放共享的实践教学基地。整合实训室资源，目前专业群内具有较好的硬件设施设备条件，如电脑机房、专业绘画教室、多媒体教室等。专业群内计划建设大师工作室、动漫创意公司、后期制作实训室，进一步提升实训条件，实现实训功能的融通。除了提供实践教学，力求引进企业真实项目，作为课程实践与评价环节的重要载体，成为企业开发与孵化创意产品的基点，加强职业技能培训，实现"四位一体"的功能。

（7）建设专业群数字化教学资源平台、作品发布与评论模块。由于创意设计类作品成果是可呈现的，因此是本专业群的特色与优势。数字化教学资源平台通过课程素材包、公开课资料、教学课件等资源，在专业群内共享，教师通过平台相互学习、拓展教学技能。作品发布与评论模块可呈现多专业、多形式的作品，多元化体现教学成果，如学生作业、比赛作品、项目制作成果，包括动态的、静态的、互动的。可增强评价形式的多样性，专业群内学生、教师、专家可在平台对作品进行投票、评价等。此举可以加强专业群内学生互动，提升学生学习兴趣，形成专业群内的虚拟社区。❶

（8）提升专业群社会服务功能。充分发挥创意设计专业群教学资源优势，多方面、多层次、多角度地把职业教育和各类对外活动、培训等相结合，为职业教育发展和职业技能提升提供技术服务，扩大社会效应。

（二）建设思路

围绕区域产业结构特点，满足行业企业需求，创新"四化"人才培养模式；通过市场调研，从岗位要求出发，优化人才培养方案；优化项目课程结构，开展项目教学改革，完成专业核心课程和教学资源库的建设；通过建立动漫大师工作室、组织各种形式的培训与活动，促进教师队伍建设；建设动漫模拟公司，引入企业管理文化，服务学校德育活动；将动漫游戏专业的建设思路引入专业群建设，重点进行群内专业教学实施方案优化、共享课程及课程资源建设、师资队伍建设，带动专业群共同发展。

---

❶ 陈新民．区域经济视野下的新建本科转型研究[M].杭州：浙江大学出版社，2014.

第三节 创立现代职教人才培养联盟，拓展专业群发展空间

联盟是学校与相关社会利益方的联合。办学联盟是现代职业学校发展的必然选择。教育部《现代职业教育体系建设规划（2014—2020年）》（以下简称《规划》）指出，我国现代职业教育体系建设总体目标是牢固确立职业教育在国家人才培养体系中的重要位置，到2020年，形成适应发展需求、产教深度融合、中职高职衔接、职业教育与普通教育相互沟通，体现终身教育理念，具有中国特色、世界水平的现代职业教育体系，建立人才培养立交桥，形成合理教育结构，推动现代教育体系基本建立、教育现代化基本实现。在建设现代职业教育体系的基本原则中提出，要"统筹职业教育和普通教育、继续教育发展，建立学分积累和转换制度，畅通人才成长通道"。《规划》在描述现代职业教育体系的基本架构时，特别提出职业教育的开放沟通包括以下几方面：①职业教育体系内部。系统构建从中职、专科、本科到专业学位研究生的培养体系，满足各层次技术技能人才的教育需求，服务一线劳动者的职业成长。拓宽高等职业学校招收中等职业学校毕业生、应用技术类型高等学校招收职业院校毕业生通道，打开职业院校学生的成长空间。在确有需要的职业领域，可以实行中职、专科、本科贯通培养。②职业教育与普通教育。建立职业教育和普通教育双向沟通的桥梁。普通学校和职业院校可以开展课程和学分互认。学习者可以通过考试在普通学校和职业院校之间转学、升学。普通高等学校可以招收职业院校毕业生，并与职业院校联合培养高层次应用型人才。③职业教育与人力资源市场。职业院校按照经济社会发展的需求确定人才培养的规格层次、专业体系、培养方式和质量标准。畅通一线劳动者继续学习深造的路径，增加有工作经验的技术技能人才在职业院校学生中的比重，建立在职人员学习—就业—再学习的通道，实现优秀人才在职业领域与教育领域的顺畅转换。《规划》第一次提出要"建设开放型职业教育体系"，该体系包括以下内容：①扩大引进优质职业教育资源。有计划地学习和引进国际先进、成熟适用的人才培养标准、专业课程、教材体系和数字化教育资源。大力引进国外智力，支持职业院校申办聘请外国专家（文教类）许可。实施跟踪和赶超战略，鼓励职业院校与国外高水平院校建立一对一合作关系。鼓励职业院校举办高水平中外合作办学机构和项目。鼓励职业院校以团队方式派遣访问学者系统学习国外

先进办学模式。加强同联合国教科文组织、世界银行等国际组织和职业教育先进国家开展职业教育领域的合作和交流。②鼓励骨干职业院校走出去。服务国家对外开放战略，培育一批具有国际竞争力的职业院校。加快培养适应我国企业要求的技术技能人才。积极扩大职业院校招收海外留学生的规模，探索和规范职业院校到国（境）外办学。支持承揽海外大型工程的企业与职业院校联合建立国际化人才培养基地。鼓励沿边地区的职业院校加强与周边国家的合作，提高我国教育对周边国家的辐射力、影响力。从教育部对现代职业教育体系整体设计中人们明显感受到，中等职业学校要有全新的空间思维观，与相关社会利益方建立广泛的办学联盟，只有这样才能拓展专业发展空间，使现代职业教育体系立于不败之地。

一、与政府联盟

政府对于职业教育事业进行决策、组织、协调和监控，引导职业教育按既定规划有序、稳定地健康发展。政府掌握大量职业教育资源，包括财政资金、政策资源、组织资源、人力资源、社会信息资源等。在上海市，职业学校与政府联盟主要涉及的政府管理部门包括教育委员会、发展和改革委员会、经济和信息化委员会、商务委员会、科学技术委员会、人力资源和社会保障局、住房和城乡建设管理委员会、农业农村委员会、生态环境局、文化和旅游局、国有资产监督管理委员会、新闻出版局、卫生健康委员会、体育局、绿化和市容管理局、交通委员会、药品监督管理局、口岸服务办公室等。这些部门与中等职业学校存在不同程度的联系，具有建立办学联盟的良好基础。教育委员会作为职业教育的行政管理部门，与学校的关系是领导与被领导的关系，对职业学校发展的影响更加直接。与政府联盟，需要学校主动出击，积极争取相关的指导与支持，并表示承担某种义务与责任的承诺，在可能的条件下或许有正式协议的签订。但更多是学校与相关部门保持密切的联系，以及相关政府部门给予办学方向指导和人力、财力、物力及信息资源的实质性支持，双方形成某种共识，没有直接的利益关联，也不是完全处于平等的状态，主要是社会责任。

二、与行业联盟

与行业联盟具体包括与行业协会联盟及与行业培训机构联盟。首先，与行业协会建立联盟。上海有数百家行业协会，如上海市信息服务业行业协会、上海会展行业协会、上海多媒体行业协会、上海市汽车行业协会、上海市通信行业协会、上海电子商务行业协会、上海市软件行业协会、上海美容美发行业协会、上海市建筑施工行业协会、上海市国际服务贸易协会、上海市医药行业协会、上海市交通运输协会、上海电机行业协会、上海市公共交通协会、上海市船舶工业行业协会、上海市物资流通行业协会、上海市化学建材行业协会、上海市工艺美术行业协会、上海市建筑材料行业协会、上海百货商业行业协会、上海交电家电商业行业协会、上海摄影行业协会、上海物业管理协会、上海报关协会、上海注册会计协会等。中等职业学校专业群一般与行业协会相对应，具有很强的针对性。这些行业协会掌握本行业的发展技术与信息，拥有本行业最具实力的企业资源和行业培训资源，是中等职业学校专业群建设与发展可以利用的宝藏。其次，与行业培训机构联盟。上海依托政府部门、行业协会及教育机构，建立了大量的各种培训机构，如上海法律培训中心、上海旅游培训中心、上海电力教育培训中心、东航培训中心、交通银行培训中心、上海建设工程测试培训中心、上海市商务教育培训中心、上海汽车工业总公司培训中心、上海浦东国际培训中心、华东电力培训中心、上海航空公司培训中心、上海化工职业培训中心、中国通信服务上海培训中心、上海轨道交通培训中心、工行培训中心、上海港教育培训中心、上海交大浩然培训中心、上海电梯技术培训中心、上海市现代食品职业技能培训中心、国网上海培训中心、上海仁和会计培训中心、上海烹饪餐饮职业培训中心、上海信息化培训中心、上海市市政培训中心、上海外服国际人才培训中心等。这些培训机构或有政府背景，或有大的行业背景，专业性强，谙悉所属行业的业态和发展趋势，对相关职业岗位的操作流程与要求了如指掌，专业上有一定的权威性，在行业内部有很深的人脉关系，是中等职业学校办学联盟理想的合作伙伴。

三、与企业联盟

企业以盈利为目的，主要通过运用各种生产要素（土地、劳动力、资本、技术和企业家才能等）向市场提供商品或服务，实现投资人、客户、员工、社会大众的利益最大化，企业是最具活力和生命力的社会经济组织。企业存在三类基本组织形式：独资企业、合伙企业和公司。公司制企业是现代企业中最主要、最典型的组织形式。现代经济学理论认为，企业本质上是"一种资源配置的机制"，能够实现整个社会经济资源的优化配置，降低整个社会的"交易成本"。❶

---

❶ 付月潇．中美创业教育比较研究 [D]．石家庄：河北师范大学，2009．

企业行事以追逐利润为前提，学校在校企合作中一定要以"双赢"为原则，如此才能与企业建立长期稳定的合作机制。根据杨浦职业技术学校校企合作的经验，学校与企业合作一般有两条途径：一是直接与企业合作，尤其是与大型企业集团合作；二是通过行业协会，与企业进行间接合作。与企业直接合作，特别是与大型企业集团合作是校企合作的最佳选择。与行业协会合作的优势是起点比较高，操作比较规范，目标达成度比较高。不仅如此，行业协会与相关企业联系紧密，有比较强的影响力和号召力，对于一些体量比较小的企业，通过与行业协会的合作能有效推进与微小企业的合作，起到事半功倍的效果。

四、与同行联盟

职业学校与同行联盟，包括与高等职业院校、基础教育学校、中等职业学校、教育培训机构合作。

首先，随着现代职业教育体系建设的推进，中等职业教育作为现代职业教育体系中基础层和发展重点，与高等职业院校的关系越来越密切，在政府主导下合作的形式越来越多，如中本贯通、中高职贯通等，而且这些合作形式受到社会的高度关注和欢迎。由于现代职业教育体系建设步伐的加快，中等职业学校与高等职业院校合作空间会进一步拓宽，高等职业院校将成为中等职业学校新的最理想的办学联盟。

其次，随着国家对以"职业辅导教育""职业继续教育"和"劳动者终身学习"为主题的职业教育终身一体工作的推进，中等职业学校与基础教育学校、社区教育机构以及中等职业学校与中等职业学校之间的合作也不断深入。例如，发挥学校的专业优势，通过"普职渗透"，承担普通教育的劳技课教学任务，如果专业对口还可以与青少年活动中心合作，承担校外教育项目等。社区教育机构包括开放大学、社区大学、社区学院、社区教育中心和居民学校等，它们主要为建设学习型社会服务，开展以职业技能、文化素养、现代生活、休闲娱乐等为主要内容的社区教育活动，为区域内居民包括老年人、青少年、残疾人、失业人员和外来务工人员等社会群体提供多样化的教育培训服务，职业学校可以利用自己的专业优势，与教育培训机构展开合作，扩大自己的社会服务功能。

在职业教育终身一体工作推进中，还有一个非常重要的部门，即人力资源与社会保障部门的职业技能鉴定中心。职业技能鉴定中心负责对本市劳动者实施职业技能鉴定和颁发国家职业资格证书。就上海市而言，目前绝大多数中等职业学校均与市、区职业技能鉴定中心开展了良好的合作，设立了职业技能鉴定所/站，不少资深的专业教师都成为职业技能考评员，承担了大量的职业技能鉴定及培训任务，不少学校承担了职业技能鉴定项目开发任务，为当地职业技能鉴定做出了重要贡献，同时提升了学校在行业的影响力。实践证明，与各级职业技能鉴定中心合作，是职业学校拓展专业群发展的有效途径，值得大力推广。

五、与国际教育联盟

在上海市新一轮城市总体规划中，上海市的城市定位已经发生变化。在2020年基本建成"四个中心"和社会主义现代化国际大都市的基础上，2040年要努力建设成为具有全球资源配置能力、较强国际竞争力和影响力的全球城市。与此前现代化国际大都市的定位相比，上海市应在全球城市格局中成为类似于纽约、伦敦、东京等的重要"全球性节点"。上海市要成为全球城市，必须是全球性的要素流动与配置的中心，对全球生产要素的价格有重大影响力，有全球性的商业机会和投资吸引力等。与之相匹配，上海市不但需要新型的产业体系，而且需要新型的教育体系。2014年，美国杂志《对外政策》（*Foreign Policy*）在哥伦比亚大学社会学教授萨斯奇亚·萨森等人和一些组织的研究基础上，发表了全球城市的排名。入选"全球十大都市"的城市依次为纽约、伦敦、东京、巴黎、香港、洛杉矶、芝加哥、上海、新加坡、华盛顿。这十座都市被称为新时代的"世界十大国际大都市"。此项排名的研究是在五个领域的基础上开展的，包括商业活动、人力资源、信息交流、文化积累及政治参与。上海市已经走在全球城市的路上，为此，包括职业教育的上海教育走国际化路线是必然的选择。

国家层面一直鼓励不同类型的学校开展中外合作办学，2003年，国务院发布了《中华人民共和国中外合作办学条例》（国务院会第372号）。职业教育作为中外合作办学的优先领域，有更广阔的发展空间和前景，它对促进我国现代化建设急需的学科、专业建设，完善课程、教材和教学改革以及教育管理体制和运行机制的进一步改革，提高中职学校的办学水平都有积极意义。

上海市中等职业教育探索中外合作办学起步非常早。1985年，上海电子工业学校与德国慕尼黑汉斯·赛德尔基金会合作，引进德国"双元制"职业技术教育模式。到目前为止，经教育部正式批准的上海中等职业教育中外合作项目已形成三种类型：第一类为政府合作项目，以上海电子工业学校与德国慕尼黑汉斯·赛德尔基金会长期合作为代表；第二类为整校制合作模式，如中华职业学校（原长乐职业技术学校）与澳大利亚霍尔姆斯学院合作的上海市长乐－霍尔姆斯职业学校等；第三类为部分专业合作模式，这是目前合作最普通的一种模式，如上海信息技术学校、上海市南湖职业学校、上海市商业学校、上海市东辉职业技术学校、上海市逸夫职业技术学校、上海第二医科大学附属卫生学校、上海市商业会计学校等。2014 年，上海市群益职业技术学校与芬兰合作，创建中芬职业教育卓越中心（上海"和与爱"中职学生创意空间），这标志着上海成立首个中等职业教育国际合作中心。中芬职业教育卓越中心主要承担职业教师国际交流和培训、国际职业资格认证、教师学生交流互访、国际课程引进、实训中心合作等功能。未来该中心将把职业教育的师资培训范围扩展到全国，成为全国职业教育杰出人才的孵化基地，同时也面向企业员工开放。该中心还将与跨国企业合作试点现代学徒制，借鉴芬兰现代学徒制的经验和成果，开展招生与招工一体化尝试。杨浦职业技术学校长期与国际知名企业瑞典卡尔拉得优胜汽车修复系统（北京）有限公司合作，为现代汽车专业群建设打下了良好的基础。上海中等职业教育中外合作办学不仅提高了学生的综合能力，促进了学生的成功就业和教师队伍的专业化建设，更重要的是引进了国外先进的教学理念、教学方法以及管理模式，促进了学校资源的优化配置，从而带动了学校整体办学水平的提高。事实证明，职业教育与国际教育机构合作有很大的空间，是职业学校专业群建设与发展的重大突破。

第四节　形成"六位一体"动态评价体系，监控专业群建设质量

为了引导社会行业的健康发展，每个社会行业都有自己的评价体系，职业教育也不例外。职业学校专业群评价指标体系是指由专业群各方面特性及其相互联系的多个指标所构成的，具有内在结构的有机整体。评价体系实质是一种工具，评价的关键是量表的设计，运用量表对专业群建设进行定期和不定期的监测，从而构成动态评价体系。通过企业、专业评价机构、学校管理部门、教师、学生、家长"六位一体"的评价，对专业群的建设质量进行监控，以确保专业群的持续发展。

首先，形成"六位一体"专业群建设动态评价体系，要做好评价量表的设计。上海教育评估院作为专业评价机构对精品特色专业已形成一整套评估办法，为学校专业群建设评价奠定了良好的基础。学校层面可以在此基础上，结合学

校专业群建设的实际，设计一套科学可行的评价量表。一个好的评价量表既要有较高的信度、效度，也要有适当的难度和较高的区分度。较高的信度即评价的可靠性，进行评价活动应保证对评价指标体系（项目及其赋值）正确理解、没有歧义，并使这些评价经得起实践检验。较高的效度即测量的正确性，如评价专业群内实践教学基地建设，不仅要考查其设备、设施的总值及其先进性，还要考查其对设施的有效使用，即专业通融性、自开率、对学生的开放情况等。区分度又称鉴别力，是指评价项目对评价对象实际水平的区分程度。评价的直接目的是取得"数量"，评价指标体系（项目及其赋值）如果没有较高的区分度，所测各个专业群的同一项目差异度无从区别，就很难据此做出正确的评价。难度是指评价项目的难易程度，评价的难度适中，有助于提高评价的信度、效度和区分度。古语说"工欲善其事，必先利其器"，评价就是专业群建设的一把"利器"。❶

其次，评价指标要具体、可测、行为化和可操作。一般说来，评价体系的最低一级指标必须分解到可以计量、可以操作的程度。但是，专业群建设中很多项目很难量化，有些量化的未必能够反映本质。因此，应允许某些指标有主观评定鉴别的余地。例如，对教师教学能力的评价，学历、职称、课题、论文等都容易指认和量化处理，但是学历并不必然地与能力成正比。因此，对教师理论与实践教学能力的高低，应在评价指标上注意凸显课堂教学效果和教育科研创新。教育评价有五个基本功能：选拔功能、导向功能、激励功能、改进功能和鉴别功能。专业群建设评价的目的是为了通过"以评导建""以评促建"提高专业群的建设水平。在实践中应注重发挥它的导向功能、激励功能和改进功能。只有明确了评价目的，才能根据评价目的对评价指标项目进行选择，根据评价目的对评价指标项目权重进行分配。关键的指标甚至可以达到"一票否决"的程度。例如，由于人才培养的规格是由课程设置决定的，因此课程结构和教学内容改革被置于比较重要的地位并赋予较高的权重。同样，专业群建设直接与产业和行业相关联，必须十分强调校企深度融合和人才培养的社会适用性，因此专业群毕业生的就业率和就业质量就处于极其重要的位置，成为评价专业群教学质量与效益的关键性指标。与此同时，还要注意区分评价主体。企业对学校专业群建设最有发言权，但不足之处是对学校教育不太熟悉，企业的评价

---

❶ 张博 . 互联网思维下高等院校产教融合模式探究 [J]. 中国教育技术装备，2017(14)：46-48.

应侧重于专业群专业及专业方向的设置，课程结构及课程内容对企业工作链、职业岗位群技术应用与人才要求的匹配度，学校毕业生就业后的质量评价。企业评价对学校专业群建设具有极强的导向性以及鉴别功能和改进功能。专业评价机构一般由教育主管部门指定，具有较高的权威性，评价指标设定比较严谨。目前，此类评估机构还没有制定出中等职业学校专业群评价指标体系，人们只能参考单一性专业评价指标。上海教育评估院发布的中等职业学校单一性专业评价指标主要围绕专业定位、专业师资、专业课程、教学质量以及特色说明等五个方面展开（全国各省市中等职业学校精品特色专业评价指标体系虽然有较大的差异，但聚焦点基本一致），具有全面性、导向性、鉴定性和监控性特点。少数省市发布了高等职业院校专业（群）评价指标体系，但"群"的特色不够鲜明。学校管理部门与专业群是利益共同体，评价指标应覆盖权威专业评价机构的评价内容，但要更具针对性和实效性，建议从专业群专业文化新鲜度、专业体系集聚度、专业群课程资源共享度、师资团队水平度、教学实施有效度、专业群专业建设改革创新度、教学条件完备度、校企合作融合度、专业建设成果显著度等九个纬度展开。学校管理部门评价的目的更多是监控、激励和改进。教师、学生、家长作为学校专业群建设的受用方，评价主要是从个体角度，通过他们的感受以"满意""比较满意"和"不满意"发表对专业群建设的意见，为进一步改进专业群建设提供一些参考，目的还是为了监控、激励和改进。需要特别指出的是，评价与其说是为了专业群的建设发展，还不如说是为了促进学生和教师的发展。因为专业群建设好了，受益最大的是学生和教师，通过他们再使企业和社会受益。

最后，专业群评价指标必须考虑专业群的特殊性。职业教育作为国家教育体系中重要部类，主要培养能适应工作变化的知识型、发展型技能人才。教育种类及人才培养目标不同，以及人才观、质量观的不同，形成了培养规格、课程设置、教学过程、质量检验、学生管理等一系列的差异。例如，职业学校的专业群特别强调专业设置以就业为导向，因此专业设置就必须有行业企业背景，校企合作就成了必然的要求，教师队伍中"双师型"教师必须占相当比例，在教学过程中强调学生对技术技能的掌握，实践性教学应占有重要的地位。职业教育人才培养目标的特点必须在评价体系中有突出的反映。再如，兼职教师及兼职教师的管理要求反映了专业群的行业背景、行业专家参与校企融合的程度，因此必须作为核心评价指标。由于行业企业职业的多样性，职业学校的专业群结构及专业内的专业结构比较复杂，即使在职业学校乃至专业群内部也存在较大的差异，学校专业群评价体系指标的可比性及其处理的方式必须有一定的灵活性。例如，设备值及其增量作为专业建设的一个指标是毫无疑义的，但是不同专业群和专业群内不同专业之间的实际要求差异性很大。文秘专业与医学检验专业，对设备值的要求差异十分大，应有灵活的处理方式。

第七章 行业学院模式下地方高校产教融合专业群建设特色发展战略

特色是一事物区别于其他事物的特殊性，是相对于参照物而存在的关系范畴。高等学校的办学特色是高等学校的代表符号，是办学实力、品牌、社会声誉的综合体现。关于办学特色，学界有多种界定。有学者从物质形态、组织形态、观念形态三个方面进行界定，也有学者从思想、主体、模式、环境四个方面对大学办学特色的构成要素进行描述。本章就行业学院模式下地方高校产教融合专业群建设特色发展战略进行分析，明确地方高校的比较优势与办学特色。制定行业学院模式下地方高校产教融合专业群建设标准，是完善地方高校产教融合专业群发展战略的核心保障。

第一节 明确地方高校的比较优势与办学特色

行业特色院校在明确办学定位后，出于可持续发展需要，要制定发展战略。发展战略对学校的成长有决定性的作用，决定学校的前进方向，决定学校最后的目标。牛津大学前任校长麦克米伦说："大学的成功是一扇有着好几个锁的门，开锁的钥匙是由自己铸造的，要走出这道门，当然需要资金这把钥匙，但也需要达成目标的发展战略这样的钥匙。制定出大学发展战略，我们就已经在通向成功的道路上前进了一大步。"2004年8月，在北京举办的中外大学校长论坛上，剑桥大学前任校长艾莉森·理查德指出："每一所大学都应有自己的特色，不是所有大学都应变成一流大学。"在新时期，行业特色院校要实现又好又快发展，必须选择特色发展战略。

一、比较优势

比较优势是经济学中的概念。李嘉图比较优势理论认为，如果一国生产一种产品的机会成本低于其他国家生产该种产品的机会成本，那么这个国家在该种产品上拥有比较优势。国际贸易的基础是世界各国产品比较优势的存在，各国应该根据自己的比较优势进行专业化生产并参与国际贸易，贸易双方均在国际贸易中获得贸易优势。引申到高等教育领域，高校个体或某一特定的高校群体在专门的学科专业领域办学的机会成本低于其他高校在该领域办学的机会成本，从而形成办学上的比较优势，经过长期的行业办学，行业特色院校已形成了比较优势。主要有以下几点。

第一，先发优势。行业特色院校是行业专业办学的先行者，在行业专业办学和行业人才培养上占有垄断地位。21世纪我国高教管理体制转变后，尽管随着行业特色院校在行业性学科专业领域办学的成功，会有很多的非行业性院校蜂拥而至兴办行业性专业，但由于行业特色院校先期进入某一特定的行业学科专业领域，其开创之举、先发地位已为自身赢得了稳固而可持续的先发优势。先发优势通过三条途径积累：①创造办学理念、制度管理、教育教学与人才培养体系、内在管理和运行方式的领先地位。作为先发者，行业特色院校有更多的时间积累和掌握办学经验。②抢在后来者之前占有办学的稀缺资源，如与行业之间的合作资源、行业性设备和物资资源，获得行业政策、项目、资金的优先支持以及日积月累发展起来的院校品牌认可度等。③培养早期的行业性受教育群体，这些受教育群体往往成为行业特色院校忠实的追随者、宣传者，通过传统的、现代的传播方式和自身示范效应，帮助行业特色院校赢得良好的社会声誉。

第二，行业人才优势。人才是一种特殊的资源，是人力资源的精华。行业特色院校由行业部委创办，与行业有着千丝万缕的联系，这使行业特色院校拥有更多具有行业背景的高端人才。行业特色院校最初的师资相当一部分由国家从行业中选派，其培养的优秀人才大部分到行业工作，遍布全国同行业技术、管理、领导各个岗位，他们又反哺行业特色院校。例如，东北石油大学（原大庆石油学院）的毕业生主要集中在中国石油天然气集团公司、中国石油化工集团公司和中国海洋石油总公司所属企业，大庆油田的主要领导和技术骨干的60%是大庆石油学院的毕业生。这些优秀人才在为行业做出卓越贡献的同时，十分关注、支持母校的办学。在行业特色院校聘请下，很多行业领导、专家、技术骨干承担学校授课任务和学生实习实践指导任务，为行业特色院校集聚了人才优势。

第三，学科专业集群优势。相比于综合性院校，行业特色院校在学科大类完整性、丰富性不足，使整体实力相对较弱，但在行业性学科专业办学方面有其他院校不可比拟的优势。行业特色院校根据行业产业链条上各个节点的需要进行学科布点、专业设置，相关专业互相促进、互相补充、互为依托，形成与行业紧密联系的专业群，建成本行业齐全的学科，形成合理的专业布局。以东北石油大学为例，经过50余年的发展，该校已建设了围绕石油工业产业所需的地球科学、石油工程、化学化工、机械科学与工程、土木建筑工程、电气信息工程、计算机与信息技术、经济管理、电子科学等门类齐全的行业性学科群，以学科建设为依托，建设了地球物理学、地球化学、油气田地质、资源勘查、钻井、采油、油藏、油气储运及化学工艺、机械、控制、石油工程管理等齐全的专业群，积淀了资源勘查工程、地球化学、石油工程、化学工程与工艺、过程装备与控制工程等八个国家特色专业，以及勘查技术与工程、储运工程、应用化学等一批省重点专业。各学科各专业互相支撑、共荣共生，从而在石油工程领域形成了其他非专业院校无法比拟的集群优势。

二、办学特色

办学特色是指一所大学在发展历程中形成的比较持久稳定的发展方式和被社会公认的、独特的、优良的办学特征。办学优势经过发展，可以成为办学特色，但并非所有的办学优势都能成为办学特色。办学特色应具备四个基本特征❶。

（1）独占性。独占性即具有不可替代性和不可复制性，即所谓"人无我有"。独占性不是学校某个教育要素的独占性，而是学校整体风格的独特性，即整体上具有明显有别于其他院校的内质与个性。这种内质与个性体现在学科与专业、师资素质与水平、教学和研究方式、制度规范、校园文化等诸多方面。

（2）优质性。不能说"人无我有"就是特色，"人无我有"也可能是缺点。只有区别于他校的独特性经过长期积累获得广泛认同的优质性，且其他院校短期内很难企及，才能成为特色。

（3）稳定性。办学特色的形成是长期发展、积累的过程。需要几代人甚至几十代人不懈追求和努力，需要经受历史时空的洗礼和考验，办学特色才能成为学校宝贵的无形资产和精神财富，并成为师生员工共同追求的价值理想、共同遵守的行为规范，具有相对的稳定性。

（4）发展性。办学特色的稳定性是相对的，办学特色具有发展性。这一特征意味着办学特色是充满活力的，是动态发展和与时俱进的，是只有起点而没有终点的。它既从学校办学传统发展而来，又随着时代的变化不断丰富和发展。这需要学校以科学发展观为指导，既重视办学经验的不断积累、充实、总结，又着眼于学校的前景与规划，不断发展、完善、提升。

行业特色院校办学特色不是自发形成的，也不是一蹴而就的。从时空上看，它是一个连续渐进的历史过程，是办学传统长期打造、积累、提升的结果；从形态来看，它是由量变到质变、由局部到全局、由低级到高级的过程。

---

❶ 陈新民. 区域经济视野下的新建本科转型研究 [M]. 杭州：浙江大学出版社，2014.

三、特色发展战略

特色发展战略是指高校基于内部条件和外部环境分析，在进行科学定位的基础上，综合考量办学历史积淀、社会发展需求、发展机遇和自身具备的比较优势，不断形成特色、坚持特色、发展特色，从而将学校的比较优势变为竞争优势，以特色彰显带动整体发展的发展战略。高校特色发展战略回答的是"建设一所什么样的大学"以及"如何建设这样的大学"的问题。特色发展战略由独具品格的战略思想、战略目标、战略任务、战略举措和战略保障构成。

（1）战略思想。战略思想指高校实施特色发展战略的基本观点和基本思路，是高校制定特色发展目标、发展任务、发展举措的基础。战略思想对一个学校的成长具有决定性，决定学校的前进方向，决定学校最后的目标，对学校发展产生的是根本性的、全局性的影响。纵观国内外著名大学的发展史，取得成功得益于有高瞻远瞩、符合经济社会发展需求的战略思想。"教学与科学研究相统一"的战略思想，使洪堡大学成为当时高等学校的楷模并引领了高等教育的发展方向；致力于为地方经济社会发展服务的"威斯康星思想"，使威斯康星大学成为一流大学；人才战略、强势学科发展战略、服务国家需要发展战略，带动华威大学迅速成为英国大学中的后起之秀；普林斯顿大学坚持"小而精"的战略思想，取得令世界瞩目的成就。战略思想的形成取决于大学对自身办学实践和办学特色的科学总结，取决于对经济社会发展需求的正确判断，取决于大学校长审时度势、谋划全局的战略眼光。

（2）战略目标。高校在既定的战略思想引领下，在科学分析自身发展的基础条件、与同类院校相衡量的比较优势以及发展的外部环境的基础上，对学校未来发展水平进行目标设定和蓝图设计。战略目标分为近期、中长期和远期目标，中长期目标最重要。以特色发展定位的高校中长期战略目标从低到高可分四个层次：特色学科在区域内或行业内具有明显优势，带动学校整体在区域内或行业内有一定影响；特色学科国内一流，带动学校整体国内知名、区域一流；特色学科群形成并有较强实力，带动学校整体国内领先或国内同类院校领先；特色学科群有很强实力和影响力，带动学校整体国内一流（领先）、国际知名。

（3）战略任务。战略任务是高校在构建特色发展战略时，为达到中长期发展目标而设定的相匹配的规划任务。普林斯顿大学为办成"小而精"的一流大学，规划的战略任务是开展非常严格的本科生教育和开展非常学术化的研究生教育。长期以来，在几任校长的推动下，这所大学集中精力和资源，把这两件事做到了极致。

（4）战略举措。高校特色发展战略举措的选择，要注重战略思想、办学理念的先导作用，要注重战略目标、战略任务的引领作用，要能够将战略思想、战略目标、战略任务内化为特色的校风、学风、师资水平、学科专业、制度规范、教育教学方式，并在办学实践中进行长期积累和历史养成。要致力于建立特色学科，发展特色专业，建设特色师资，开展特色科研，培养特色人才。

（5）战略保障。高校特色发展的战略保障包括办学经费保障、设备资产保障、人才保障、制度保障、服务保障等。通过保障条件的重点配置、重点倾斜，确保特色发展战略的实现。

相比于高水平综合性大学，行业特色院校的行业单一性决定其必须选择特色发展战略，以实现有限资源的效益最大化。行业特色院校在新时期的特色发展战略是指行业特色院校要牢固树立特色发展思想和理念，在原有行业性优势基础上，不断增强自身实力，彰显办学特色；是指行业特色院校要紧密依托学校传统特色领域取得发展，凝练传统学科方向进行创新，紧紧抓住行业这条主线，确立战略目标和战略任务，突出战略重点和战略关键，有所为有所不为；是指行业特色院校要以取得比较优势、局部优势为先机，进行战略布局，以比较优势赢得差异化发展，以局部赢得全局，最终实现办学水平的整体提升。

第二节　加强行业学院模式下地方高校产教融合专业群"双师双能型"教师队伍建设

教育大计，教师为本。有好的教师，才有好的教育。提高高等教育质量，需要建设一支师德高尚、业务精湛、结构合理、充满活力的高素质专业化教师队伍。行业特色院校以高素质应用型人才为培养目标，人才培养定位为应用型、复合型、创新型，即培养具有一定的复合性知识结构、创新精神与创意能力的高素质应用型人才。应用型是人才培养的总体目标和基本定位，复合型、创新型是对应用型的说明、补充和细化。应用型人才培养目标的实现有赖于行业特色院校拥有一批行业特色型的师资，即需要有一批"长期专注于某一行业，熟悉该行业领域相关技术业务和技术、人才需求，积极承担行业技术创新和产业技术升级改造任务，具备从事行业中基础性研究和共性关键技术研发能力，并与行业建立起良好互动关系的教师群体"。

一、地方高校产教融合专业群"双师双能型"教师基本素质要求

高校教师肩负着培养各类高级专门人才的任务，教师队伍的整体素质和学术水平标志着一所高校的办学水平，关系着一所高校的人才培养质量。国家高等学校教学质量与教学改革工程"十二五"建设的重要内容之一是教师教学能力提升工程，要求引导高校建立适合本校特色的教师教学发展中心，提升本校中青年教师教学能力，满足教师个性化专业化发展和人才培养特色的需要。根据行业特色院校高素质应用创新型人才培养的目标要求，一方面，行业特色院校师资需具备高校教师应具有的一般意义的能力素质；另一方面，还应具备行业专业教学和人才培养所需的扎实的实践应用能力和行业职业服务能力。

（一）高校师资素质的一般要求

高校的特殊地位和高校教师的重要作用要求高校教师必须具备全面的素质，包括思想道德素质、科学文化素质、能力素质、身心素质。

1. 思想道德素质

思想道德素质即师德。在高速发展的现代社会，师德与民族、与国家、与个体的人和全人类的文明发展息息相关，古人说的"传道授业解惑""师道合一"就是师德的境界，当代意义的师德，不仅指教师这一特殊职业具备的职业境界和道德操守，而且包括教师教育行为的道德性。高校教师师德包含思想政治素质和道德素质两方面。作为一名高校教师，既要始终把坚定正确的政治方向放在第一位，自觉坚持社会主义办学方向，热爱党，热爱人民，热爱教育事业，又要坚守崇高的职业道德，爱岗敬业，富有爱心，为人师表，修己达人。

2. 科学文化素质

科学文化素质是指高校教师从事教育教学工作具备的科学文化知识结构及其水平。高校教师的文化知识结构包括三个基本方面：专业知识、关联学科领域知识和教育科学知识。"术业有专攻"，专业化是国际上教师教育发展的趋势。首先，高校教师要通过专业学习、培训和进修等途径，在某一学科和专业领域有专长，准确把握本学科专业领域的基本概念、基本理论、知识结构、发展趋势。其次，高校教师应具备广博的文化知识和相关学科领域的知识，不断扩大专业研究的视野和范围，不断拓宽专业知识的广度，不断丰富相关知识储备，使教育教学融会贯通，不拘于一隅。最后，高校教师还要有必备的教育科学知识，特别是教育学、心理学等基本教育理论和知识，能够了解和遵循教育

规律，以便更好地把握大学生心理和生理特点及其个性差异，因材施教，提高教学质量。

3. 能力素质

能力素质是指高校教师发挥知识优势从事教书育人工作和开展学术活动的实际能力，包括教育教学能力和科学研究能力。教育教学能力是高校教师应具备的基本能力，其核心是教学组织能力。教师要通过钻研教学大纲、撰写教案、设计教学内容和组织教学活动，把知识传授给学生。教学活动具有双向性、复杂性和多变性，在教学过程中，教师应不断地对教学活动进行主动计划、检查、评价、控制、调节、修正，与其他教师一起经常开展教学研讨，在此基础上形成自己鲜明的教学风格。高校的职能决定了高校教师必须同时具备科学研究能力。只会教学不会科研的教师，算不上一个好的高校教师。高校教师的科学研究包括教学研究和学术研究两方面。高校教师既要积极探索教育教学规律，勇于开展教学活动本身所要求的教学管理研究、专业改革研究、课程改革研究、教学改革研究和质量管理研究，又要拥有开展学术研究的激情和在本学科领域探索创新的精神，积极承担学科基础研究和应用研究。

4. 身心素质

健康的身体和心理素质是高校教师从事教育教学活动的基础条件，特别是心理素质，教师的伦理道德、专业素养和能力的提高都必须以心理素质为中介，通过心理活动的内化得以实现。教师心理健康欠佳、个性有缺陷，不仅直接影响教师的教学态度、教学观念和教学行为，而且直接影响学生的心灵成长和道德人格的形成。高校教师优秀的心理素质应包括广泛的兴趣、高尚的情感、正确的自我意识、积极稳定的情绪、良好的自我调适能力、坚强的意志等。

（二）地方高校产教融合专业群"双师双能"型教师素质的个性要求

行业特色院校以为行业和地方培养高素质应用创新型人才、服务行业应用创新研究为目标。这一目标要求行业特色院校师资除应具备高校教师的一般素质外，还应具备个性化的能力素质，包括行业实践技能、团队合作精神、社会服务能力等。

1. 行业实践技能

相比于综合性大学，行业特色院校人才培养直接面向行业企业，人才培养规格有特定的从业技能规范要求。一般而言，行业特色院校实践教学环节的学分占学生应修学分的比例不少于20%。这就要求教师除了需具备传统意义上的学术研究能力外，还应熟悉本行业从基础产业到技术研发到市场拓展的全流程，熟练掌握本行业产业产品规划设计、生产开发或某一生产环节的基本操作技能，既能讲授专业理论，又能指导学生实验和实践。进入 21 世纪，知识经济快速发展，各行业领域从观念到技术呈日新月异的发展态势，今天所讲授的专业知识和进行的科学实验，明天可能已被新技术所取代。因此，行业特色院校教师还要养成终身学习的优良品质和与时俱进的职业素养，不断追踪行业发展前沿，及时掌握行业技术领域的最新成果，勇于开展引领行业发展的前瞻性研究和实践，不断提高自身行业实践技能和水平，从而为培养高素质应用创新型人才服务。

2. 团队合作精神

强调行业特色院校师资团队合作精神，既符合高校组织特点的要求，又符合行业特色院校学科建设、科学研究、高素质人才培养和教师自身专业化发展的需要。第一，高校组织特性呼唤教师开展团队合作。高校是以知识发展和教书育人为根本任务的公共事业性组织。知识的集聚和专业化使高校组织在某种意义上是"一袋马铃薯"式的松散联合体，科层制的管理体制难以发挥应有的作用，这一特性削弱了高校作为整体的内在一致性。在综合性大学里，学科众多，大师级人物、学科带头人、学术骨干总体数量多，综合实力的强大在一定程度上抵消了松散联合的不足。但行业特色院校学科相对单一，高层次人才总量偏少，如果缺少整合和集中攻关，低水平重复建设就在所难免。第二，行业特色院校人才复合型应用创新素质的培养需要教师的紧密合作。当前，行业技术和社会经济的发展呼唤实基础、重实践、会学习、有创造精神和创新能力的复合型应用人才。学生综合素质的培养仅依靠教师单兵作战难以完成，需要多学科、多专业的教师根据学生培养目标开展紧密合作，组成一个知识、技能互补的教学团队，从而把做人做事的道理和学科最前沿的知识综合传授给学生。第三，行业特色院校教师专业发展需要互相交流与合作。行业特色院校教师对行业领域相关技术业务的学习和掌握有一个积累的过程，经验不足的年轻教师需要得到老教师的传、帮、带，学校承担行业技术创新和产业技术升级改造、从事行业基础性研究和共性关键技术研发，需要建立合理的、团结协作的学科梯队。随着科学技术的发展和社会对人才规格要求的提高，行业特色高等教育在专业建设、课程建设、教学内容、教学组织等方面日趋综合化、系统化和信息化，教师作为个体越来越难以单独完成职业任务，需要教师加强团结协作精神，形成一个团队，资源共享，互相学习，取长补短，共同进步。

3. 社会服务能力

人才培养、科学研究和社会服务是高校的三大基本职能，不同类型和层次的院校对教师承担三大职能的侧重不同。研究型大学注重教师的科研能力；教学研究型大学把教师的教学能力和科研能力放在同等重要的位置；行业特色院校应根据自身定位和类型，在注重教师教学能力和研究能力的同时，对教师的社会服务能力有所要求、有所侧重，从而突显优势和特色。行业特色院校教师的社会服务能力，以自身专业为依托，以与专业相对应的行业深层次需求为指向，有多种表现形式。如为行业企业提供技术服务的能力，即为行业企业解决生产、建设、管理一线的技术难题，参与技术改造、新产品研发、技术创新，开展开放性设计和应用研究等；为行业企业提供咨询服务的能力，包括参与制定企业发展规划，参与生产、经营和管理的改进与优化，进行市场调研和市场推广等；承担行业企业人才培训和再教育的能力，主要是对行业企业的在职人员进行继续提高教育与培训，促进他们提高理论和实践水平，更好地为行业企业发展服务。

二、地方高校产教融合专业群"双师双能型"教师队伍建设模式的构建

（一）地方高校产教融合专业群"双师双能型"教师队伍建设的成就和问题

21世纪初高等教育管理体制划转后，随着高校的扩招，行业特色院校大力引进来自院校的优质师资和行业专家，充实师资力量，师资总量得到较大发展，师资队伍的职称结构、学历结构等不断改善，教师队伍整体素质得到很大提升，发展态势良好。以辽宁省行业特色院校师资队伍变化为例，从专任教师数量看，辽宁18所行业特色院校（沈阳化工大学、沈阳工业大学、辽宁工程技术大学、辽宁科技大学、大连工业大学、辽宁科技学院、沈阳理工大学、沈阳航空航天大学、中国医科大学、沈阳农业大学、大连海洋大学、沈阳建筑大学、东北财经大学、辽宁石油化工大学、沈阳药科大学、沈阳体育学院、沈阳工程学院、大连交通大学）划转前（共6所1997年划转、1所1998年划转、11所1999年划转）专任教师总数为7 857人，到划转十年后的2009年达到16 119人，是划转前的2.05倍。增加绝对数最多的是辽宁工程技术大学，增加了1 087人，增加比例最大的是大连海洋大学，是划转前的3.05倍。从职称结构看，18所行业特色院校划转前正高职称教师总数为657人，到划转十年后的2009年达到2 475人，是划转前的3.77倍。各校十分重视教师发展，加强教师培养，把师德建设、青年教师培养培训、教学团队建设等工作放在重要位置常抓不懈，师资力量能基本满足行业特色院校人才培养的需求，教学质量和水平不断提升。

同时，由于发展速度较快、划转后办学经验不足等多种原因，行业特色院

校在师资队伍建设中存在许多不足 ❶，具体体现在以下方面。

1. 教师队伍结构不尽合理，教师培养培训仍需加强

近年来，行业特色院校教师队伍建设保持总量平稳增长，但是仍然存在结构性不平衡问题。比如，教师队伍年龄梯度不够合理，年轻教师比例偏高。1999 年以来，随着各高校的扩招，行业特色院校师资队伍的规模迅速扩大，大量集中引进教师导致教师队伍年轻化，中青年骨干教师出现断层。学缘结构不合理，国际化程度低。受学科相对较窄的限制，行业特色院校专业师资来源于少数专业院校，有些教师本、硕、博在同一所高校完成，"近亲繁殖"的现象普遍。大部分行业特色地方性工科院校，师资队伍的国际化结构才刚刚开始。"双师型"师资缺乏，教师实践创新能力降低。行业特色院校隶属行业管理时期，学校与行业企业在同一管理下，水乳交融，往来密切，行业企业对院校在师资上的支持是双向的。一方面，院校教师有机会参与行业企业生产实践；另一方面，行业企业专家、管理骨干、工程师在院校兼职，指导学生实践，"双师型"教师数量充足。隶属体制转变后，由于少了共同领导协同双方建立经常性的制度化合作，各行业特色院校不同程度地存在行业特色师资规模逐步萎缩的问题。相对新到岗教师数量和"双师型"教师的短缺，行业特色院校培训培养渠道还需进一步拓宽，培训成效不够理想。

2. 教师的教学能力有待进一步提高

行业特色院校中，从高校毕业首次参加工作的年轻教师比较多，年轻教师学历较高且富有朝气，但多数从学校到学校，缺乏教学经验积累，对行业特色院校的教学特点、对学生的个性特点了解不够。很多新教师一进校就承担了大量的教学任务，牵头教授多门课程，适应、思考、接受培养的时间较短，教学能力亟待提高；多数教师没有相应的行业背景，缺乏产品设计、工程施工、营销管理等实践经验，无法对学生进行有效的实践指导；个别教师仍沿袭传统的教学模式，不适应高等教育大众化和学生学习方式发生深刻变化的形势，其理论教学和实践教学的能力与应用创新型本科人才的培养要求存在差距。

3. 领军人物和学科带头人在总量和比例上不足

特别是划转地方的行业特色院校，虽然经过十余年的发展，青年骨干教师队伍迅速成长，但是学科平台不够高、整体实力不够强，对高层次、高水平人

---

❶ 贺金玉.地方本科院校协同创新与协同育人模式研究 [M].济南：山东大学出版社，2013.

才缺乏吸引力，一些行业性较强的学科、新兴交叉学科和紧缺学科专业的国内人才储备总量不足，高水平人才更是凤毛麟角。加上有的学校现行的教师激励措施、考核方式和评价机制的引导作用不明显等原因，引进高层次学科带头人的难度要比综合性研究型大学大得多。总体而言，能占领国内学术制高点，能主持国家、社会、行业重大科研和创新项目的教学名师、学科专业带头人、领军人才数量偏少。

（二）地方高校产教融合专业群"双师双能型"教师队伍建设的创新思路

师资队伍是行业特色院校新时期获取竞争优势的关键要素和重要依托，行业特色院校要加强师资队伍建设，必须坚持"两条腿"走路。一方面，应围绕学科专业建设纳才引智，特别是加强高层次人才的引进和高水平专家的"引智"，即本着"不求所有，但求所用"的原则，勇于打破传统的人才观念，突破地域、国籍、工作关系等限制，采用全职与非全职聘用等多种方式，大力加强人才柔性引进力度。另一方面，学校要围绕应用型人才培养目标，从思想认识和思维方式上突围，通过理念转换、内涵创新、机制协同，重点培养构建以行业特色型师资为主体的教师队伍新思路，实现师资培养模式的创新。

1. 理念转换

理念转换涵盖两个方面：一是从以培养学术性研究型师资为主要目标向以育人——培养高素质应用型人才为出发点和落脚点的转换。在大众化高等教育阶段，行业特色院校和一大批地方性本科院校是人才培养的生力军，新世纪之交兴起的高职院校是人才培养的另一生力军。作为大众化高等教育的重要组成部分，高职院校以实用技术人才和岗位性人才为培养定位，与产业界建立了密切的联系，行业企业既是学生学习和实践的重要课堂，又是教师培训和提升专业技术能力的主要平台和渠道，"双师型"已日渐成为高职院校师资素养的代名词。由此产生的一个误区是，行业技术培养似乎是高职院校的专利，学术性研究型才是本科院校师资培养的唯一方向，从而使行业特色院校既因基础相对薄弱而难以在短期内造就学术大师，又因行业意识弱化而开始遭遇接地气不足的尴尬。事实上，随着高校日渐走向经济社会的中心，西方国家不乏"上顶蓝天、下接地气"的师资培养模式案例。例如，加拿大高校注重教师学术能力培养的同时，鼓励教师与产业界合作，在教师个人提高规划里有兼职工作、工业考察、开展一些开发性的设计和应用研究工作等项目，认为高校教师与企业合作有助于教师接触实际，丰富实践经验，从而转变教育观念，更新知识结构，提高教育和研究水平。英国考文垂大学因汽车设计专业的成就获得英国女皇奖项，在英国应用型高等教育中占有重要一席，该校80%的教师与外界有紧密联系。我国行业特色院校应冲破传统高校师资培养观念的藩篱，引导教师以提升教学质量、培养社会适用高素质人才为目标发展自己，通过"双师"素质培养，不断提升自身学术涵养、专业理论水平、实践创作技能和行业服务能力。二是从一般意义上的教师培训向注重教师自主学习、自我发展、自觉提高的教师专业化发展转换。教师培训与教师发展是两个既有联系又有区别的概念，教师培训着重于外部社会、组织的要求，而教师发展强调教师的主体性作用。这种主体性作用既体现在教师与学生互动的教育实践中，表现为教师对教育教学规律的主动认知，又体现在教师对自身职业生涯发展的主体意识、创新精神和具体的规划设计上。行业特色院校培养行业特色型师资，就是要通过协调内外部动力尤其是教师内在需求，培养教师的主体意识和自我学习能力，使教师专业素养和职业能力得到可持续发展和提高。

2. 内涵创新。

行业特色院校师资队伍建设内涵包括行业特色师资内涵和教师发展内涵两个方面。

（1）行业特色师资内涵。行业特色型师资有别于一般意义上的高校师资。有学者认为，行业特色型师资主要指行业特色院校中那些长期专注于某个行业，熟悉该行业领域相关技术业务和技术、人才需求，积极承担行业技术创新和产业技术升级改造任务，具备从事行业应用基础性研究和共性关键技术研发能力，并与行业建立起良好互动关系的教师群体。他们在素质、知识、能力等方面具有以下共性特征：具有推动行业科技进步强烈的使命感、责任感；具备为行业服务的扎实理论功底和理论联系的创新能力；具有丰富的行业工作经验和很强的组织协调能力。从对行业特色师资内涵的这一理论认知出发，行业特色院校应把培养一支有理论、重实践、能创作的"双师型"教师队伍作为师资队伍建设的目标。北京交通大学通过建立由行业认知、行业实践、服务行业三个模块组成的行业特色院校特色型师资培养模式，吸引和稳定了一批优秀人才从事轨道交通行业技术研究和服务工作，这应成为行业师资建设的一个重要方向。

（2）教师发展内涵。潘懋元从三个方面阐述大学教师发展的内涵：学术水平（基础理论、学科理论、跨学科的知识面）、教师职业知识与技能（教育知识和教学能力）、师德（学术道德、教师职业道德）。行业特色院校师资队伍建设内涵创新，需要结合高素质应用创新型人才培养定位和师资现状，对上述三方面进行细化、丰富和准确把握，有所为有所不为。具体而言，即教师学术水平培养以提升应用理论研究和开发研究能力为核心，教师职业知识技能培养以提升行业实践能力和服务社会水平为目标，教师师德建设以学生评价与社会评价为标尺。为此，行业特色院校在开展师资建设时，要把握好四条原则：一是提升教师应用研究素养和基础研究素养并重，更加注重提升应用研究素养的原则；二是培养教师实践应用能力与学术素养并重，更加突出培养教师行业职业能力和实践应用能力的原则；三是重点培养与整体提高并重，更加强调青年教师培养和学科带头人、高级应用人才引领示范作用的原则；四是师德、知识、技能并重，更加注重师德建设的原则。

3. 机制协同和创新

行业特色院校开展师资队伍建设，是一个需要各方面创建机制协同创新的系统工程。协同创新就其本意而言是指创新资源和要素有效汇聚，通过突破创新主体间的壁垒，充分释放人才、资本、信息、技术等创新要素活力而实现深度合作。2012 年启动实施的教育部"2011 计划"提出要大力推进高校与高校、科研院所、行业企业、地方政府以及国外科研机构的深度合作，探索适应不同需求的协同创新模式，营造有利于协同创新的环境和氛围。行业特色院校师资队伍建设的协同创新，就是要以行业特色型师资建设为合作契机，通过协议框架和制度安排，建立双向互动协同的形成机制、实现机制、约束机制，促进学校与地方政府、行业主管部门、行业企业单位、高水平大学、研究机构等各方发挥各自的能力优势，整合互补性资源，在资源共享、智力支持、项目研发等多方面开展互动与合作。从这一认知出发，行业特色院校应敞开校门办学，在师资队伍建设上大胆"走出去"，热情"请进来"，注重发展同政府部门、行业企业和社会各界的多方协同创新关系，共同培养青年才俊、领军人才、"双师"教师。

（三）地方高校产教融合专业群"双师双能型"教师队伍建设的模式构建

1. 高校产教融合专业群特色发展战略师资队伍存在的问题

师资队伍建设是高等学校建设的永恒主题。清华大学前校长梅贻琦说："所谓大学者，非谓有大楼之谓也，有大师之谓也。"行业特色院校在管理体制划转和扩招后，在师资建设上共性的问题主要表现在总量、结构、特色三方面。

一是师资队伍总量不足。教师总量偏紧、生师比过高是大众化发展以来我国高等教育的通病。在本科教育层面，行业特色院校是我国高等教育大众化的主力军，但行业特色院校师资集中在行业专业性需求，学科面偏窄，使师资队伍的补充相对于其他综合性院校难度要大得多。从近年各高校本科教学评估数据看，多数行业特色院校生师比在 17 ：1 以上，广东、四川、上海、江苏等省市部分行业特色院校甚至超过 20 ：1。国际比较数据和有关专家对我国不同地区、不同类型高校的抽样实证调查表明，生师比的合理区间为 14 ：1 ～ 16 ：1。生师比过高已经影响到行业特色院校教学质量和教师水平的提高。

二是师资队伍结构不尽合理。除与其他高校的共性问题，如年龄结构、职称结构、学历结构等不尽合理外，行业特色院校还面临学缘结构的难题。学缘结构是评价师资队伍群体结构的一个重要指标，标志着师资队伍的来源状态或"近亲繁殖"程度，预示着其潜在的科研原创能力。从实际情况看，行业特色院校的师资除公共基础课师资外，主要有两个来源：一小部分师资来自行业一线，这些师资有着丰富的实践经验，但不熟悉高等教育规律，缺乏高等教育经验，教学和学术能力相对不足，且学历职称往往偏低；另外大部分师资是本系统高等院校毕业生，由于师资紧缺，一些特定行业专业博士点少，很多高校采取本校毕业生硕博连读留校任教的体制，教师来源于同一学校或本校的比例有时高达 50% 以上，总体上存在学缘结构的单一化、本土化、低层次现象。例如，传媒类行业院校师资基本来自中国传媒大学、北京电影学院、北京师范大学等几所院校，可以说各传媒院校的师资基本处于自产自销的"近亲繁殖"阶段，中国传媒大学培养的博士生 90% 左右留本校作为师资使用。

三是师资队伍行业特色弱化。行业特色院校的师资一方面表现出毕业院校、所学专业主要来自同一类型、层次、分布而导致学缘结构单一的缺陷；另一方面，数量的急剧扩大稀释了师资队伍中的原行业性因素，属地化管理的转变也使教师与行业一线的联系逐渐淡化。加上很多师资直接来自高校，缺乏行业实践经验，缺乏对行业一线新技术、新发展的了解，更少有机会承担或参与行业重大科技攻关项目的研究，从而导致师资在教学上难以满足行业特色院校作为应用性本科院校的实践教学要求，在科学研究上又难以出现引领行业发展的高水平研究成果。

针对上述问题，在师资队伍建设思路上，行业特色院校要注重统筹规划、突出重点、优化结构、整体提高。统筹规划，就是要统筹考虑当前与长远、培养与引进、行业与院校、个人与团队、理论与实践、重点与整体的关系。突出重点，就是要渗透有重点、非均衡、差异化发展理念，凸显"以行业优势学科带动师资队伍建设，以师资队伍建设促进行业优势学科发展"的建设思路。学科水平与师资实力是"鸡生蛋、蛋生鸡"的关系，为提高教学质量，降低生师比，基础学科师资无疑需要充实。但在高层次人才队伍建设上，应实施重点领域重点投入，即重点向行业性特色学科、新兴学科倾斜，在致力于集中有限资源、凝练学科方向、做大做强行业性学科的基础上，集聚优秀创新人才，提升师资队伍的创新能力和竞争力。反过来，以特色学科师资带领本学科跟踪国内外科学前沿，进一步带动学科上层次、上水平。优化结构，就是要进一步优化职称、学历、学缘、年龄结构，尤其要优化教师的行业背景结构等特色结构，提高具有"双师"素质教师的比例。整体提高，就是要在突出建设重点的基础上，重视不同年龄、不同学历、不同职称、不同学科教师的培养提高，最终实现师资队伍全面建设、整体提高。

在师资队伍建设机制上，应从两方面下功夫。一是创新人才引进的机制，大胆探索人才引进的制度化、授权化、市场化、国际化。要采取三个相结合：个体引进与成组引进相结合、引进行业一线人才与引进院校人才相结合、刚性引进与柔性引进相结合。在人才柔性引进机制上，应坚持"不求所有，只求所用"的人才理念，尤其是对于业界师资，要打破户籍、人事关系限制，积极探索兼职、聘用、借用、参与技术攻关、设立工作站、与行业单位双聘共享等多种形式，允许引进人才校内校外两头兼顾，实现高智力人才资源共享。在薪酬体系上，要采用更具竞争力、更有弹性的市场薪酬、整体薪酬和浮动薪酬体系。二是创新人才培养机制，建设教师多样化培养平台，构建多层次人才培养和支持体系，促进教师学术水平和实践能力的双提高。

2. 地方高校产教融合专业群"双师双能型"教师队伍建设的模式构建

师资对于高校具有特殊的意义。师资优势是高校最大的优势，师资队伍建设既是高校内涵建设的重要方面，也是提升内涵建设水平、增强综合办学实力的重要保证。行业特色型师资在行业特色院校从小到大、从弱到强的发展中建功立业，行业特色院校的办学目标在优质师资不断集聚和充分发挥作用的过程中逐步得以实现。在新的历史时期，建设一支高素质、高水平的教师队伍，是行业特色院校实现实质转型、取得新一轮跨越式发展的关键。各校在具体实践上可结合本校实际和特色构建不同的模式，但总体而言，离不开四个字，即"引、聘、带、送"。

"引"，即大力引进高层次人才和创新团队。由于人才培养有周期长、见效慢等特点，引进高水平师资是高校师资队伍建设的捷径。行业特色院校引人要注意两个方面。一要改变专任教师从院校引进的单一来源面貌，开放教师来源渠道。考察发达国家高校选聘制度可以发现，欧美国家教师选聘有着较高的灵活性和弹性。例如，德国《高等学校总纲法》规定，德国高校教师分为教授、助教、合作教师和特殊任务教师四个层级。其中，特殊任务教师即德国高校选定的合同教师，他们具有丰富的实际工作经验，往往是某领域的专家。美国选聘教师面向全社会、全世界公开，侧重招募有工作经历的人才。我国行业特色院校要善于利用行业资源，吸引行业高级专家来校工作，在重视师资年龄结构、学历结构、职称结构、学缘结构的基础上，增加行业结构的权重。二要根据学科和专业建设的需要，以高层次和紧缺急需人才为重点，积极探索"学科带头人＋创新团队"的模式，投入重金力争引进一批在学科建设上有较大建树、学术造诣深厚、能够领导和团结梯队成员开拓创新的学科带头人，组成结构合理、团队合作与创新意识强的高层次学科梯队。

"聘"，即大力实施人才柔性引进制度。行业特色院校要多管齐下，畅通师资引进的"绿色通道"，建立编制引进与柔性聘用相结合的开放式教师聘用体系，通过双聘、互聘、联聘、返聘、兼职等多种途径，加强师资队伍建设。实施"但求为我所用，不求为我所有"的人才柔性引进政策，既能缓解学校长期师资总量仍然不足而短期师资总量又不宜过快膨胀的矛盾，又能缓解行业特色院校高层次行业性人才紧缺的结构性矛盾。柔性引进是指相对于在编全职聘用而言的一种引入方式，即在不改变人才与原单位隶属关系的前提下，打破国籍、户籍、人事关系等人才引进的刚性制约，由此形成的人事关系、工作时间、工作方式自由灵活多样的弹性人才引进方式❶。人才柔性引进有很多形式，如聘请知名专家、精英人才担任高校名誉性职务、讲座式教授、兼职教师或学生导师等。行业特色院校的师资柔性引进，应特别重视采取与行业企业合作共建的模式，即通过与行业企业建立战略性合作关系、建立教学实践基地和产学研创新实践基地等，与行业企业在师资上实行"双聘共享"。聘请行业专家担任学校实践指导教师或学生业界导师，请他们做专题讲座，或从事实践教学、技术技能水平要求较高的课程的教学指导，学校提供行业专家在校工作的待遇和弹性工作条件，使行业专家行业和学校两头兼顾，实现人才资源共享。

"带"，即加强青年教师培养，促进新教师尽快成长。要重视新教师岗前培训，优化培训内容，全面提高新教师教育理论、教育方法、教学技能、科学人文素质等综合素质；落实青年教师导师制，以学科带头人、骨干教师和经验丰

❶ 潘玉驹，廖传景.基于社会需求的应用型本科人才培养及评价 [J].高教发展与评估，2014(5): 6.

富的老教师作为导师，帮助、指导青年教师做好"传、帮、带"；开展青年教师课堂教学竞赛、教学观摩等活动，定期对青年教师进行辅导、实训，以全面提高青年教师的师德水平、教学和科研能力。

"送"，即积极建设专任教师外送培养平台，进一步建立和完善教师培养和培训体系。行业特色院校应针对结构性矛盾制定教师专业发展规划，重点推进"双师型"教师培养工程，建立教师到行业企业挂职制度，送教师到行业企业一线挂职实践锻炼，提高教师的行业实践水平和技术能力；积极推进教师国际化培养工程，设立教师国际化培养专项资金或基金，加大力度选拔教师到国内外重点院校的对口专业进行深造；加快推进教师学历学位提升工程，积极创造条件支持教师攻读博士学位和高级访学，整体提高师资队伍的结构、层次、水平，使之适应行业特色院校新时期内涵发展和综合实力提升的需要。

第三节 地方高校产教融合专业群特色发展战略的保障措施

行业特色院校特色发展战略的内涵是通过学科架构和科学研究的特色、专业设置和人才培养的特色、产学合作和社会服务的特色来体现的，其核心是通过特色的师资队伍建设来保障的。

高校以学科建设为基本特征。学科建设是高校科学研究和人才培养的重要基础，是高校发展的龙头。学科的综合实力体现了高校的办学水平。世界一流大学都有若干学科位居世界前列，但一流大学并不是所有学科均处于一流，往往是在某些学科极具特色，以此提升和确立学校的整体实力、知名度和影响力。

一、高校产教融合专业群特色发展战略的内涵

（一）学科架构和科学研究特色

有学者指出，从大学学科发展和演化的轨迹看，大学学科的发展过程是学科发展内在逻辑不断演化的结果，更是人们对其施加有目的、有计划影响和规划的结果，从而使大学学科建设呈现出程序性、规划性和策略性。作为与行业具有天然联系的行业特色院校，无论是地矿航邮、能源化工、农林水电，还是音乐美术、文化传媒、电子信息，其根基都在于有本领域深厚的学科传统和独具特色的学科体系。这种学科体系的延续、深化与发展，需要行业特色院校新

时期的领导者做出理性的选择和规划。从我国行业特色院校发展的现实情况看，划归教育部管理的行业特色院校中的大多数已积极瞄准世界同行业一流学科水准，面向国家行业战略需求，对学科发展进行科学合理定位，这些高校在学科建设上较为明晰的架构值得划转地方管理的众多行业特色院校学习借鉴。我们以结成"高水平行业特色大学优质资源共享联盟"的 13 所高校为例（表 7-1）。

表7-1　13所行业特色院校学科建设定位

学校名称	学科建设定位
西安电子科技大学	立足于鲜明的电子与信息学科特色与优势，工、理、管、文多学科协调发展
华东理工大学	着力构建化工特色鲜明、多学科协调发展的学科体系
中国矿业大学	围绕人才培养的核心任务、国家及行业的战略需求，着力构建以工科为主，以矿业为特色，理、工、文、管等多学科协调发展的学科体系
中国地质大学（武汉）	着力构建以地球系统科学为主导的学科体系，以此为前提，大力发展与国民经济建设、社会发展密切相关的信息、纳米、材料、生物、能源、环保等新兴交叉学科领域。通过"三步走"发展战略，最终实现地球科学领域世界一流
中国石油大学（华东）	着力构建以工科为主、石油石化特色鲜明、多学科协调发展的学科体系，实现国内著名、石油学科国际一流
东华大学	按照"坚持特色、拓宽基础、加强交叉、按需发展"的学科发展思路，坚持纺织科学与工程特色，着力发展工程、化学、材料、物理等学科领域。以工科为主，工、理、管、文等学科协调发展
河海大学	瞄准国际前沿和先进水平，服务国家重大需求，以水利为特色，以工科为主，多学科协调发展。水利学科总体上具备持续保持国际先进水平的能力，岩土工程学科总体达到国际先进，环境工程学科在水环境保护与治理等方向达到国际先进，工程力学、技术经济与管理学科总体达到国内一流
江南大学	以工业设计、食品科学、生物工程为龙头，彰显轻工特色，协调发展经济学、法学、教育学、文学、理学、工学、农学、管理学等八大门类

学校名称	学科建设定位
南京农业大学	以农业和生命科学为优势和特色，农、理、经、管、工、文、法多学科协调发展
东北林业大学	以林科为优势，以林业工程为特色，农、理、工、经、管、文、法多学科协调发展
合肥工业大学	坚持以工科为主，与企业紧密结合，发展产业学科，形成若干在国家和地方经济建设中发挥重要作用、在国内学术界有重要影响、跻身国内一流、与经济社会发展相适应、具有鲜明行业特色和优势的学科群体系
西南交通大学	着眼世界科技革命和国际学科发展前沿新趋势，强化工科，振兴理科，优化文科，培育新兴交叉学科，使轨道交通学科集群居国际领先水平，实现具有交通特色的多学科协调发展
长安大学	以培养公路交通、国土资源、城乡建设等专业人才为办学特色，以工科为主，理工结合，人文社会科学与基础学科协调发展

上述 13 所高校，大部分由隶属某一行业部委的独立院校发展而成，也有由多所行业特色院校合并发展而成，如长安大学、江南大学。这些学校在学科建设上的共性就是很好地继承和发展了学校原有行业性学科的优势和特色，行业性学科占据了国内本学科领域的制高点，未来的发展定位都是进一步把行业性学科做大做强，做到国内一流、国际领先，以行业性学科引领、带动学校向高水平发展。

对于划归地方管理为主的大多数行业特色院校而言，行业性学科实力可能还未达到较高水平，但同样是差异化竞争中的稀缺品种、宝贵资源。学校实施特色发展战略，就必须瞄准自身的发展目标和方向，在学科架构上牢固树立行业特色学科优先发展的意识，合理配置、整合和集中资源，根据学校的行业性、区域性、积累性，有所为有所不为，致力于培育和打造与众不同的学科特色和学科品牌，实施重点突破、优势带动，催生一批带动、支撑、服务行业和区域发展需要的名、特、优学科和学科群，并以相对集中的行业性优势学科为引领，加强学科的交叉和融通，促进相关新兴交叉学科的互动发展和多学科的协调发展，最终达到提升学校实力和知名度的目的。

行业特色院校学科体系本身是在长期为行业培养人才和从事行业技术研究中形成的。新的时期，为支撑学科发展，行业特色院校的科研工作仍应围绕和服务于行业发展需要展开。主要有三个层面：一是在基础研究上，应结合本行业重点发展的科技领域，集中力量开展行业性应用基础研究和高新技术开发，力争在某一领域能实现行业原始性创新，引领行业发展；二是在重点项目攻关上，应着力围绕行业战略目标和区域重大目标凝练主攻方向，为发展行业共性技术和解决区域经济社会发展关键问题提供智力支撑，促进行业产业结构调整和区域产业转型升级；三是根据学校科研积累性拓展特色研究领域，通过开展科研创新、人才聚集、产学研合作，使自身成为行业产业某一领域技术转移和成果转化的重要孵化基地。一般而言，基础研究是行业特色院校的薄弱环节，因此行业特色院校尤其应注意扬长弃短，应立足于关注与经济生活、与行业生产息息相关的领域，立足于解决实际问题。

（二）专业设置和人才培养特色

教育与社会发展相适应的重要体现之一，就是要根据科学技术发展和产业结构调整的趋势，调整专业结构设置，加强专业建设。行业特色院校的传统专业一般围绕本行业进行设置。新的时期，应同时注重以下两个方面。

一是围绕行业产业链的专业群建设，即依托行业性学科生态环境，围绕行业产业链建设包含主干专业、关联性专业以及服务性专业在内的完整的专业群。例如，食品轻工类行业院校以传统的食品工程、生物技术等专业为主干，发展食品制造与控制类专业等关联性专业，针对食品产业链产、供、销一条龙的内在经济需求，可发展市场营销、国际贸易、连锁经营等服务性专业，使专业覆盖食品产业链相关的食品加工、质量检验、装备制造、营销流通全环节。地矿工程类行业院校根据煤炭能源的勘探、开发、利用产业链建设需要，可以采矿工程、工业工程等专业为主干和龙头，围绕资源、生态和生产相关的矿建、安全、测绘、机械、信息技术等领域，发展环境科学、测绘勘探、力学建筑、机械自动化、消防安全等关联性专业，针对矿业产、供、销的管理服务需求，可发展交通运输、管理工程、物流等服务性专业。农林类行业院校在做实、做强农学、生物科学、食品科学、园林等传统专业的基础上，围绕蓬勃发展的现代农林产业需求，加快建设农林经济管理、水产养殖、市场营销现代农业服务类专业。

二是某一特定专业的内涵建设，特别要重视传统专业的改造和提升，即以传统特色专业为依托，改变单科性过强、专业面过窄的专业面貌；坚持以经济转型升级的要求，用行业发展的新理念、新技术，通过整合、交叉渗透等形式，改造和优化传统专业，提升专业的适应性和发展性。例如，随着科学技术高度综合的发展，一些农林类行业特色院校以传统的种植业为主的农学专业，难以适应现代农业产业发展对技术创新和管理创新的需要。一方面造成国家现代农业适用人才总量不足、高层次人才缺乏；另一方面导致高校农科类毕业生就业率低。为此，传统农学专业必须对培养目标进行重新定位，可立足于"大农学"观念，对一些学科基础比较成熟、社会需求相对稳定、继承性较好的专业实行宽口径培养，使学生具有较系统的专业基础理论，以及农学、园艺、植保、农林经济管理等综合知识和技能，使人才更贴近社会需要。对内涵不清晰、社会需求少、区分度不高的专业，应进行拆分、归并和整合。

在人才培养上，行业特色院校要特别注重人才培养模式的改革与创新。高等教育的人才培养模式直接受经济、社会发展水平和学校办学定位的制约。人才培养模式改革一直是我国高等教育微观领域改革的重点。我国高校关于人才培养模式改革的探讨，长期在处理好"通"与"专"、学术性与职业性、规划与自主之间的关系上波动，行业特色院校也不例外。回溯历史，不难发现，在行业特色院校建校之初以及划转前的相当长一段时期，为国家培养大批专业化人才（主要是工业建设人才）的培养定位使多数行业特色院校过于偏重专业性，专业划分过窄过细，专业教育重实践、轻理论，重实用、轻基础，重社会导向、轻学术导向。划转后的十余年来，伴随着人才培养规格的多类型、多层次、复合化趋势，很多高校意识到专才教育模式的弊端，开始尝试进行大专业制、弹性学制改革，宽口径和复合性成为新的追求。纠偏的结果使高等教育的职业性、专业化被弃置一旁，形成了另一种形式的"一边倒"，这同样是不可取的。应用型大学应"面向地方经济和社会发展需要，设置应用学科专业；强化实践实训教学，提高应用能力；重视应用研究，促进产学研紧密结合；培养具有一定理论基础和技术能力，为党政机关、企事业等基层单位管理服务的应用型人才"[1]。新的时期，行业特色院校的应用型定位没有变，随着新科技革命潮流的涌动和全面素质教育成为通识，行业特色院校必须根据新型工业经济所需，培养以应用型为指向、人文取向与功利取向内在统一的现代化人才。由此，行业特色院校在制订人才培养方案和课程教学体系时，要注重理论教学体系和实践教学体系的有机统一，在课程设置上与通识教育相区别，更加注重专业类、应用类的课程设置，特别要注重多维实践教学体系的构建，要在优化和整合课程体

---

[1] 杨善江. 产教融合：产业深度转型下现代职业教育发展的必由之路 [J]. 教育与职业，2014(33): 5.

系的基础上加强实践教学环节，在加强应用性教学和创新研究的基础上推动人才培养的校企合作、产学联合，凸显人才培养的应用性特色，使学生具有进入相关行业、产业领域就业或创业的知识储备，尽可能提高学生适应当前与未来行业发展的实际能力。强调培养行业高层次专门人才虽然有别于通识教育，但并非否定基础教育。相反，行业特色教育需要更加重视相关性公共课和专业基础课的设置，方能拓宽学生视野，培养行业意义上的宽口径人才。

（三）产学合作和社会服务特色

社会服务体现了大学发展与社会发展互相促进的辩证关系。行业特色院校具有服务行业产业的优良传统和开展产学合作的天然优势。在行业部委主管时期，行业特色院校与行业由于隶属相同，在同一体系领导和主导下，行业特色院校与行业产业优势互补，以为行业产业输送专门人才为服务根本，同时广泛涉猎行业生产发展咨询、技术研发、人员培训等内容和领域，水乳交融地开展产学合作。体制划转后，行业特色院校开展产学合作，实现社会服务职能，关键在于更新观念，牢固树立"以服务求支持，在贡献中求发展"的理念，进一步厘清产学合作和社会服务的属性、内容，拓展产学合作和社会服务的领域、渠道，创新产学合作和社会服务的机制、模式。

在理念上，要进一步深化对产学合作和社会服务的认识，紧紧围绕行业发展和区域经济社会建设需要，借助已有学科科研优势和基地平台，建立有利于人才汇聚、协同公关、学科交叉、资源共享的产学合作和社会服务管理运行机制和开放体系，营造开展社会服务的大环境。

在产学合作和社会服务的内容和领域上，行业特色院校应重点关注三个方面。一是教育培训合作。可以依托行业特色院校师资优势，采取送课上门、集中轮训、举办专业技能班、学历教育等多种形式，重点围绕行业实用技术技能培训、专业人才委托订单培养、行业企业人才继续教育、区域社会人才文化素养提升等方面提供多样化服务。二是充分发挥知识库、智囊团作用。主动与行业企业和地方政府单位接轨，通过开展课题立项、学术论坛、专题研究等方式，为区域经济社会发展服务，为行业企业发展出谋划策，提供规划决策、组织管理和生产经营方面的研究、咨询和评估服务。三是以研究项目为起点，逐渐转向项目合作与战略合作相结合，把合作触角伸到行业企业和地方经济社会发展的方方面面。

在产学合作体制机制上，在脱离原行业主管部门管理之后，行业特色院校要着重探寻政、产、学、研等多方面的合作和支持新机制，拓展政、产、学、研合作平台与网络，通过创建高校文化创意园、产业孵化园等，构筑大平台、组建大团队、争取大项目、创造大成果。在服务模式上，要实现几个转变：从自发服务，向自发服务、学校有组织服务并重转变，提高合作水平与层次；从项目合作，向项目合作、长期战略合作并重转变，提高合作稳定性和长期性；从适应性服务，向适应性服务、导向性服务并重转变，提高合作主动性。浙江传媒学院在产学研合作中探索形成了临时性合作、契约性合作及一体化整合三种模式，有效开发了产学研合作的潜能。临时性合作是指社会企业主体或者政府主体根据某种需要，直接与学校开展临时性的人力资源或者硬件设施使用的合作。例如，邀请学校专家参与节目评奖、座谈、创意和策划等，"超级女声""雅虎搜星"节目组租借学校演播大厅等。这些合作形式可以有效增进学校与相关企业主体之间的联系，搭建起两者之间可能开展更深层次合作的框架和渠道，提升学校影响力。契约合作方式以契约和利益作为合作的纽带，以项目为载体，优势互补、资源共享，建立融合双方权利、责任和利益的信用合作关系。例如，学校和浙江广电集团共同组建的浙江广电研究院、合作开展的人力资源培训就属于这种模式。这种模式有利于和传媒企业建立更为固定、更为长期的合作关系，有利于真正实现资源互补、利益共享，促进学校的人才培养模式改革、教学改革、科研团队的历练等，对学校发展的推动力最大，是当前浙江传媒学院产学研合作的主要形式。一体化整合模式是产学研合作的高层实现形式，指学校输出自我的科研、人才、资金等，整合社会资源，组建具有独立法人资格的产业组织。其好处是能够加速推进科研成果的产业化，形成效益，推动行业乃至产业发展。从传媒类院校的学科特色和方向上而言，举办剧本创作、电视策划、媒体应对、技术研发等实体将是可供选择的途径。这需要学校不断积累实力，积极创造条件，有效把握时机。在这类合作中，必须充分做好前期的预案研究、论证等工作，排除不必要的经营风险。

二、地方高校产教融合专业特色发展战略的外部环境与政策建议

行业特色院校特色发展的内生动力在于高校自身，但离不开外部动力的推动。这里的外部动力主要指来自教育主管部门及行业相关主体要素的推动力。行业特色院校的特色保持和发展，需要教育主管部门及行业相关主体的特殊关注和支持。从高校治理结构看，我国高校在政府的直接领导和规范下办学，高校与政府的关系受到行政权力的框定。政府直接决定着高校的领导任命、专业设置、招生规模、人员编制、经费额度、财务审计以及办学质量评估等。这种治理结构的

优点是政府可以通过统筹规划，实现高等教育的合理布局，促进办学资源的集成与优化，对高等院校的办学方向与办学质量进行有效引导与监控。但是，伴随着我国行业院校整体划转地方管理，实行省部共建，这一治理模式表现出结构上的单一性和滞后性，并在一定程度上对行业特色院校发展形成制度性障碍。

（一）地方高校产教融合专业特色发展战略的外部环境

一是小政府与大高校之间管理力量的落差使地方教育主管部门无力成为行业特色院校新时期特色发展的催生力。20 世纪末以来，随着教育管理体制的转变，隶属地方管理的高校剧增。在沿海经济发达地区，一个省的本科院校达十几所乃至几十所。政府部门对于高校具体的专业设置、招生规模、人员编制等管理压力急剧增加，无暇顾及支持行业特色院校特色发展的政策环境问题。

二是传统重点大学建设的固有思维在地方教育主管部门并未得到改变，对大学进行分等分级的传统观念和单一评价标准使"马太效应"影响长期存在。在"211"和"985"的推动下，重点大学得到国家和地方政府的双重支持，众多行业特色院校虽在某一行业学科领域颇具特色，但终因在综合实力上难占优势而未进入"211"和"985"，这使其在资源获得、工程建设、项目支持上相形见绌。虽然国家已经停止了"211"和"985"的评审，但教育主管部门在短时期内很难摆脱固有的重学轻术、重理论轻应用思维模式的影响，其主要表现形式就是教育评估体系的标准化和单尺度性。这种单一标准主要体现为科研规模，论文专著数量、索引情况和影响因子，以及博士点与硕士点建设等学术性指标，是对高校进行评分、排名、绩效考核、资源分配以及财政拨款的主要依据。学术以外的其他指标，如毕业生就业情况、专业对口率、薪资水平、社会满意度等人才培养和社会评价指标，虽是衡量大学办学水平的重要指标，却很少被政府部门在对高校进行评估时采用。与我国相比，西方大学的评价权力模式不一，有学者概括为英国模式、荷兰模式、美国模式等，但可以找出的共同点是西方大学的外部评价体系多元，评价机构多样。例如，英国实行政府、准政府机构（质量评估委员会、高等教育统计局、英格兰高等教育基金委员会等）、行业协会（英国大学机构、高等教育行会等）协同评估的大学评价模式；美国依靠不同媒体如《美国新闻与世界报道》《纽约时报》所做的大学排行榜对大学开展综合评价。行业特色院校在缺乏分类指导和多元评价的评估体系中往往面临两种发展命运：要么被边缘化，要么被同质化。

三是地方政府部门未能疏通行业特色院校与原有行业及社会之间的通连渠道。新时期行业特色院校转地方管理后，其办学目标的确立、学科与专业建设的重点既要密切结合区域经济的发展特色、地方经济转型升级的需求以及地方文化的发展与传承，又要为地方政治经济文化发展提供思想支持和精神动力，还要继续为原行业企业重大技术创新提供原创性技术支持和人力资源保障。但是当前这样的合作传导屏障太多，平台支撑乏力，信息渠道以及合作模式都有待进一步提速和升级。❶

（二）地方高校产教融合专业特色发展战略的政策建议

新时期行业特色院校要获得特色发展，国家必须从外部治理中为高校注入新的发展活力。可以从以下两方面进行考虑。

一是地方政府与行业部门应在一个更高的层面上建立起新的联系共建机制，从而形成共建行业特色院校新模式。共建双方的责任分别为地方政府指导行业特色院校制定科学发展规划，采取有效措施，确保学校在学科建设、人才培养、科学研究等方面的正常经费投入；支持行业特色院校继续保持和发展原有行业特色，在硕士点及博士点建设、重点学科和重点实验室建设、教学改革与教学基本建设、师资队伍建设、科研项目申报等方面采取积极倾斜政策，促进学校快速发展；鼓励学校发展优势学科，做强特色品牌；支持行业特色院校将行业作为重点服务对象，支持其以服务行业为支点不断提高为经济社会服务的能力。行业主管部门对行业特色院校的改革和发展继续予以关注和支持，结合行业事业产业发展规划，在行业特色院校教育教学改革、行业性学科专业建设、人才培养、学位点申报等方面继续给予指导和支持；充分发挥行业主管和资源优势，支持行业特色院校开展深层次的企校合作，支持行业特色院校积极参与和承接行业科研项目和课题；以项目委托、专项资金支持等方式，在行业特色院校学科建设、重点实验室建设、科学研究及人才培养等方面予以支持；支持学校教育教学改革和创新，为学校进一步提高教学水平和人才培养质量、更好地培养适应行业产业发展需要的人才提供指导和帮助等。

二是对高校治理参与结构主体进行扩容。在确立高等教育布局、发展重点与门类、学科与专业特色、师资队伍建设、经费投入指向时，不仅要有教育主管部门参加，还要吸收政府发展与改革委员会、经济和信息化委员会、国有资产管理委员会，以及信息产业、文化、交通、卫生、广电等行业主管政府机构，吸收大型企业、社会学术团体及其他社会机构的代表组建联席会议制度，由省

---

❶ 黄亚妮．关于高职教育"工学结合"的几点思考——基于中国大陆部分高职院校的调研[J]．高教探索，2008(6): 3.

级政府主要领导和分管领导担任负责人和召集人，共同研商高等教育的整体布局、政府的政策指向。例如，完善产学研合作等外在政策框架和平台，建立起以宏观指导为主要内容的政策导向机制和政策供给制度。结构主体的扩容能够改变原来教育主管部门单一主体的高校外部治理结构，使高等院校办学进入社会政治经济文化发展的中间地带，更好地吸纳各种社会要素，更好地扩大办学视野和推动决策科学化、民主化，有助于在管理体制转变后建立起省部共建的新机制和行业特色院校与行业沟通的新渠道，进而建立起行业特色院校与政府、社会的新型合作关系。

在新治理结构中，发挥杠杆作用的支点还是原有的政府教育主管部门。通过政府教育主管部门的纽带，实现高校外部治理结构主体要素的扩容、整合与效能集聚；通过政府教育主管部门与高校之间管理模式和治理机制的完善，进一步推动高校依法办学、科学发展；通过政府教育主管部门主导，以扶持引导、购买服务等方式与中间组织和社会评价机构共同研究高等教育分类指导、分类管理、审议评估的政策和制度，共同开展教育教学评估，从而营造良好的外部环境，引导和支持行业特色院校自主办学、特色发展。

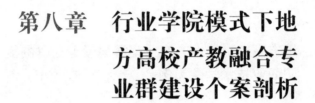

第八章　行业学院模式下地
方高校产教融合专
业群建设个案剖析

行业特色院校以为行业和地方培养高素质应用创新型人才、服务行业应用创新研究为目标。这一目标要求行业特色院校师资除应具备高校教师的一般素质外，还应具备一些个性化的能力素质，包括行业实践技能、团队合作精神、社会服务能力等。本章对行业特色学院模式下地方高校产教融专业群建设的个案进行研究，分别对沈阳职业技术学院的产业集群建设实践、浙江传媒学院的产学合作培养应用型人才的改革创新、重庆科技学院的卓越工程师培养实践、华中农业大学的实践创新型农业人才的改革进行了探索和研究。

第一节　地方高校对接地方产业集群建设专业群的实践探索——以沈阳职业技术学院为例

沈阳职业技术学院是国家示范性高职院校。在示范性高职院校建设过程中，以校企合作为基础平台，深入推进工学结合，从人才培养模式改革、课程体系构建、优质核心课程建设、教学方法手段改革、"双师"团队建设、实习实训条件建设等方面出发，重点建设了与沈阳模具、材料、焊接及自动化产业群对接的模具设计与制造、材料成型与控制技术、焊接技术及自动化、电气自动化技术等专业群，形成了具有自身特色的专业人才培养模式，构建了满足企业核心能力培养要求的新型课程体系，人力培养能力与质量显著提高，服务区域经济发展的能力显著提升 ❶。

一、沈阳职业技术学院重点建设专业群实践探索

在进行国家示范性职业院校建设过程中，沈阳职业技术学院对接沈阳地区机床、汽车、材料、电子信息、旅游等支柱产业发展需求，建设机械制造、电气自动化等九大重点专业群，带动了学院人才培养水平整体提升，取得了一定成效。

（一）培养专业群"双师"特征教师团队

沈阳职业技术学院与企业密切合作、深度融合，实施"四双"团队建设模

---

❶ 董文良，郭权，刘慧.应用技术型高校人才培养目标体系构建的一个样本分析 [J]. 现代教育管理，2015(8): 100-104.

式。专业群建设校企双带头人、学院专业群带头人和企业兼职专业群带头人分别负责课程开发及实践教学,共同带领团队进行专业群建设。围绕核心课程建设配置,由校企人员组成四对双骨干教师,分别负责课程标准及教材开发、教学软件、网络平台及教学方法改革的教学设计及实训开发。团队十名专任教师都在合作企业中有技术工艺、产品开发等实质性的兼职,企业也派出人员到学校进行项目教学设计、实施等实质性兼职,双方人员都做到有职、有责、有任务。校企双方做到共同定协议,在法律上保证校企双方合作;共同定责任,双方负责协助对方对兼职人员进行管理;共同定考核方式,对兼职人员的兼职工作情况进行考核。

（二）建设专业群开放、共享型实训基地

沈阳职业技术学院为保证重点专业建设,利用各种形式先后引进和投入资金 25 100 万元,建设教学设施近 12 万平方米,特别是可以容纳 100 个实训室的数字化大厦。建设工业实训中心厂房 10 625 平方米,带有理实一体化教室的教学综合楼 10 410 平方米,购置和企业共同开发实习实训设备 2 996 台（套）,教学仪器设备总值由建设初期的 5 360 万元增加到 9 197.7 万元。示范重点建设专业群实训基地已建设成为全院所有主体专业提供仿真实训功能并能为辽沈地区企业和职业院校提供技术服务的现代化综合实训中心,覆盖装备制造、信息技术、现代服务企业主要技术岗位,并有能为沈阳经济区八城市群提供服务的职业技能鉴定中心。其中,机械制造专业群实训基地、电气自动化专业群实训基地已成为中央财政重点支持的实训基地,年承载各大类专业群学生实习实训达 1.5 万人次以上,职业技能鉴定 2 万人次以上,企业员工技能培训 3 万人次以上。

（三）建设专业群优质、共享型专业教学资源库

沈阳职业技术学院按照"打造数字化学习港,建设网络信息资源平台"建设目标,全面建设专业群优质、共享型专业教学资源库。学院统一组织开发出包括课程标准与要求、教师信息、教学指导（授课计划、电子课件）、训练平台（习题库、试题库）、学习参考（教材、讲义、企业案例、参考书目）、学习指导平台（学习动态、教师推荐、互动平台）等内容在内的网络信息资源平台。平台各项目都有明确的质量标准和数量要求,包括示范重点专业群建设的 55 门优质核心课程、22 门国家和省级精品课程,9 个省级优秀团队,20 个国家和省级重点专业、品牌（示范）专业等在内的所有专业教学资源都能通过网络在校内完全实现共享,助教、助学效果明显提高。

二、模具设计与制造专业群建设案例

（一）沈阳市模具产业群发展及人力资源需求现状

模具工业是国家的基础性产业，在"十五"规划中被列为重点扶持产业，得到了迅速发展。近几年，我国模具产业总产值保持13%的年增长率。据不完全统计，2009年模具产值为970亿元，2010年模具产值为1 100亿元。沈阳作为我国重要的装备制造业基地，目前已经处于高速增长期，正在建设世界级的装备制造业基地。装备制造业基地的建设，特别是机床、重型矿山、航空和汽车等产业的技术提升带动了模具行业的发展。数控先进技术的引进需要原有模具企业的技术更新，需要大量模具制造方面的高技能型人才。针对沈阳装备制造业企业模具应用量剧增的要求，沈阳市政府通过扶持和引进，已建成大型模具企业数十家，电工、电子、日用轻工产品等中小模具企业数百家。沈阳浑南新区建设的东北首家模具城，占地20公顷，总投资近5亿元，实现研发、生产、营销一体化。模具城以各种模具制造为中心，形成上下游产业链，吸引优势模具企业进驻，发挥规模效应，推动装备制造业的协调发展。模具制造行业和相关企业的发展需要大批模具设计和制造高技能人才。

（二）对接沈阳市产业群的模具设计与制造专业群建设

以模具设计与制造专业为重点，辐射和带动计算机辅助设计与制造、玩具设计与制造和特种加工技术等机械设计制造类专业群建设。

1. 校企深度合作，进行"3个1"能力提升人才培养改革

沈阳职业技术学院与沈阳金杯模具制造有限公司、沈阳二一三模具制造有限公司、沈阳机床集团公司、天虹机械制造有限公司、沈阳锦达精密模具制造公司等企业合作，在确定专业岗位核心能力基础上，实施"3个1"能力提升的人才培养模式。主要做法是根据模具设计与制造专业未来就业岗位、模具设计、工艺制定、模具制造、装配调试的工作过程及"会设计、知工艺、能操作、精装配"岗位核心能力要求，第一年以学校为主，与企业人员共同进行侧重岗位能力要求的制图、识图、机械基础、测量技术等岗位知识能力的培养；第二年通过工学交替、项目教学、校内生产性实训、到企业生产实习等方式和途径，侧重学生模具产品基础设计、基本工艺制定、基本操作等岗位基本能力的培养；第三年通过顶岗实习方式，以企业为主，让学生参与企业实际生产过程，进行现场实际操作，侧重实际产品设计、工艺制定等岗位实际工作能力的培养。

2. 对接沈阳市模具产业群的专业课程体系建设

（1）构建新的对接地方产业群的模具设计与制造专业课程体系。针对专业人才培养模式改革的要求，对模具设计与制造专业面向岗位（群）的模具设计、工艺编制、模具制造及模具装配等四个主要生产过程进行分析分解，确定岗位核心能力：会设计、知工艺、能操作、精装配。确定"冲压成型工艺及模具设计""模具 CAD/CAM""模具装配与调试"等八门专业核心课程，确定"机械制图及计算机绘图"等 15 门支撑课程以及"先进制造技术"等其他相关课程，设置职业素质教育与拓展、岗位能力知识、岗位基本技能、岗位能力拓展、岗位能力提升五大课程模块，构建符合沈阳装备制造业机床制造、汽车制造、飞机制造等行业配套模具产品设计与制造人才培养的新的课程体系。实施"双证融通"。将职业资格证书的考核要求和标准引入教学过程，参考职业技能鉴定大纲，编制模具设计与制造专业相关课程的教学大纲及授课计划，并融入教学过程。同时将校内实训场所建成教学实训、技能鉴定为一体的实训基地。建设优质核心课程。与沈阳金杯模具制造有限公司等企业共同合作，以模具设计与制造专业岗位核心能力培养为主线整合课程内容。建立突出能力培养的课程标准。将模具设计与制造行业技术标准及相关的国家职业资格标准融入优质核心课程建设。

（2）教学模式改革。将企业 20 个生产项目和工作任务引入教学，推行项目引导和任务驱动教学模式，完成优质核心课程的项目化建设。与沈阳金杯模具制造有限公司、沈阳二一三模具制造公司、沈阳自动化研究所、沈阳天虹机械制造有限公司、沈阳锦达精密模具制造公司合作，共同开发"冲压模拟加工实训软件""模具模拟装配实训软件""模拟电切削实训软件"等教学软件，建立模拟仿真教学环境，提高教学效果。按照工学结合的教学模式要求，改变传统的考试与考查方式，对课程采取 A（过程考核）、B（项目考核）、C（实践和作品考核）、D（结业测试）等考核方式。所有核心课程均按 A、B、C 三种形式与企业共同考核或以企业为主对学生进行考核。

（三）专业群师资队伍建设

选派优秀教师赴新加坡南洋理工学院学习模具专业建设与课程开发，参加该校模具专业课程开发、教学模式开发等，培养专业骨干教师，负责"冲压成型工艺及模具设计""模具装配与调试"和"模具 CAD/CAM"工学结合专业优质核心课程的建设，共同进行课程体系和工学结合课程的开发。模具专业的教学团队中，90% 教师具备"双师"素质，是一支在模具设计与制造行业影响力较强、职业能力突出的省级优秀教学团队。学院积极聘请行业企业的高级工程师作为客座教授，并担任模具教研室兼职主任，指导和参与专业核心课程的建设和顶岗实习基地建设；聘请来自企业的专业与技术能手担任模具教研室兼职教师，使模具教研室始终保持有十名以上企业兼职教师参加教研室活动，承担理论和实践教学任务，参与人才培养方案制定、教材编审、课程体系的建设等涉及人才培养的各项工作。学院还聘请了 28 家企业的 45 名一线技术骨干担任顶岗实习指导教师，模具设计与制造教研室的专职、兼职教师比例达到 1 : 5。

（四）实习实训基地建设

与企业合作建设模具设计实训室、模具制造仿真模拟实训室，扩建模具模样展示室，与已建成的模具 CAD/CAM 实训室和模具拆装实训室等组成模具设计与制造实训系统。以模具加工和模具应用为重点，建设由冲压成型实训室、塑料成型实训室和先进成型技术实训室组成的占地 500 平方米的校内生产性实训基地，并建立相应的管理制度以保证实训基地的运行。为保证校内实训基地规范运作，制定了规范化管理制度和运作机制，为实训室开放性模式运作、为社会培训、为向企业提供技术服务创造条件。在已经建立的沈阳金杯模具制造有限公司等五家顶岗实习基地基础上，与沈阳飞机制造集团公司、东北模具有限公司等企业合作建立 23 个校外顶岗实训基地。所有毕业生顶岗实习半年以上，实训基地年接纳实习学生达 120 人。

三、材料成型与控制专业群建设案例

（一）沈阳市材料成型产业群发展现状

国家制定的振兴东北老工业基地战略极大地促进了沈阳装备制造业的发展。材料成型与控制技术是装备制造业和汽车零部件制造业产业群中的一个重要分支。随着新设备、新技术、新工艺的不断发展，材料成型产品质量得到进一步提升，在产业链中的重要地位日益凸显。沈阳市 4 000 余家装备制造规模企业所生产的万余件产品中，含材料成型技术的产品所占比例达到 35%。

（二）对接材料成型产业群的材料成型与控制技术专业群建设

以材料成型与控制技术专业为龙头，带动材料工程技术、金属材料与热处理技术、金属压力加工技术专业群整体水平的提高。

1. 对接材料成型产业群的专业人才培养模式改革

与北方重工集团、沈阳铸锻工业园等企业合作进行"沈重模式"人才培养，并在此基础上，通过实施互聘制，使专业团队中 80% 的教师能够参与到北方重工集团和沈阳铸锻工业园的技术改造和开发工作。北方重工集团铸钢公司技术经理、"沈重模式"的四名项目负责人及沈阳铸锻工业园三名工程师参与了专业教研室建设、优质核心课程建设和相关教学活动。"沈重班"学生入学后不仅参与班级建设，而且也编入企业的相关班组，真正具备准员工的身份，按照企业要求参加企业所有大型活动，使"三双"机制得到真正实施。在校内教学中，注重对学生进行材料固态成型、液态成型及成型过程控制的基本技能培养。在合作企业的实习实训中，注重学生对材料成型及过程控制技术规范的学习，以及对工艺方法选择、产品缺陷检测方法、控制手段技艺的学习。尤其是针对大型工件、特大型工件所对应的特殊工艺，注重学生对木型工艺、砂型制作、熔炼与浇注、清砂整理等全部工作过程的现场操作、基本工艺设计、过程控制与检测的学习，以及现场生产组织能力的培养。团队教师经常性地参与北方重工集团和沈阳铸锻工业园等企业电机转子铸造工艺、盾构机传动齿轮锻造工艺等技术改造项目开发工作，与企业技术人员共同进行大型设备部件材料成型技术、工艺发展与高技能型人才培养课题研究，进行"沈重模式"下的课程体系、课程、教材、师资队伍、校内外实习实训基地建设。

2. 对接材料成型产业群的专业课程建设

（1）对接沈阳市材料成型产业群的课程体系建设。在课程体系建设方面，不仅重点考虑北方重工集团对"沈重班"人才培养的特殊要求，而且要考虑沈阳装备制造业其他同类企业对材料成型与控制技术专业毕业生岗位工作过程及核心能力的要求。在专业课程建设中，根据"精操作、知工艺、会维护、能管理"的岗位核心能力要求，与企业人员一起确定"材料成型工艺与过程控制技术""铸造熔炼技术""材料成型检测技术"等核心课程，确定支撑课程及相关课程，确定职业素质教育与拓展、岗位能力知识、岗位基本技能、岗位能力拓展、岗位能力提升五大课程模块，构建符合材料成型与控制技术专业人才培养目标要求的新的课程体系。

（2）优质核心课程开发。重点建设涵盖课程标准、配套教材、配套软件以及网络平台等在内的特色鲜明、工学结合的三门优质核心课程，即"材料成型工艺及过程控制技术""铸造熔炼技术""材料成型检测技术"。采用现代化教学手段进行教学。一是利用现代信息手段，实现模拟工艺、模拟操作的模拟实训；二是所开设的课程凡具备条件的均采用多媒体教学；三是充分利用网络平台，优质核心课程全部上网，并根据学生顶岗实习出现的新情况进行网上教学、网上指导、网上作业、网上考核。

（3）精品课程建设。"材料成型工艺及过程控制技术"课程已成为省级精品课程。在建设过程中，按照精品课程建设标准所要求的教学内容、教学方法与手段、教学队伍、实践条件、教学效果等指标进行重点建设，在建设中注重课程设计的高职理念和以职业能力培养为重点的建设思路。

（三）对接材料成型产业群的师资队伍建设

在固态金属成型、液态金属成型两个方向上提高整体技术水平和建设规模，培养符合建设要求的高素质、高技能型人才。实行校企双带头人、双骨干教师、校企人员双向兼职的"三双"制度。聘请北方重工集团铸钢公司技术经理担任专业带头人，与学院的专业骨干教师共同负责专业建设，同时兼职专业教研室主任，直接参与本专业的专业建设和教学管理工作，并作为企业代表对本专业人才培养过程进行监控和评价。聘请沈阳航天三菱汽车发动机制造有限公司的高级工程师担任企业兼职骨干教师，与本院骨干教师共同负责核心课程建设。聘任企业一线技术人员担任兼职教师，主要承担实践教学工作。聘请28名企业一线技术人员和生产骨干担任顶岗实习指导教师。

（四）对接沈阳市材料成型产业群的实习实训条件建设

根据示范校专业建设需要，在建设期内与合作企业共同建设材料成型实训系统、生产性实训基地、校外顶岗实习基地。为此，学院与北方重工集团、沈阳机床集团、沈阳鼓风机集团、华晨宝马汽车有限公司、中日合资沈阳东荣机械有限公司的工程技术人员合作，充分利用现代化信息手段，建设材料成型实训系统。本系统由一个具有模拟功能的实训室和一个具有质量检测、检验功能的实训室构成。

学院还与沈重集团、沈阳机床集团、沈阳鼓风机集团、华晨宝马汽车有限公司、中日合资沈阳东荣机械有限公司等企业的工程技术人员共同开发建设以中小型空压机活塞连杆、水泵机壳体、减速机箱体、微型金属景观模型等典型产品生产工艺为基础的生产性实训基地。基地占地面积500平方米，有设备88台（套），能够实现金属熔炼、芯砂混制、造型、落砂、木型制作、锻造等工艺过程，可同时接纳80名学生进行实训。根据校内生产性实训基地建设需要，建设校内生产性实训基地环境与管理制度。与北方重工等企业合作建设十个顶岗实习基地，使毕业生都能达到八个月的顶岗实习，提高企业对学生的认可程度，拓宽学生就业渠道，保证就业率95%以上，建立完善企业顶岗实习基地运行管理的制度与责任体系。

四、焊接及自动化专业群建设案例

以焊接技术及自动化专业为龙头，辐射材料工程技术（激光加工方向）、无损检测技术、汽车制造技术专业建设。

（一）人才培养模式改革

学院深度参与了北方重工集团沈阳高压隔离开关有限公司的技术改造和开发工作。北方重工集团金属结构公司技术经理、"沈重模式"的四名项目负责人及沈阳高压隔离开关有限公司的三名工程师参与专业教研室建设、优质核心课程建设和相关教学活动。

在校内教学中，注重对学生进行焊接工艺制定、焊接结构生产基本过程、焊条电弧焊操作等基本技能培养。在合作企业的学习中，注重学生对焊接材料选择、焊接生产工艺规范、焊接缺陷检测方法的学习，尤其是针对沈重集团盾构机走轮支架、大型球磨机主体构件的焊接工艺，注重学生对下料、成型、装配、焊接等全部工作过程现场操作的学习以及生产组织能力的培养。结合团队教师参与北方重工集团和沈阳高压隔离开关有限公司等企业"大型球磨机弧焊技术与工艺""E4303焊条性能改进"等技术改造项目开发工作，与企业技术人员共同进行重型设备部件构件焊接技术、工艺发展与高技能型人才培养课题研究，进行"沈重模式"下的课程、课程体系、教材、师资队伍、校内外实习实训基地建设。

（二）专业课程建设

针对"沈重模式"人才培养要求，学院与北方重工集团等企业合作，对本专业面向岗位（群）焊接准备（标准化）、焊接操作、焊接产品检验等典型工作过程进行分析分解，明确焊接技术及自动化的岗位核心能力：精操作、知工艺、会维护、懂管理。根据岗位核心能力要求，与企业人员一起确定"熔焊基础""焊接方法与工艺""焊接结构生产"等核心课程，并确定支撑课程及相关课程，确定职业素质教育与拓展、岗位能力知识、岗位基本技能、岗位能力拓展、岗位能力提升五大课程模块，构建符合焊接技术及自动化专业人才培养目标要求的新的课程体系。围绕焊接技术及自动化专业岗位核心能力、岗位能力拓展、岗位能力提升要求，根据北方重工集团等企业对学生就业后在现场操作的基础上向现场技术员、调度员及施工员、车间主任的发展方向和学生个性特点，分别设置技术型、管理型等课程模块，供学生根据自己未来职业发展需求灵活选择。

建设优质核心课程。与北方重工集团等企业合作，围绕焊接技术操作岗位下料能力、成型能力、装配能力、焊接能力、检验能力、变形矫正能力、生产计划制订能力、识读机械零件图与技术文件的能力、编制材料成型工艺文件的能力、工装设计与应用能力、材料成型设备的维护与管理能力、班组工段生产管理能力、安全生产能力等岗位能力培养，根据工作任务及其工作过程，重组、整合课程内容，建设"焊接方法与工艺""焊接结构生产""熔焊基础"等五门优质核心课程，引入焊接行业技术标准及相关的国家职业资格标准，建设突出能力培养的课程标准。

改革教学模式。与相关企业合作，完成五门优质核心课程的项目化建设，推行项目引导和任务驱动教学模式，在建设过程中引入五家企业的生产项目和工作任务，聘请5名企业技术人员参与优质核心课程项目教学、任务教学的开发。

教学软件建设。与北方重工集团、沈阳鼓风机集团、特变电工集团等七家大中型企业合作，运用现代信息技术，共同开发"容器装焊教学软件""焊接材料选择模拟教学软件""X射线检测仿真分析软件""磁力检测模拟检测软件"。建立模拟仿真教学环境，提高教学效果。

教学方法手段改革。改革以教师为中心、以理论教学为中心的传统教学模式，按照解决"教什么，谁来教，在哪教，怎么教"问题的思路，针对工学结合的教学模式，进行课程教学内容和方法手段的改革。

（三）师资队伍建设

焊接技术及自动化专业在人才培养和技术研发方面侧重焊接材料和焊接设备、过程控制两个专业方向。根据专业侧重方向，培养若干名专业带头人，并选赴新加坡南洋理工学院做三个月的访问学者，学习焊接技术及自动化专业建设与课程开发的做法，参加该校焊接技术及自动化专业课程开发、教学模式开发等教研活动。加强对专业骨干教师的培养。选派专业骨干教师参加北方重工集团实际应用研究项目"运焦机铸钢件热处理工艺""盾构机走轮支架焊接工艺""盾构机走轮支架焊接变形控制"。实行校企双专业带头人、双骨干教师、校企人员双向兼职的"三双"教学团队建设模式。

（四）实习实训条件建设

学院与北方重工集团、沈阳机床集团等六家大中型企业共同开发建设具备生产焊接变位机及滚轮架、多功能健身器、超市及机场用购物手推车、勘探钻杆等产品的生产性实训基地。同时，为增强与企业研发的能力，建设金属结构生产实训基地、焊接自动化实训室、焊接技术应用与开发中心。

（五）专业群建设成果

通过订单联合培养、定向培养、定位培养等方式，学院已为北方重工集团、沈阳有色金属加工有限公司等企业累计培养人才 1 348 人。本专业群大部分毕业生已成为企业的技术骨干和管理骨干，72% 成为企业一线的技术能手，33% 成为企业生产现场的技术员、工艺员，5% 成为调度员，23% 成为企业的工段长、车间主任等管理骨干。连续三年学生就业率在 97% 以上，企业对学生满意度平均在 98% 以上。校内实训基地是北方重工集团、沈阳鼓风机集团、特变电工沈阳公司等合作企业和全省中职师资培训基地，培训企业员工、师资等各类人员 1 500 余人次，提供鉴定培训服务 1 200 余人次。先后与北方重工集团等四家企业（单位）合作，完成应用项目八项，为企业解决了技术改造、技术提升等方面的难题，受到了企业的欢迎，已直接或间接为企业创造效益 460 余万元。

五、电气自动化专业群建设案例

（一）沈阳市自动化产业群的发展现状

国家振兴东北老工业基地政策和沈阳市建设装备制造业基地的发展战略，是沈阳职业技术学院电气自动化专业群建设的大背景，并为电气自动化专业群发展提供了良好契机。沈阳处于国家先进装备制造产业的领先地位，并成为全国装备制造中心。目前，沈阳装备制造业有从业人员 80 万人，电气类从业人员 17.44 万人，其中高技能型人才不足 10%。随着产业规模的扩大，产品由劳动密集型向技术密集型的升级，新技术、新工艺和新设备的不断发展，沈阳装备制造产业中电气类从业人员的比例将不断加大。2012 年，电气自动化类岗位高技能人员比例已增加到 15% 左右。未来几年，沈阳电气自动化类高技能型人才存在较大缺口。主要集中在电气设备制造的企业生产一线，代表企业有特变电工沈变集团、大明电工等；自动化程度较高企业的自动化生产线的运行、维护，代表企业有华晨集团、LG 电子、米其林轮胎公司等；机电产品的电气系统安装调试，代表企业有沈阳机床集团、沈阳鼓风机集团、北方重工集团等；自动化工程设备的升级改造，代表企业有沈阳华垦、斯特瑞莱公司等中小科技企业。

（二）对接沈阳市自动化产业群的电气自动化专业群建设

以电气自动化技术专业为龙头，辐射和带动供用电技术、工业网络技术、生产过程自动化技术、楼宇智能化工程技术等专业建设。

1. 实施"431"人才培养模式

针对本专业毕业生面向的四个就业工作领域（电气设备安装调试、自动生产线运行维护、电器产品生产制造、自动化工程设计施工），确定电气自动化技术专业"4"种岗位核心能力，即电气元器件识别、焊接及装配能力，识图、配线和系统的测试能力，典型生产线设备维护及故障诊断排除能力，典型电气控制系统的开发和技术升级能力。

在专业教学中，针对沈阳机床行业产品制造配套的电气控制系统生产过程和大型输变电设备与大型电器设备生产的特点，将学程分为"3"个阶段进行：第一年以学校为主，与企业人员共同进行侧重岗位要求的电气识图、电工电子技术、自动控制基本过程等岗位知识能力的培养；第二年通过项目教学、校内生产性实训、到企业生产实习等方式和途径，侧重对学生机床电气产品基础设计、安装、调试及自动化生产线运行维护基本操作等岗位基本能力的培养；第三年通过顶岗实习方式，以企业为主，学生参与企业实际生产过程，进行实际产品生产、系统安装调试运行等现场实际操作和现场管理与组织等岗位实际工作能力的培养。

通过一年的顶岗实习，根据学生的特点特长，将学生分成若干小组。一部分到顶岗实习基地，在企业顶岗实习指导教师的带领下，完成"1"个完整周期的实际工作项目或任务；另一部分参加相应的技术项目开发小组，在项目指导教师的指导下，完成"1"个实际技术应用项目的开发工作。最终实现培养电气自动化中高级现场施工人员的总体目标。

2. 构建新的课程体系

通过对沈阳机床行业产品制造配套的电气控制系统生产、大型输变电设备与大型电器设备生产和汽车制造、飞机制造等行业自动化生产线运行的生产过程进行分析分解，明确岗位核心能力：电气元器件识别、焊接及装配能力，识图、配线和系统的测试能力，典型生产线设备维护及故障诊断排除能力，典型电气控制系统的开发和技术升级能力。与特变电工沈变集团等企业合作，围绕工作任务及其工作过程，重组、整合课程内容，形成"电器产品制造与检测""机电设备控制技术""计算机控制技术""PLC 技术及应用"四门核心课程。将专业核心课程、支撑课程等和其他素质教育内容整合优化成五个模块，即职业素质教育与拓展模块、岗位能力知识模块、岗位基本技能模块、岗位能力拓展、岗位能力提升，构建新的课程体系。

3. 师资队伍建设

与特变电工等企业合作，将本专业教学团队建成国家级优秀教学团队。针对沈阳机床行业产品制造配套的电气控制系统生产、大型输变电设备与大型电器设备生产和汽车制造、飞机制造等行业自动化生产线运行的高职人才培养的要求，侧重两个专业发展方向，即电器设计制造和电气自动化系统设备运行方向，培养两名专业带头人，选派专业带头人到相关企业做兼职，参与企业攻关项目，包括改造与研发工作等，增强教师在实践中解决问题的能力，同时也使教师能够了解企业最新的技术发展动态。

实行校企双专业带头人、双骨干教师、校企人员双向兼职的"三双"教学团队建设模式。通过引进企业一线技术骨干和与沈重集团、米其林轮胎公司、沈阳机床集团、大明电工等合作，支持专任教师到企业兼职、参与访问工程师项目、参加"双师"素质培训等，规定专任教师两年内必须有不少于三个月的自动化行业企业工作（兼职）时间，跟踪专业技术发展动态，开展技术交流，使团队"双师"素质教师达到90%，教师中具有企业一线工作经历的达到70%，使教学团队具有较强的专业实践能力。同时，根据教育教学工作的实际需求，从特变电工、米其林轮胎公司等企业引进两名适应高职教育要求的企业技术骨干担任专任教师。

4. 实习实训条件建设

按企业岗位核心能力要求，学院与新松机器人、沈阳机床集团等企业合作建设现代控制技术、数控技术、计算机控制技术等九个电气技术类实训室，与斯特瑞莱有限公司合作建立水处理自动控制实训室，与洪宇消防公司合作建立自动消防控制系统实训室。通过系统建设，新增实训项目21个。与沈飞电子、沈阳华垦、松航电器等企业合作，引进相应生产设备和管理技术，联合开发灯光控制器、疏散指示灯、应急灯、电气实训设备等产品，建设以小功率变压器和机床电控柜等典型产品生产为主的三个校内生产性实训基地。通过校内生产性实训基地建设，新增实训项目12个。与东基集团、沈阳华润集团、沈阳米其林集团、华晨金杯集团等企业合作建立32个校外顶岗实习基地。保证每届300名毕业生均完成一年的顶岗实习任务。

5. 电气自动化专业群建设成果

积极与企业开展合作，与米其林轮胎公司、特变电工沈变集团、新松机器人等企业以订单、定向培养方式累计为辽沈地区培养急需人才1 523人，大部分毕业生已成为企业的技术骨干和管理骨干，82%成为企业一线的技术能手，35%成为企业生产现场的技术员、工艺员、调度员等技术骨干，21%成为企业的工段长、车间主任等管理骨干。连续三年学生就业率平均在97%以上，企业对学生满意度平均在97%以上。现已建成米其林公司、特变电工沈变集团、新松机器人的准员工培训基地，米其林维修电工实训基地，高职院校PLC技术应用骨干教师培训基地，等等。培训企业员工、师资等各类人员 1 700 余人次，提供鉴定培训服务 1 300 余人次。

科技攻关团队先后与沈阳斯特瑞莱环保科技有限公司、沈阳锦达精密模具制造有限公司、沈阳景宏机械等企业完成"新型高效二氧化氯发生器研发""彰武自来水供水自动化改造工程""高压泄漏检测系统"等企业项目工程 20 余项，为企业解决了技术改造、技术提升等方面的问题，直接或间接地为企业创造效益 570 余万元。科研攻关团队先后完成及正在进行省市级重点科技攻关项目三项，累计科研经费近 60 万元。

六、专业群建设的示范与辐射成效

经过几年的建设，沈阳职业技术学院的四大专业群建设均取得了显著的成效，并为其他专业的发展起到了很好的示范作用，带动了其他专业的共同发展，有力地推动了院校层面的人才培养模式改革，为沈阳市乃至辽宁省的经济社会发展输送了大批高素质、高技能型专门人才。其主要经验如下所述。

（一）校企深度融合，共建"沈重模式"

这种模式企业投入大，合作面广，形成了共同制定人才培养方案、共同开发课程及教材、共同承担人才培养任务、共建双向兼职教师队伍的校企深度融合机制。

（二）注重岗位核心能力培养，构建新的课程体系模式

这种模式对典型生产过程分析分解到位，岗位核心能力明确，"岗位（群）—工作过程—岗位能力—核心能力—核心课程、支撑课程及相关课程"的课程体系设计思路新，按照"干什么学什么，缺什么补什么，要什么给什么"课程体系构建思路新，针对性、可操作性及借鉴性强。

（三）搭建校企合作平台，共建"四双"团队建设模式

这种模式按照能否具备承担核心能力培养的核心课程的教学能力来确定其骨干教师新标准，找到了"双师"结构团队建设有效载体，即"四双"团队建设模式。校企双方共同制定了《关于教学系部和重点教研室聘任企业兼职教研室主任的有关规定》等十余项保障制度，形成了"四双"团队建设模式的保障。

在专业建设过程中，发挥学院的专业资源优势，为辽沈地区合作企业提供技术培训服务，为百余家合作企业提供数控技术、焊接技术、电气技术技能培训，5 000 余名员工从中受益；引进"港铁"培训标准国际化、培训技术项目化、礼仪服务职业化的培训模式，沈阳地铁 122 名员工从中受益。

第二节 地方高校联产学合作培养应用型人才的改革创新——以浙江传媒学院为例

传媒类院校是以广播影视为特色，面向传媒行业，以培养高级应用型人才为主的行业特色院校。20 世纪末转制的原部委属传媒类行业特色院校有两所，即浙江传媒学院和中国传媒大学。浙江传媒学院划转浙江省与国家广播电影电视总局共建共管，中国传媒大学划转教育部直属。仅从院校数量看，传媒类院校是小行业类院校。但是，一方面，21 世纪以来随着我国广播影视及新媒体的蓬勃发展，各类民办传媒院校如雨后春笋，综合性院校纷纷办传媒类专业，另一方面，传媒类院校属准艺术类院校的范畴（中国传媒大学和浙江传媒学院大部分艺术类本科专业参照全国 31 所独立设置本科艺术院校艺术类本科专业招生），从而使得对传媒类院校人才培养模式的解析能为全国同类院校提供借鉴意义。

2004 年，浙江传媒学院完成了由原行业属高校到省属高校、由专科院校到本科院校的转型。面对高等教育日趋激烈的同质化竞争，如何选择发展路径，培养适应社会发展需求的应用创新型传媒人才？基于这种思考，本着"坚持特色化与开放性协调发展"的办学理念，浙江传媒学院积极推进教育创新，不断更新教育思想观念。2004 年提出产学研一体化的发展战略，在广播电视编导、戏剧影视文学、摄影、录音艺术、数字节目制作、动画、播音与主持等广电影视艺术专业实施联手行业、产学合作培养创新人才的教学改革，在教学方案研制、产学合作教育平台构建、理论性研究、师生作品创作等方面取得一系列创新性成果，从而构建起独具特色的创新人才培养体系。主要做法有以下几点。❶

一、与行业发展联动，全面修订人才培养方案

广播影视艺术是建立在高科技条件上的现代艺术，其人才的智能结构中，操作技能是基础，但是真正的核心要素还是艺术创造意识和创造能力。为此，学校融合素质教育和专业教育思想，凸现能力本位理念，提出应用型、复合型、创新型人才培养目标。根据这一目标，优化培养方案，改变单一的操作型和知

---

❶ 秦楠."互联网＋"背景下混合式教学模式建构研究 [D].济南：山东师范大学，2017.

识型人才培养模式，代之以复合型人才培养模式，重点突出新时期广播影视艺术专业人才的创新能力培养，即在强化广播影视专业以及综合素质教育的前提下，不断强化实战环境下实践创作能力的培养。人才培养方案的优化主要通过模块化的课程体系改革来实现，学校根据不同专业的人才规格要求设置通识教育、职业素养、学科平台、专业主干、专业拓展、柔性专业、实践教学和隐性课程等课程模块。在课程设计中，一方面注意理论知识与艺术创新能力的关系，既精心选择和规范知识的传播，精简压缩有关课程，为培养学生的艺术创新能力所需的专业基本功训练争取到必要的时间和空间，又将旨在训练艺术创造力的专业基础课和专业课的部分内容提前到一、二学期，使能力培养和知识传授同步；另一方面注意通与专、博与约的关系，在广播影视艺术类专业中，既加大通、博类课程的选修比例，在学科基础课层面中增加新闻、新技术、心理学等交叉学科的学分，又通过开设隐性课程充分发挥学生的学习自觉性和主动性，激发和培养学生的艺术创造力，为日后的专业学习和艺术创作打下扎实的基础。

二、与行业开展战略合作，建立产学一体化的工作机制和实践平台

浙江传媒学院重视与国内各大广电媒体良好的合作关系，通过搭建平台、架设管道，实现产学合作、资源共享。浙江省政府与国家广电新闻出版总署共建浙江传媒学院，浙江传媒学院与浙江广电集团、湖南广电集团、河南广电集团、杭州文广集团、华数数字传媒集团等全国各类各级100多个广电机构开展多方位的深度合作，建立产学实践教学基地，并在基地建立了推进产学合作教育理事会的定期联络机制、项目管理工作机制、优质资源共享机制等三大机制，以及双向聘任的师资共享平台、校内外实战环境的实践教学平台、联合开展项目研发的基地合作平台、项目制学生创新平台、公司化运作的学生创业孵化平台五大平台。

浙江传媒学院注入资金与浙江广电集团共同成立浙江省广播电视研究院，投入人力、物力共同建设杭州文广集团少儿频道，学校与行业资源实现了有效整合。行业中大批优秀一线专家成为学校兼职教授和学生业界导师；学校繁重的综合实践、毕业实习等实践教学任务在行业实践基地完成；一线大量先进的广播影视制作设备通过共建管道向学生开放，成为他们增强才干的最佳场所；通过合作平台和管道，学生的作业、作品成为行业产业化的项目、节目和栏目；通过合作平台和管道，学校向行业输送了大量毕业生，每年70%以上的毕业生留在广播影视行业内。

三、以创新创业园区为基地，打造独具特色的校内产学合作教育平台

浙江传媒学院斥资 1.2 亿元建成 22 层的学生创新中心和创业园，筹措资金设立创新创业教育专项基金，鼓励学生申请项目入园建设；成立以学生为主体的覆盖杭州下沙高教园区的实验电视台，全面推进学生创新活动；在校内搭建产业孵化园区，成立管理公司，为学生自主创业提供政策、资金等全方位的扶持；组织师生申报浙江省"文化精品工程"，完成系列动画片《孝女曹娥》、电视电影《明月前身》、电视剧《五月槐花香》和《大工匠》的拍摄，采取独立或与行业合作的方式产业化运作播出。2004 年以来，浙江传媒学院师生共创作并播出短剧、纪录片、动画等影视作品 200 余件，发表各类文学作品 500 多万字，其中电视电影《明月前身》、电视剧《大工匠》等获全国电视金鹰奖。

四、利用校内与校外两种资源、学校与行业两种环境，积极尝试多方合作的多规格分层教育模式

浙江传媒学院规定每个学生在选择专修专业之外还可以自主在学校所在高教园区七所本科院校中选择一个辅修专业；在每个人才培养方案中包含三个以上的柔性专业方向，供学生自由选择；开设各种选修课程，选修学分占总学分的 35% 左右。2006 年起，学校和浙江广电集团联合进行播音主持专业的"未来主打星"合作教育试点，在全省各本科院校的二年级学生中通过电视选拔有一定基础和较好潜质的其他专业的学生进入播音主持专业并与电视台签订就业协议，由学校和相关电视台共同制定人才培养方案并且实施教学，实施订单式培养。2007 年起，学校与中国广播电视学会联合举办"中广班"，在全校一年级中择优选拔学生，每年末位淘汰，实践"精英式"人才培养模式，从而建立起多规格、多层次、多样化的人才培养模式。

浙江传媒学院联手行业产学合作人才培养模式充分体现了四大结合：产与学结合、校内与校外结合、应用与创新结合、就业与创业结合。这一人才培养模式具有多方面的创新意义和借鉴价值。首先，它回答了以应用型定位的行业特色院校的办学定位、发展道路和特色培育等问题。在新的高等教育管理体制下，划转地方为主管理的行业院校"以服务求支持、以贡献促合作、以实力赢地位"，以主动服务努力争取行业支持和资源，增强学校核心竞争力的做法，对行业特色院校的发展具有较强的借鉴意义。其次，在行业性应用型人才培养中，通过联手行业、产学合作增强学生职业素养，突出行业性教育特色，用产

学研合作教育模式培养学生实践能力和创新精神，培养受行业欢迎的高素质创新人才，通过这一探索和实践，丰富了国内应用型人才培养的模式选择。最后，它丰富了产学合作的时代内涵。产学合作不仅停留在学校的方针、政策上，而且具体地体现在人才培养模式上，形成了学校与行业在学科上的全面对接。在人才培养、理论研究和节目产生研发的全面合作，较好地体现了产学合作教育互利性原则、协调性原则和教育性原则，从而具有重要的推广应用价值。

第三节　地方高校卓越工程师培养的实践创新——以重庆科技学院为例

我国高等工程类教育规模位居世界第一。在原行业部委管理期间，为适应中华人民共和国成立后工业化建设的需要，行业特色院校比重最大的是高等工程教育，不仅理工类行业院校以工程教育为主，医药、财经、政法等行业院校都办有本行业相关的工科类专业。工程教育以服务部门行业需要为主要目的，基本围绕行业的产业链设置专业，在课程体系、实验条件、培养模式等方面具有较强的行业专门性特点，学科数量较少，专业面窄，与中华人民共和国成立初期工业化迅速铺开需要大量应用技术人才相适应。21世纪以来，随着我国工业发展环境、比较优势和内部动力机制的深刻变革，走新型工业化道路成为关系我国经济发展全局的战略选择，转制后的行业特色院校面临工程教育的转型问题。

在工程教育发展的关键时期，2010年起，教育部以推动培养各行业高质量创新型工程技术人才为目标，先后启动三批"卓越工程师教育培养计划"（以下简称"卓越计划"），包括"985"大学、"211"大学、地方重点建设大学、一般学校四种不同类型，实施层次包括工科本科生、硕士研究生、博士研究生。不同学校实施"卓越计划"的战略重点不同，但有三个共同点：一是行业企业深度参与培养过程；二是学校按通用标准和行业标准培养工程人才；三是强化培养学生的工程能力和创新能力。

重庆科技学院位于我国西南重镇重庆，于2004年由两所部委属院校原重庆工业高等专科学校和原重庆石油高等专科学校合并组建而成。组建之初，冶金和石油是学校的传统优势学科专业。经过10年发展，学校已形成以工为主，以石油与化工、冶金与材料、机械与电子、安全与环保为特色，涵盖理、工、经、管、法、文、艺的多学科协调发展的高等学校。重庆科技学院的成功转型得益于学校转制组建以来的准确的发展定位，学校牢牢立足于原有石油和钢铁行业学科优势办学，从而形成了鲜明的以工科为主的办学特色和办学风格。2010 年，重庆科技学院跻身国家第二批"卓越计划"。目前，石油工程、冶金工程、油气储运工程、无机非金属材料工程和自动化五个专业获批"卓越计划"专业，这使重庆科技学院遇到新一轮发展契机。在"卓越计划"引领下，学校不断增强主动服务行业企业需求的意识，联合行业企业，改革人才培养模式，努力提升学生工程实践能力和创新能力，人才培养质量不断提高，给升本转型不久的同类行业院校提供了宝贵的可借鉴经验。主要做法可概括为三方面。

一、依托行业、面向世界、面向未来确定人才培养目标

"卓越计划"与传统工科人才培养相比，更加强调人才的国际化、创新意识和工程实践能力。为此，重庆科技学院依托"两业两域"（石油行业和冶金行业，安全领域和重庆地域），瞄准国际前沿和真实工程实践需要，在确定"行业性、地方性、应用性、开放性"总体办学定位的基础上，进一步厘清和明确人才培养目标，并把培养目标细化为知识、素质和能力要求。例如，进一步明确石油工程专业的培养目标是"培养适应石油工程学科发展和石油工业国际化市场需求，掌握石油工程理论和专业技能，能基本胜任油气钻井工程、开采工程和油藏工程领域的工程设计、工程监理、应用技术研发和现代油藏经营管理等工作，具有较强的创新意识和显著工程实践能力的高级应用型专门人才"；冶金工程专业的培养目标是"培养适应社会和冶金行业发展需要，创新意识强、工程能力突出、综合素质高，掌握冶金工程基础理论、生产工艺与设备及冶金工程设计方面的专门知识与关键技术，具备分析、解决冶金生产过程中存在的工程问题的能力，从事冶金工程及相关领域的生产、管理及经营、工程设计与技术开发，具有良好的沟通与组织协调能力的应用型高级专门人才"。

二、根据人才培养目标构建理论、实践、素质三大教学体系

理论教学体系采取"工科通识教育＋专业模块＋国际化模块"的形式。在专业模块，在传统人才培养方案设置专业基础课和专业技能课的基础上，增设专业强化课程。如石油专业，学校按油藏、钻井、采油三个方向构建课程体系，将需强化的专业理论和实践技能整合成综合性专业课程专门设置。在国际化模块，主要强化外语课程和经营管理课程。实践教学体系包括基本技能培养、专

业技能培养、综合能力培养三方面，强化学生工程意识、工程素质和工程实践能力培养。如自动化专业，实践教学包含基本技能训练（大学物理实验、工程综合训练等六周）、机械工程技能训练（课程设计等八周）、机械设计制造综合训练（基于项目的综合训练五周）、专业技能综合训练（专业方向实习、教学实验、企业培训等十周）等完整的课程体系。素质教学体系包括政治思想、身心健康、科技创新、职业生涯等方面的教育，从而构建了适应"卓越计划"需要的比较全面、比较完善的教育教学体系。

三、根据人才培养目标和教学体系，与行业企业共建灵活多样的人才培养模式

人才培养目标和专业教学体系确定后，重庆科技学院更加注重专业人才培养与行业企业的共建与合作，探索并创建了灵活多样的人才培养模式：阶梯式综合实践教学模式，即与行业共建先进的实验教学平台和技术研究中心，建立含基础性、综合设计性、研究探索性实验的阶梯式、多层次、模块化、个性化的实验教学课程体系，并逐步提高综合设计性和研究探索性实验的比例；"3+1"人才培养模式，即三年在校进行基础理论和实践技能学习，一年到行业单位开展顶岗实习或实践；订单式人才培养模式，组建"中原（油田）班""鄂钢班""重钢班"，聘请企业界人士担任专业指导委员会委员，参与专业建设和人才培养方案制定；"卓越计划班"人才培养模式，学校集中一定的人力、物力和财力资源，开展卓越工程师培养改革试点，组办了工程创新人才培养模式改革班，简称"卓越计划班"，如冶金专业从冶金与材料工程学院各专业遴选优秀生组建"卓越计划班"进行钢铁冶金方向的卓越人才培养，以积累经验，逐步推广。

通过立体式、系统性、多样化人才培养模式的实践，重庆科技学院既培养了学生的科技实验技能，又培养了其创新能力，收到了很好的效果，学校的社会美誉度不断提升，近年来，毕业生初次就业率一直保持在90%以上。

第四节　地方高校实践创新型农业人才的改革探索——以华中农业大学为例

农林类院校是行业特色院校的一个重要类别。体制划转前，我国高等农林院校管理有三个层次：一是由原农业部和林业部主管的主要为全国农林部门培

养人才的高等农林院校；二是由地方政府主管的主要为某一地区培养人才的高等农林院校；三是由地方有关业务厅、局主管的专科性高等农林学校。20 世纪末至 21 世纪初，根据国家高校管理体制变革的要求，原部委属农林院校或划转教育部管理，或划转地方实行省部共建。通过共建、调整、合作、合并，我国农业高校从 1984 年的 61 所调整发展到 2008 年的 38 所，调整后高等农业教育相对规模缩小，但资源得到合理配置和利用，38 所农业院校实力得到提升。其中，教育部直属 6 所，除宁夏、青海、广西、海南、重庆、贵州等六省（自治区）原独立设置的 7 所农林院校相继被合并或与其他院校合并重组成综合性大学外，其他省、市、自治区至少有一所独立设置的高等农业本科院校。我们选择其中一所对农林类院校人才培养模式进行专题研究，既有特殊意义，又有普遍意义。就特殊性而言，农业高等教育在转制后虽得到跨越式发展，但由于对农业的传统偏见，办学条件仍然相对较差，生源相对不足，可持续发展能力弱，相对于其他行业特色院校面临生存和发展的困难要大得多，对其人才培养模式进行专题研究有利于推进新时期农业高等教育的发展、社会主义新农村建设和现代农业发展。就普遍性而言，农业院校在行业特色院校中所占份额较大，将成为培养新时期农业创新创业人才的重要基地，在满足新时期行业需求的应用创新人才培养上具有共性规律。华中农业大学是农业高校中进入"211 工程"建设中的一所，办学百余年。体制划转以来，该校抓住机遇，突破农业院校人才培养瓶颈，在立足区域培养实践创新型人才上走出了成功之路，对行业院校培养高精尖人才和高素质应用人才都具有借鉴意义。

华中农业大学位于湖北省武汉市武昌南湖狮子山，前身是清代光绪年间湖广总督张之洞创办的湖北农务学堂，办学历史悠久，是国家首批具有博士学位和硕士学位授予权的学校，2000 年由原农业部划转教育部直属。学校基础条件优良，名师才俊荟萃，国家级、省部级实验室、研发基地集聚，大学科技园是国家级武汉东湖高新技术开发区核心园。学校人才培养体系健全，学科优势明显，农科是其传统优势。尽管有着悠久的历史、良好的基础和雄厚的实力，华中农业大学同样面临着农业类院校发展所共有的困境和问题。划转教育部直属以来，华中农业大学主动适应国家经济结构战略性调整和人才市场需求，明晰应用型、研究型、复合型人才培养定位，依托传统学科优势，积极发展特色新学科专业，以提高人才培养质量和创新创业能力为核心，以本科教育为主，大力发展研究生教育。通过近十余年的加快转型发展，华中农业大学已建设成为以农科为优势，以生命科学为特色，农、理、工、文、法、经、管等多学科协调发展的教学研究型大学。其人才培养的主要做法是以市场需求为导向，立足区域发展、紧跟时代创新、切实加强实践，以创新人才培养模式为着力点，全面构建实践创新型人才培养体系。

一、立足区域发展

与其他产业不同，农业作为第一产业表现出较强的区域性。为此，农业院校立足区域发展特色学科专业，培养区域农业产业急需人才，是农业院校办学取得成功的重要法门。美国的威斯康星大学在 20 世纪 20 年代之前还是一个名不见经传的大学。1921 年前后，该校确立了"成为本州人民的头脑，为本州人民服务"的理念。威斯康星州是一个农业州，威斯康星大学就把在全州开展农业技术推广和函授教育作为学校最鲜明的特色和使命，在为本州服务中，其畜牧学、细菌科学、生物科学等在美国成为最好的学科，该校也在美国公办学校中排在前列。华中农业大学深谙其道，在服务面向上，牢固确立立足华中、辐射全国的定位，特别重视服务于湖北地方经济社会发展，围绕湖北重点产业和现代化农业发展拓展学科专业和培养人才。湖北是农业大省，但湖北农业大而不强，调整优化农业经济结构是湖北经济社会发展的重要目标。为此，在充分开展市场调研的基础上，华中农业大学重点围绕区域对现代农业建设人才、农业产业化经营人才、农业科技人才三类人才的迫切需求，调整优化专业结构，学校还通过与政府和市场主体开展战略合作联盟，为政府提供决策服务，为区域经济发展服务。2013 年，学校先后与湖北省 19 个县市区和企事业单位签订产学研合作协议 288 项，与 30 多家湖北省知名企业签订就业基地协议，为企业订单式培养人才。学校"111 计划"与"双百计划"直接服务以华中地区为主的社会主义新农村。学校为大众提供科技讲座，把大学办到了人民当中，在为本区域服务的同时，积累了坚实的发展基础和良好的社会声誉。

二、紧跟时代创新

随着社会主义新农村建设的推进，农业产业结构得到了大幅度的调整，农业劳动力问题、环境问题、生态问题、能源问题逐渐成为新时期农业科技革命关注的焦点，高科技农业、设施农业、生态农业、工厂化农业得到广泛应用，现代农业、农业观光园等新农业产业形态蓬勃发展，高等农业教育将从经济舞台的幕后走向前台。为此，农业院校以传统农业种植、养殖为基础的知识结构体系必须得到及时调整，现代化农业及相关的经营管理知识必须得到及时补充。

华中农业大学十分重视教育观念和思想更新，重视确立具有鲜明时代特征的办学观、发展观、质量观和教学观。学校为适应国家经济结构战略性调整和人才市场需求，采取了一系列对策和措施。一是瞄准科技发展前沿，依托重点优势学科调整优化学科专业结构和布局，做优农科、生命科学，大力发展信息科学、信息管理等高新技术类学科专业，重视发展与市场化、产业化相关的经济管理、国际贸易、设施农业科学与工程、城市规划（风景园林）等应用型交叉学科专业。二是优化人才培养方案，深化传统专业课程设置体系改革，体现"一个重点"（以培养学生创新精神为重点）、"四个增加"（增加新知识丰富专业内涵，增加选修课促进个性发展，增加通识教育课推进素质教育，增加实践教学课培养实践能力）、"一个整合"（整合优化课程体系，形成公共课、学科类群基础课、学科专业基础课、专业课共同组成的理论和实践教学课程体系）。三是深化课堂教学改革，提升教学质量，大力开展精品课程和教材建设，不断推进教学方法、考试方法和教学手段改革，积极开展双语教学，依托优秀人才、科技创新团队及教师承担的科研项目培养学生的创新精神和实践能力。

三、切实加强实践

农业学科是实践性很强的科学，农科毕业生必须具有指导"三农"、服务"三农"、发展"三农"的实际本领。华中农业大学一向重视学生动手能力的培养，20世纪40年代，时任湖北省立农学院院长的管泽良提出"学行兼优"的培养目标，要求学生"学做合一，手脑并用，具备科学之头脑、农夫之身手"。20世纪50年代，许子威院长号召师生"一手拿书本，一手拿锄头，勤耕苦读"。进入21世纪，学校弘扬"勤读力耕，立己达人"等办学传统，坚持"育人为本，崇尚学术"的办学理念，着力培养学生的学习能力、创新能力和实践能力，高度重视实践教学体系建设。主要做法是突出实践教学环节，强化课外学术科技活动，重视社会实践活动。一是突出实践教学环节。在课程和学分设置上，规定农学、理学、工学等专业实验学时不得少于课内总学时的20%，超过30学时的实验课单独设课；自然科学类专业有30周以上的实践教学，人文社科类专业有25周左右实践教学，农科类专业安排学生参加一个完整生产周期或两个生产过程的主要生产环节。在教学资源建设上，重视建设校内校外两种实践教学资源，植物生产类、动物生产类、水产养殖类、食品工程训练类等校内教学实践基地齐全，现有的国家重点实验室、国家工程技术研究中心等校内研发基地为学生毕业设计、科技创新提供优秀的指导队伍、先进的仪器设备和良好的创新环境。校外实践基地包括五个层面：认知和基本技能训练教学实习基地，科研技能训练基地、校外课程教学实习基地、产学研结合基地、野外综合教学实习基地。二是强化课外学术科技活动。学校 2001 年起设立创新学分和大学生科技创新基金，建立"早进实验室、早进课题、早进团队"的实践育人模式，鼓励大学生提前进入科研和创新活动。三是重视社会实践活动。学校依托专业，服务"三农"，教师参加以科教兴农、科研蹲点等实践锻炼为主的实践教育，倡导"好的教授，他的鞋子上面必须沾上牛粪""教授应该到农田去，到老百姓中间去"。把学生参加社会实践作为人才培养的重要环节来抓，组织学生深入农村、农户，推行订单式服务、项目化运作、基地化建设、规范化管理，开展农技推广、文化宣传、义务支教。

立足区域发展、紧跟时代创新、切实加强实践的人才培养模式，使华中农业大学的人才培养质量得到社会广泛认同，学生基本理论与基本技能扎实，实践创新能力强，创业就业能力强。在近年来我国高校就业形势严峻的情况下，华中农业大学的学生就业质量高，就业专业相关度高。学校于 2009 年入选教育部首批发布的"毕业生就业 50 所典型经验高校"，成为湖北省首批大学生创业示范基地。

参考文献

一、专著

蔡敬民.地方本科院校应用型人才培养的理论与实践探索:以合肥学院为例[M].合肥:合肥工业大学出版社,2013.

陈新民.区域经济视野下的新建本科转型研究[M].杭州:浙江大学出版社,2014.

贺金玉.地方本科院校协同创新与协同育人模式研究[M].济南:山东大学出版社,2013.

胡建,谭伟平.优化知识强化能力内化素质:新建地方本科院校应用型人才培养模式研究[M].广州:世界图书出版公司,2013.

季桂起.地方本科院校创新性应用型人才培养模式研究[M].济南:山东大学出版社,2013.

刘书瀚,白玲.校企合作应用型人才培养模式理论与实践[M].南京:南开大学出版社,2014.

邵云飞.高校协同创新机制与人才培养模式研究[M].北京:清华大学出版社,2015.

王玉丰.中国新建本科院校转型发展研究:基于自组织理论的分析范式[M].北京:教育科学出版社,2011.

中华人民共和国教育部高等教育司.产教融合——职业教育发展新途径探索[M].北京:高等教育出版社,2007.

二、学位论文

柴旭东.基于隐性知识的大学创业教育研究[D].上海:华东师范大学,2010.

陈飞.应用型本科教育课程调整与改革研究[D].上海:华东师范大学,2014.

陈婷."互联网＋教育"背景下智慧课堂教学模式设计与应用研究 [D]. 徐州：江苏师范大学, 2017.

成倩. 贵州省高职院校产教融合人才培养模式研究 [D]. 贵阳：贵州师范大学, 2017.

程宝华. 应用型本科院校大学生创新创业教育研究——以衢州学院为例 [D]. 沈阳：东北大学, 2015.

程馨盈."互联网＋教育"背景下大学课程资源的社会共享研究 [D]. 南京：南京师范大学, 2017.

范秀娟. 我国应用型人才培养的探索和研究 [D]. 兰州：兰州大学, 2010.

付月潇. 中美创业教育比较研究 [D]. 石家庄：河北师范大学, 2009.

郭凡."互联网＋"背景下高职教育校企合作对策研究 [D]. 西安：西安建筑科技大学, 2017.

胡旺."互联网＋"教育背景下智慧学习生态环境构建研究 [D]. 徐州：江苏师范大学, 2017.

姜运生. 地方院校应用型本科人才培养模式研究与实践 [D]. 长春：东北师范大学, 2006.

李桂玲."互联网＋"背景下高职院校学生心理健康的现状与提升策略研究 [D]. 武汉：华中师范大学, 2017.

廖慧琴. 广东省高职教育产教融合运行机制研究 [D]. 广州：广东技术师范学院, 2016.

林琦芳. 应用型本科院校校企合作的研究 [D]. 泉州：华侨大学, 2013.

刘华. 应用型本科人才培养中存在的问题与对策研究 [D]. 重庆：西南大学, 2010.

柳友荣. 我国新建应用型本科院校发展研究 [D]. 南京：南京大学, 2011.

毛志伟. 新建本科院校向应用型本科院校转型发展研究 [D]. 南昌：江西师范大学, 2015.

彭梦娇. 应用型本科高校产教融合的研究 [D]. 重庆：重庆师范大学, 2016.

秦楠."互联网＋"背景下混合式教学模式建构研究 [D]. 济南：山东师范大学, 2017.

谭璐星. 应用型本科人才培养模式研究 [D]. 武汉：湖北大学, 2011.

吴婷.应用型本科院校创业型人才培养路径的研究 [D].哈尔滨:哈尔滨理工大学,2014.

吴政."互联网＋教育"课程学习平台评价分析及发展策略研究 [D].武汉:华中师范大学,2016.

谢敏."互联网＋教育"背景下的教学智慧研究 [D].长春:吉林大学,2016.

杨丽.新建地方本科院校应用型人才培养模式的案例研究 [D].南宁:广西大学,2014.

张建锋.中等职业学校产教融合模式研究 [D].郑州:郑州大学,2015.

三、学术期刊

柴旭东.团队创业学园:芬兰大学创业教育模式及启示 [J].教育学术月刊,2011(7),101–104.

陈理飞.基于产业集群的产学研合作创新博弈分析 [J].统计与决策,2008(24):44–46.

陈小虎."应用型本科教育":内涵解析及其人才培养体系建构 [J].江苏高教,2008(1):86–88.

陈小虎.校企融合,培养应用型本科人才——理论思考与南京工程学院的实践 [J].高等工程教育研究,2009(2):107–109.

陈燕玉.我国高校创业教育存在问题及对策——基于美国创业教育经验借鉴 [J].漳州职业技术学院学报,2010(2):81–84.

董文良,郭权,刘慧.应用技术型高校人才培养目标体系投建的一个样本分析 [J]现代教育管理,2014(8):100–104.

冯婷.基于互联网思维的高等院校产教融合模式创新与实践分析 [J].课程教育研究,2017(26):234–235.

葛春凤.新建应用型本科院校的专业群建设探索 [J].天津职业大学学报,2013(2):48–51.

葛莉,盛国荣.我国创业教育的研究热点解读 [J].科技管理研究,2011(24):112–115.

葛莉.国际创业教育的研究热点—基于知识计量学的视角 [J].人民论坛:学术前沿,2011(14):238–239.

葛摘，张一春."互联网+"职业教育资源建设现状、挑战及对策[J].中国职业技术教育，2016(33): 13–18, 32.

葛竹兴.高职院校校企合作联盟：意蕴、属性及培育[J].江苏高教，2013(1): 10–14.

顾永安.应用本科专业集群：地方高校转型发展的重要突破口[J].中国高等教育，2016(12): 35–38.

胡梅，马斌."互联网+高等职业教育"的现实可能与当代变革[J].现代教育管理，2016 (1): 19–24.

黄亚妮.关于高职教育"工学结合"的几点思考——基于中国大陆部分高职院校的调研[J].高教探索，2008(6): 108–111.

焦海霞.基于"互联网+"思维的信息素养教育体系构建研究[J].现代情报，2017, 37(2): 93–97.

李光红.校企合作创新的演化博弈分析[J].科技管理研究，2007(8): 153–154.

刘君."互联网+"背景下应用型本科高校校企合作人才培养模式[J].实验技术与管理，2017, 34(6): 172–176.

刘奎武，边巍，孙铁波.专业群"校企融合五对接"人才培养模式的研究与实践[J].职业技术教育，2015(5): 18–21.

刘印房，地方应用型本科高校内涵建设的导向及策略[J].黑龙江高教研究，2012(8): 65–67.

柳友荣，项桂娥，王剑程.应用型本科院校产教融合模式及其影响因素研究[J].中国高教研究，2015(5): 64–68.

卢西宁，刘磊.深层次、有活力的校企合作体制机制探索——以广西水利电力职业技术学院为例[J].中国职业技术教育，2010(33): 71–75.

马庆发.教育现代化：职业教育发展战略之选择[J].职教通讯，2010(10): 5–8.

南旭光."互联网+"职业教育：逻辑内涵、形成机制及发展路径[J].职教论坛，2016 (1): 5–11.

潘玉驹，廖传景.基于社会需求的应用型本科人才培养及评价[J].高教发展与评估，2014(5): 88–94.

平若媛，陈倩."互联网+"环境下职业教育改革模式的探讨[J].中国现代教育装备，2016 (19): 100–103.

秦玮.浅析应用型本科高校人才的创新素质培养 [J].中国教育学刊,2015(S1):155-156.

邵波.论应用型本科人才 [J].中国大学教学,2014(5): 30-33.

王辉.校企协作助推产教融合：美国社区学院校企协作"项目群"的兴起 [J].高等教育研究,2015(3): 102-109.

谢锡锋.基于"互联网 +"的产教融合创新实践 [J].南宁职业技术学院学报,2016, (6): 54-57.

徐国庆.中美职业教育信息化发展水平比较研究 [J].教育科学,2011(2): 80-84.

闫广芬,张栋科."互联网 + 职业教育"体系架构与创新应用[J].中国电化教育,2016(8): 7-13.

杨善江."产教融合"的院校、企业、政府角色新探——基于"三重螺旋"理论框架 [J].高等农业教育,2014(12): 117-119.

杨善江.产教融合：产业深度转型下现代职业教育发展的必由之路 [J].教育与职业,2014(33): 8-10.

杨子舟.产教融合研究综述 [J].商业文化,2015(8): 25-28.

余胜泉,王阿习."互联网 + 教育"的变革路径 [J].中国电化教育,2016(10): 9.

袁景翔,南旭光."互联网 +"职业教育人才培养创新的规律及路径 [J].教育与职业,2017(11): 28-33.

张博.互联网思维下高等院校产教融合模式探究 [J].中国教育技术装备,2017(14): 46-48.

张培,南旭光."互联网 +"职业教育立体协同人才培养机制创新——基于C-TRPS 模型的分析 [J].职业技术教育,2016(10): 34-38.

钟利红,邓之宏.校企战略联盟实施模式探讨 [J].现代教育管理,2009(11): 38-40.

朱金波."互联网 +"时代下高等职业教育的信息化研究 [J].课程教育研究,2017(43): 26-27.

后　记

产教融合是高职教育高质量发展的有效形式之一，通过依托政府、高职院校、行业企业、行业协会、社会机构及相关团体，整合多方主体间优势资源，创新高职教育人才培养模式，培养适应市场发展需要的人才。

在高职教育产教融合资源调控机制的构建过程中，应充分发挥"产""教"主体之一的行业企业的力量，协助政府部门发挥其宏观主导作用。首先，行业企业应协助政府，协同高职院校、行业协会，拓宽高职教育产教融合资源来源渠道。行业企业作为经济活动体，其对资源来源和投资有更丰富的实践经验和更科学的认识，行业企业协助作用的发挥，有利于解决高职教育产教融合资金来源问题。其次，行业企业应协助政府，协同高职院校、行业协会，统筹规划高职教育产教融合运行中资源的使用和管理，借鉴企业资金运转模式，丰富产教融合中资源的使用和管理办法，协助政府出台相关管理条例办法，实现资源的高效利用。最后，行业企业应协助政府，协同高职院校、行业协会以及社会机构和团体，建立多渠道高职教育产教融合经费筹措机制。以合作企业为代表，以经费投入等方式参与到产教融合中，同时动员其他企业开展高职教育产教融合的积极性，实现多主体参与办学、参与教育投资。

人才培养与劳动力市场用工需求间关系的实质是高职院校人才培养与劳动力市场需求间的供求关系。市场经济的核心是利用价值规律及供求关系以获取经济效益。高职教育产教融合运行机制的行为主体包括了政府、高职院校、行业企业、学校学生以及其他需要技术服务的用人单位等。同时，又包括学生生源市场、劳动力市场及技术市场在内的三个主要市场。在高职教育产教融合运行中，各主体、各市场间关系错综复杂，且各主体间利益需求不尽相同，各市场间资源供求关系不平衡。因此，要实现高职院校与市场需求间的平衡，就要做到高职院校资源与市场资源的平衡。这就需要构建以市场需求为导向的资源调节机制，有效处理行业企业与高职院校间利益冲突和矛盾。

一些发达国家和地区没有提出专业群建设的概念，但这些国家和地区的政府和教育行政管理部门通过制定法律、出台促进职业教育服务经济社会发展的政策措施、实施科学的职业教育管理活动，实际上促进了当地职业教育的集群式发展。国内职业教育专业群发展较快的地区多为产业发展呈现"集群"特点的地区，职业教育专业集群与产业集群形成了良好的互动趋势。加强政府对区域内职业教育专业群的统筹、改革职业教育的管理体制、根据区域经济社会发展和产业布局进行专业群建设、促进中高职教育一体化发展是国内、外经验带给我们的几点启示。

专业群建设的理念是随着学院教育的发展而逐步被引入到高职领域的。国家政策层面的大力推进成为高职院校专业群建设重要的外在推动力量，同时，面向社会、适应现代产业发展的客观要求也使专业群建设成为高职自身走内涵式发展道路的内在诉求。专业群建设对于高职院校的发展有着重要的战略性意义，是其提高办学效益、适应区域经济社会发展、服务地方经济发展的重要途径，也是高职院校专业发展规划的重点，是形成高职院校办学特色的关键。

感谢山东省教育厅。本书是山东省本科高校教学改革研究重点项目——"行业学院模式下地方高校产教融合专业群建设研究"的最终成果，得到了山东省高等学校教学质量与教学改革工程专项经费的资助。

感谢我的领导和同事。他们在项目研究和本书出版过程中给予我的关心帮助令人没齿难忘、感念不已。

感谢学界的前辈和同行。本书参考了前辈和同行许多研究成果，在此一并表示诚挚的谢意。

感谢我的父母和家人。没有他们的培养和付出就没有我的今天。

感谢所有爱我和我爱的人们。

2019 年 1 月 7 日